国际中文教育文献计量研究

GUO JI ZHONG WEN JIAO YU WEN XIAN JI LIANG YAN JIU

吕芳 著

广西师范大学出版社
·桂林·

国际中文教育文献计量研究
GUOJI ZHONGWEN JIAOYU WENXIAN JILIANG YANJIU

图书在版编目（CIP）数据

国际中文教育文献计量研究 / 吕芳著. -- 桂林：广西师范大学出版社，2024.9. -- ISBN 978-7-5598-7112-1

Ⅰ. H195.3

中国国家版本馆 CIP 数据核字第 2024KT7832 号

广西师范大学出版社出版发行

（广西桂林市五里店路 9 号　邮政编码：541004）

网址：http://www.bbtpress.com

出版人：黄轩庄

全国新华书店经销

广西昭泰子隆彩印有限责任公司印刷

（南宁市友爱南路 39 号　邮政编码：530001）

开本：787 mm × 1 092 mm　1/16

印张：13　　字数：300 千

2024 年 9 月第 1 版　　2024 年 9 月第 1 次印刷

定价：138.00 元

如发现印装质量问题，影响阅读，请与出版社发行部门联系调换。

前　言

随着"中文热"持续升温，国际中文教育逐渐成为备受关注的领域，相关的研究日益丰富，国际中文教育呈现出前所未有的繁荣与发展，而文献计量研究作为一种重要的研究方法，为我们提供了更为准确、深入地了解这一领域的途径。

本书通过计量学的方法对国际中文教育文献进行深入研究，研究采用 CNKI 数据库作为数据来源，通过知识图谱等多种可视化工具，对国际中文教育中的中文水平等级标准、中文教师、中文教学、项目品牌建设的研究动态做"全景式"扫描和多样化分析，绘制相关知识图谱，梳理出相关领域研究的基本脉络和主要研究成果，厘清研究核心领域和关键问题，探究未来的研究方向，为相关领域的学者和实践者提供有益的参考。

本书主要围绕五个方面展开：一是文献计量研究工具的介绍，涵盖知识图谱、可视化分析，以及基于 CiteSpace 的知识图谱的绘制及解读方法。二是国际中文教育中文水平等级标准的文献计量研究，主要探讨国际中文教育中文水平等级标准的研制、推广及应用。三是国际中文教师的文献计量研究，聚焦于本土中文教师和国际中文教育志愿者这两类中文教师的能力结构、发展现状及培训和培养问题。四是国际中文教学的文献计量研究，分别讨论了国际中文教育中的语音教学、汉字教学、词汇教学及语法教学中的学生偏误、学习策略、教学方法等问题。五是国际中文教育项目品牌建设的文献计量研究，包括孔子学院、"汉语桥"项目及"中文+"项目的发展状况、存在问题以及优化策略等。

本书旨在为国际中文教育领域的研究趋势提供数据支持，并为政府相关管理部门、高等院校和研究机构等不同单位提供决策或研究参考。它既可作为国际中文教育管理和评价的理论与实务指南，也可作为科学计量学专业读者的参考图书。希望通过本书的介绍，能够激发大家对于国际中文教育评估和量化研究的兴趣，促使更多学者投入到这一领域的探索中，共同推动国际中文教育的高质量发展。

鉴于作者的知识和能力所限，本书难免存在不足之处，恳请广大读者和业界同行不吝赐教，提出批评和宝贵的建议。

吕　芳

2024 年 1 月

目 录

第1章 绪论 ·· 1
  1.1 文献计量研究 ··· 1
  1.2 文献计量研究工具的介绍 ··· 1
  1.3 CiteSpace 的分析指标解读 ·· 3

第2章 中文水平等级标准研究述评 ·· 5
  2.1 数据来源和研究方法 ·· 5
  2.2 中文水平等级标准研究知识体系的文献特征分析 ················ 5
    2.2.1 中文水平等级标准研究的学术论文基本情况 ················ 5
    2.2.2 中文水平等级标准研究的科研合作聚类分析 ················ 7
    2.2.3 中文水平等级标准研究的高频被引文献分布 ················ 8
  2.3 中文水平等级标准研究热点分析 ······································ 15
    2.3.1 中文水平等级标准研究的关键词共现分析 ·················· 15
    2.3.2 中文水平等级标准研究的关键词聚类分析 ·················· 16
    2.3.3 中文水平等级标准研究的关键词共现时区分析 ············ 20
  2.4 中文水平等级标准研究结论和展望 ·································· 21

第3章 本土中文教师研究述评 ·· 23
  3.1 数据来源和研究方法 ·· 23
  3.2 本土中文教师研究知识体系的文献特征分析 ······················ 24
    3.2.1 本土中文教师研究的学术论文基本情况 ······················ 24
    3.2.2 本土中文教师研究的科研合作聚类分析 ······················ 25
    3.2.3 本土中文教师研究的高频被引文献分布 ······················ 27
  3.3 本土中文教师研究热点分析 ·· 31
    3.3.1 本土中文教师研究的关键词共现分析 ························· 31

  3.3.2 本土中文教师研究的关键词聚类分析 ······ 32
  3.3.3 本土中文教师研究的关键词共现时区分析 ······ 35
 3.4 本土中文教师研究结论和展望 ······ 36

第4章 国际中文教师志愿者研究述评 ······ 38
 4.1 数据来源和研究方法 ······ 38
 4.2 国际中文教师志愿者研究知识体系的文献特征分析 ······ 39
  4.2.1 国际中文教师志愿者研究的学术论文基本情况 ······ 39
  4.2.2 国际中文教师志愿者研究的科研合作聚类分析 ······ 40
  4.2.3 国际中文教师志愿者研究的高频被引文献分布 ······ 41
 4.3 国际中文教师志愿者研究热点分析 ······ 46
  4.3.1 国际中文教师志愿者研究的关键词共现分析 ······ 46
  4.3.2 国际中文教师志愿者研究的关键词聚类分析 ······ 47
  4.3.3 国际中文教师志愿者研究的关键词共现时区分析 ······ 51
 4.4 国际中文教师志愿者研究结论和展望 ······ 52

第5章 国际中文教育中的语音教学研究述评 ······ 54
 5.1 数据来源和研究方法 ······ 54
 5.2 国际中文教育中的语音教学研究知识体系的文献特征分析 ······ 54
  5.2.1 国际中文教育中的语音教学研究的学术论文基本情况 ······ 54
  5.2.2 国际中文教育中的语音教学研究的科研合作聚类分析 ······ 56
  5.2.3 国际中文教育中的语音教学研究的高频被引文献分布 ······ 57
 5.3 国际中文教育中的语音教学研究热点分析 ······ 60
  5.3.1 国际中文教育中的语音教学研究的关键词共现分析 ······ 60
  5.3.2 国际中文教育中的语音教学研究的关键词聚类分析 ······ 62
  5.3.3 国际中文教育中的语音教学研究的关键词共现时区分析 ······ 66
 5.4 国际中文教育中的语音教学研究结论和展望 ······ 68

第6章 国际中文教育中的汉字教学研究述评 ······ 70
 6.1 数据来源和研究方法 ······ 70
 6.2 国际中文教育中的汉字教学研究知识体系的文献特征分析 ······ 70
  6.2.1 国际中文教育中的汉字教学研究的学术论文基本情况 ······ 70

  6.2.2 国际中文教育中的汉字教学研究的科研合作聚类分析 …………………… 72
  6.2.3 国际中文教育中的汉字教学研究的高频被引文献分布 …………………… 73
 6.3 国际中文教育中的汉字教学研究热点分析 …………………………………… 77
  6.3.1 国际中文教育中的汉字教学研究的关键词共现分析 …………………… 77
  6.3.2 国际中文教育中的汉字教学研究的关键词聚类分析 …………………… 78
  6.3.3 国际中文教育中的汉字教学研究的关键词共现时区分析 ……………… 85
 6.4 国际中文教育中的汉字教学研究结论和展望 ………………………………… 86

第 7 章　国际中文教育中的词汇教学研究述评 ……………………………………… 89
 7.1 数据来源和研究方法 …………………………………………………………… 89
 7.2 国际中文教育中的词汇教学研究知识体系的文献特征分析 ………………… 89
  7.2.1 国际中文教育中的词汇教学研究的学术论文基本情况 ………………… 89
  7.2.2 国际中文教育中的词汇教学研究的科研合作聚类分析 ………………… 90
  7.2.3 国际中文教育中的词汇教学研究的高频被引文献分布 ………………… 92
 7.3 国际中文教育中的词汇教学研究热点分析 …………………………………… 95
  7.3.1 国际中文教育中的词汇教学研究的关键词共现分析 …………………… 95
  7.3.2 国际中文教育中的词汇教学研究的关键词聚类分析 …………………… 97
  7.3.3 国际中文教育中的词汇教学研究的关键词共现时区分析 ……………… 104
 7.4 国际中文教育中的词汇教学研究结论和展望 ………………………………… 105

第 8 章　国际中文教育中的语法教学研究述评 ……………………………………… 109
 8.1 数据来源和研究方法 …………………………………………………………… 109
 8.2 国际中文教育中的语法教学研究知识体系的文献特征分析 ………………… 109
  8.2.1 国际中文教育中的语法教学研究的学术论文基本情况 ………………… 109
  8.2.2 国际中文教育中的语法教学研究的科研合作聚类分析 ………………… 111
  8.2.3 国际中文教育中的语法教学研究的高频被引文献分布 ………………… 112
 8.3 国际中文教育中的语法教学研究热点分析 …………………………………… 116
  8.3.1 国际中文教育中的语法教学研究的关键词共现分析 …………………… 116
  8.3.2 国际中文教育中的语法教学研究的关键词聚类分析 …………………… 117
  8.3.3 国际中文教育中的语法教学研究的关键词共现时区分析 ……………… 122
 8.4 国际中文教育中的语法教学研究结论和展望 ………………………………… 124

第9章 孔子学院研究述评 ... 127
9.1 数据来源和研究方法 ... 127
9.2 孔子学院研究知识体系的文献特征分析 ... 127
9.2.1 孔子学院研究的学术论文基本情况 ... 127
9.2.2 孔子学院研究的科研合作聚类分析 ... 129
9.2.3 孔子学院研究的高频被引文献分布 ... 131
9.3 孔子学院研究热点分析 ... 136
9.3.1 孔子学院研究的关键词共现分析 ... 136
9.3.2 孔子学院研究的关键词聚类分析 ... 137
9.3.3 孔子学院研究的关键词共现时区分析 ... 145
9.4 孔子学院研究结论和展望 ... 147

第10章 "汉语桥"项目研究述评 ... 149
10.1 数据来源和研究方法 ... 150
10.2 "汉语桥"项目研究知识体系的文献特征分析 ... 150
10.2.1 "汉语桥"项目研究的学术论文基本情况 ... 150
10.2.2 "汉语桥"项目研究的科研合作聚类分析 ... 151
10.2.3 "汉语桥"项目研究的高频被引文献分布 ... 153
10.3 "汉语桥"项目研究热点分析 ... 157
10.3.1 "汉语桥"项目研究的关键词共现分析 ... 157
10.3.2 "汉语桥"项目研究的关键词聚类分析 ... 159
10.3.3 "汉语桥"项目研究的关键词共现时区分析 ... 162
10.4 "汉语桥"项目研究结论和展望 ... 163

第11章 "中文+"研究述评 ... 165
11.1 数据来源和研究方法 ... 165
11.2 "中文+"研究知识体系的文献特征分析 ... 165
11.2.1 "中文+"研究的学术论文基本情况 ... 165
11.2.2 "中文+"研究的科研合作聚类分析 ... 167
11.2.3 "中文+"研究的高频被引文献分布 ... 168
11.3 "中文+"项目研究热点分析 ... 173
11.3.1 "中文+"研究的关键词共现分析 ... 173

  11.3.2 "中文+"研究的关键词聚类分析 ················· 175
  11.3.3 "中文+"研究的关键词共现时区分析 ············· 180
 11.4 "中文+"研究结论和展望 ························ 181

参考文献 ···································· 184

第1章 绪 论

1.1 文献计量研究

在科学研究中，文献作为知识的基础不仅承载了前人研究的成果和思想，同时也构建了学科体系的框架。对文献进行深入分析是科学研究的重要步骤。文献分析方法主要分为定性分析法和定量分析法两种。定性分析法主要通过普通逻辑推理，使用自然语言以"是什么""主要是什么""大约是什么"的形式来描述研究结果。定量分析法则是在普通逻辑和数理逻辑的综合分析中，使用数学语言以数学模型、图像等形式，从统计量的数量对比来呈现研究结果。可以说定量分析法相较于定性分析法而言能更精准和深刻地揭示文献的本质和内在规律。

在定量研究中，文献计量研究为研究者提供了一种新的视角。作为研究方法，文献计量研究利用定量分析法对文献资料进行量化和分析，揭示学科的发展动向、关键主题和学术网络，帮助研究者深入洞察发展脉络和趋势。作为研究内容，文献计量研究关注书目、文摘和索引，被引文献，指南和联合目录，文献指标，作者指标，读者信息，文献工作系统等对象，通过评估文献的引用频次、影响因子等指标，了解其在学术领域的学术贡献和影响力，学术发展中的作者合作网络和引用关系以及发展特征和规律。可以说，文献计量研究既提供了深入的研究方法，又关注广泛的研究内容，构成一个同时涵盖方法和实质的研究领域。

近年来，文献计量研究在各学科领域的应用日益广泛，成为研究发展趋势的重要方法。将文献计量研究应用于国际中文教育领域中，通过全面梳理国际中文教育领域的文献，以计量分析的方式来揭示国际中文教育文献的体系结构和数量变化规律，展现国际中文教育研究现状，展示研究主题之间的内在联系，揭示国际中文教育领域的研究热点、关键问题和发展态势，为科学准确评估国际中文教育质量与国际中文教育的改革和发展提供数据支持。

1.2 文献计量研究工具的介绍

当前，文献计量研究的分析工具有很多，CiteSpace、VOSviewer、HistCite 等都是使用频繁的热门工具。

CiteSpace是一款优秀的文献计量分析软件，全称为Citation Space，该软件由美国德雷塞尔大学陈超美（Chaomei Chen）教授开发，是一款着眼于分析科学文献中蕴含的潜在知识，并在科学计量学（scientometrics）、数据和信息可视化（data and information visualization）背景下逐渐发展起来的一款多元、分时、动态的引文可视化分析软件（李杰和陈超美，2017）。CiteSpace以可视化方式呈现科学知识的结构、规律和分布，通过该工具分析获得的可视化图形被称为"科学知识图谱"，通过直观的图谱展示，使研究者能够更清晰地理解学术文献中的知识关联、热点领域和发展趋势，为科学研究提供了一种全新的视角，使得复杂的学科网络结构以更易理解的方式展现，促进了学术交流与合作。

VOSviewer是一款功能强大的文献计量分析工具，全称为Visualization of Similarities Viewer，该软件由荷兰莱顿大学科技研究中心的尼斯·杨·凡·艾克（Nees Jan van Eck）和卢多·瓦特曼（Ludo Waltman）教授联合开发，是一种用于文献数据可视化分析的工具，主要用于展示文献之间的相似性关系，探索文献的共现关系、主题分布等。目前该软件具备了几乎所有常见的文献计量分析功能，如文献耦合、共被引、合作以及共词分析等（李杰，2018），被广泛应用于多个领域的文献计量分析中。

HistCite是另一款颇具影响力的文献计量分析工具，全称为History of Cite，该软件由美国信息学家尤金·加菲尔德（Eugene Garfield）开发，该软件专注于分析科学文献的引用关系，为研究者提供了一种系统性的引文可视化工具，通过生成引文图、提供引文报告和进行引文网络分析，帮助研究者跟踪和分析学术文献的引用历史，从而深入了解某一领域的学术演化过程、关键论文以及学科的发展趋势，进而掌握学术发展的历史脉络。

除了上述三款热门工具外，还有许多优秀的文献计量分析工具，如Scopus、Pajek、Gephi等，这些工具在分析网络结构、研究合作网络、挖掘关键节点等方面具有显著优势，为学术研究者提供了丰富的研究方法和手段，研究者们可以根据研究分析需求选择相应的分析工具。

本书的研究对象是国际中文教育。研究目标是全面了解国际中文教育相关领域的发展历程、主要研究成果、核心领域、热点主题以及研究发展趋势。本书研究采用CiteSpace作为文献计量分析工具，CiteSpace的优势在于其强大的可视化功能和对学术文献复杂网络的深度挖掘能力。CiteSpace能够生成直观而全面的引文网络图、时间轴分析以及研究主题演化图，帮助深入理解国际中文教育相关研究领域的知识结构和发展趋势。其聚类算法和关键词共现分析等先进功能，有助于发现研究的核心领域和热点主题。因此，选择CiteSpace作为国际中文教育相关领域研究的文献计量分析工具能够全面、直观地呈现学术文献的复杂关系，深入挖掘核心领域和研究发展趋势，为研究提供有力的支持。

1.3 CiteSpace 的分析指标解读

运用 CiteSpace 进行文献计量研究时会涉及科研合作网络、引文分析、关键词共现分析等重要指标。

在科研合作网络指标分析中，科研合作指科研人员为解决问题或推动科研发展进行的合作。科研合作呈现多元化形式，若一篇论文同时涉及不同的作者、机构或国家/地区，我们视其为存在合作关系。CiteSpace 提供了三个层次的科学合作网络分析，分别是学者合作网络（co-author）、机构合作网络（co-institution）和国家或地区的合作（co-country/territory）。在 CiteSpace 软件中设置需要分析的参数，选择 "'author'" + 'institution'" 为节点类型，选择生成合作网络图的选项，CiteSpace 将根据设定生成合作网络可视化图谱。图谱中的节点代表作者、机构或国家/地区，节点的大小代表了作者、机构或者国家/地区发表论文数量的多少，节点的连线代表合作关系。通过识别重要节点、分析网络结构可以发现核心作者、核心研究机构以及作者、机构之间的合作关系，有助于深入理解科研领域的合作动态，推动学术领域的持续发展和创新。

引文是文献分析的一项重要指标，引文分析是利用数学及统计学的方法和比较、归纳、抽象、概括等逻辑方法，对科学期刊、论文、作者等各种分析对象的引用与被引用现象进行分析，以便揭示其数量特征和内在规律的一种文献计量分析方法（邱均平，1988）。引文文献中高频次被引文献尤其值得关注。高频次被引文献是指被引用次数较多的一组文献。这些文献提出了重要的理论、方法或者对研究领域产生了深远的影响，具有较高的学术影响力，从而被其他研究者广泛引用。分析高频次被引文献可以了解研究领域具有学术影响力的文献，了解研究热点。探究高频次被引文献之间的引用关系，可以了解它们在学术研究中的相互联系，有助于研究者识别研究领域内的重要文献、研究热点。

在关键词共现指标分析中，关键词的共现分析是指对所要分析文献中的关键词间的共现关系的分析。在科学研究中，关键词通常反映了文献的主题和内容。通过分析关键词的共现，可以揭示这些关键词之间的关联程度，帮助研究者理解研究领域的结构和动态。在 CiteSpace 软件中设置需要分析的参数，选择"keyword"为节点类型，即可生成关键词共现可视化图谱。在这个网络中，每个关键词表示一个节点，节点之间的连接表示它们之间的共现关系。通过观察网络结构，可以了解研究领域内关键词之间的关联关系，可以识别关键词群组、发现研究热点、交叉点，有助于指导后续的研究方向。

在关键词聚类指标分析中，关键词聚类分析是指通过将文献中的关键词划分为不同的群组或类别，从而揭示研究领域内的主题结构和关联性。在 CiteSpace 软件中设置需要分析的参数，应用聚类算法对关键词进行分组，常用的聚类算法包括层次聚类、K 均值聚类等。这些算法通过计算关键词之间的相似性，将相似的关键词划分到同一类别中，进而生成关键词聚类可视化图谱。在这个网络中，节点表示关键词。节点的大小反映关键词的重要性。节点之间的连接表示关键词之间的关联或共现关系，连接线的粗细或其他属性可以反映关键词之间的强度或相似性。节点的排列和连接方式反映了这些关键词之间的相似性或共现关系。相似的关键词会被聚合到同一群组中，便于研究者识别主题簇。节点上标有关键词标签，方便研究者直观了解节点代表的具体内容。通过观察网络结构，可以了解文献中的主题结构，发现研究领域内的关键词群组，以及识别特定词的群组化趋势，有助于研究者系统理解研究领域的结构和热点主题。

在关键词时区共现指标分析中，关键词时区共现分析是指在不同时间区域内关键词的共现关系分析。关键词时区共现分析研究的是关键词在不同时间段内的演化。在 CiteSpace 软件中设置需要分析的参数，导入包含关键词、时间戳等相关数据集信息，生成关键词时区共现可视化图谱。在这个网络中，图谱中的节点代表关键词，边表示共现关系，时间轴则显示时区的变化。通过观察网络结构，可以了解关键词在不同时区的演化，识别特定时期的研究热点和变化趋势，有助于研究者发现研究领域内的发展趋势、研究方向的变迁等。

本书将会综合运用 CNKI 数据库自带的文献计量分析软件以及 CiteSpace 从学术论文基本情况、科研合作聚类、高频被引文献分布、关键词共现、关键词聚类、关键词共现时区这六个层面展开对国际中文教育相关领域文献的分析研究，进而探讨其研究发展脉络，研究热点及发展趋势。

第 2 章　中文水平等级标准研究述评

中文水平等级标准是国际中文教育中学习、教学、测试与评估的重要指导依据。对中文水平等级标准的研究是国际中文教育研究中重要的一环。通过采用 CiteSpace 信息可视化分析技术，对国内中文水平等级标准相关研究的文献进行分析，绘制相关知识图谱，呈现中文水平等级标准相关研究的历史进程和主要研究成果，厘清研究核心领域和热点主题，探究研究的发展趋势，为中文水平等级标准的深入研究提供参考。

2.1　数据来源和研究方法

通过使用 CNKI 数据库，以"'汉语水平等级标准'（篇名）OR'中文水平等级标准'（篇名）"为搜索条件，文献来源选择"期刊文献"，不设时间跨度，检索时间截至 2023 年 8 月 31 日，检索到分布于 1987 年至 2023 年 8 月 31 日的文献数据共 62 篇，筛除不相关文献 6 篇后，选择了 56 篇文献数据作为文献计量分析的依据。通过将上述文献数据导入 CiteSpace 软件，采取以下三个步骤展开研究：①通过 CNKI 数据库自带的分析软件，对文献的年度分布情况进行初始分析，绘制出年度发文走势分析图表；②运用 CiteSpace 对文献数据进行分析，形成科研合作聚类图谱、关键词共现图谱、关键词聚类图谱、关键词共现时区图谱，由此呈现中文水平等级标准研究知识体系的概貌，掌握中文水平等级标准研究主题、热点和发展脉络；③基于知识图谱分析结果、结合文献研究进一步讨论中文水平等级标准研究结论以及未来研究的深化方向。

2.2　中文水平等级标准研究知识体系的文献特征分析

2.2.1　中文水平等级标准研究的学术论文基本情况

通过使用 CNKI 数据库的精确检索可知，国内中文水平等级标准研究成果不多。1988 年至 2023 年 8 月 31 日的学术论文仅 56 篇。其主要特点如下：

从研究文献主题数量来看，关于中文水平等级标准的研究文献有 31 篇，关于中文水平等级标准中的字词语法研究文献有 15 篇，关于中文水平等级标准指导下的教学研究文献有 7 篇，关于中文水平等级标准指导下的测试与评估研究文献有 1 篇，关于中文水平等级标准指导下的教师研究文献有2篇。综合来看，关于中文水平等级标准的研究涉及多个方面，包括标准解读、研发，标准在教学、测试与评估、教师发展等方面的具体应用。中文水平等级标准的研究包含了三方面内容：一是标准的意义、内涵、框架、范式、描述语言、研究路径的解读；二是标准与西班牙、新加坡、美国、欧洲等国家的语言教学标准的比较研究；三是标准在线上中国文化通识课、机电类职业领域中的具体运用研究。中文水平等级标准中的字词语法研究主要讨论了标准中的音节表、汉字表、词汇表、语法大纲的研制及应用，同时还研究了标准中的词缀问题、语法问题。中文水平等级标准指导下的教学研究从写作教学、文化教学、词汇教学和汉字教学层面讨论标准指导下教学设计、教学内容和教学方法。中文水平等级标准指导下的测试与评估研究聚焦在《国际中文教育中文水平等级标准》在这方面的具体应用，一方面是讨论了新旧汉语水平考试（HSK）语病问题在这一标准框架下的对比分析，并提出了相应的改进建议；另外一方面是探讨标准对普通话水平测试改革的启示。中文水平等级标准指导下的教师研究主要讨论了《国际中文教育中文水平等级标准》视角下的国际中文教育师资能力的培养以及教师专业化的发展，着重探讨了教师测评素养的实证研究，为师资培养提供切实可行的路径和建议。

从研究文献年度分布来看，1988年至2023年8月31日36年间年均发文量是1.6篇。第一篇关于中文水平等级标准研究的文献出现于1988年。从1988年到2023年，年度发文篇数呈现出较为明显的波动。在1988年至2020年33年间，发文篇数很低，仅13篇，年均发文0.4篇，有多个年份的发文篇数为零。2021年至2023年是高发文阶段，3年共发文43篇，年均发文14篇，这是由于2021年3月教育部、国家语言文字工作委员会发布了《国际中文教育中文水平等级标准》（GF0025—2021），新标准的发布明显激发了学界对相关主题的研究兴趣，学术界对新标准的研究非常活跃，研究成果爆发式增长，形成了一个研究高峰。尽管在之前的年份文献数量相对较低，但这段时间内研究成果的数量和质量都大幅提升，反映了学术界对国际中文教育中文水平等级标准体系建设、应用与推广的热切关注。总体而言，年度发文量存在较大波动，呈现出较为显著的差异。由于新标准的发布，当前阶段的研究成果数量有所增加，但是有关标准研究的文献仍然相对较少，形成的研究样本不够突出，有必要持续加强相关研究（图2-1）。

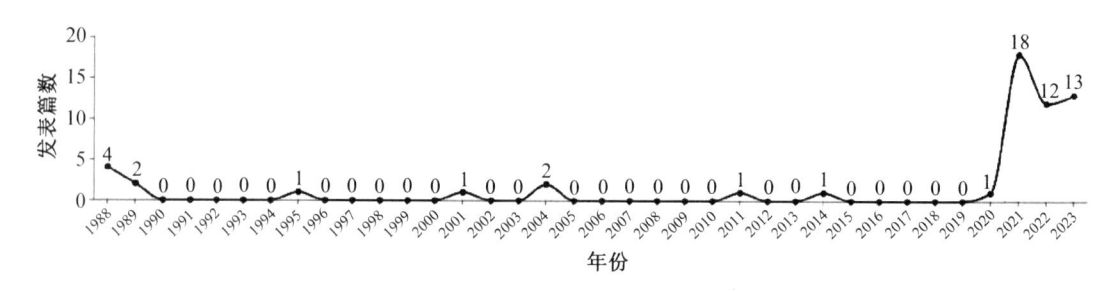

图2-1 中文水平等级标准研究文章发表年度趋势图

2.2.2　中文水平等级标准研究的科研合作聚类分析

在中文水平等级标准研究领域，高校及其学者是该领域研究的核心力量。从发文数量来看，发文数量最多的作者是刘英林和李亚男（各5篇）。刘英林（1989）的研究集中讨论了《汉语水平等级标准和等级大纲（试行）》和《国际中文教育中文水平等级标准》的研究方法、研制与应用、特色解读以及全球推广。李亚男（2022）的研究重点聚焦于《国际中文教育中文水平等级标准》的描述语分析、特色阐释、音节表的构建原则及意义的解读以及应用推广。

从发文机构来看，北京语言大学是该领域研究具有代表性的院校机构，其发文量15篇，相关学者关注的是《汉语水平等级标准与语法等级大纲》的词缀问题、中文水平等级标准的全球推广、《国际中文教育中文水平等级标准》在音节、汉字、词汇、语法等方面关于意义、构建、改进以及资源开发的探讨。

从研究学者、研究机构的合作程度来看，学术研究的作者合作程度是判断学科研究进展的重要指标，毕竟单一作者的研究成果虽能反映其研究能力，但无法展示学科研究全貌，而良好的科研合作关系有助于学科体系走向成熟。科研合作包括作者合作和机构合作。为了清晰简洁地识别作者和研究机构的学术合作和联络情况，在CiteSpace软件中选择"'author'+'institution'"为节点类型，将机构分布情况和作者分布情况合并展示，绘制了中文水平等级标准研究的科研合作知识图谱（图2-2），图谱中连线的密集和粗细程度反映了作者间、机构间科研合作的紧密程度。在作者合作方面，中文水平等级标准研究形成了以刘英林、李亚男、王鸿滨、李佩泽、刘利等作者为核心的数个研究群体。

图2-2　中文水平等级标准研究的科研合作知识图谱

在作者和机构合作方面，中文水平等级标准研究形成了两个学术研究的群体，分别是#0 新范式，北京语言大学、汉考国际教育科技（北京）有限公司、北京语言大学语言科学院、北京语言学院汉语水平考试中心、北京师范大学国际中文教育学院以及作者刘英林、李亚男、李佩泽、王学松、刘利、白冰冰；#3 新范式，北京师范大学汉语文化学院、沈阳师范大学国际教育学院以及作者李惠林、唐淑宏。他们分别围绕新范式关键词聚类展开共同研究。根据软件计算结果，中文水平等级标准研究科研合作图谱的密度值为 0.0213，低于 0.1 的正常水平，作者、机构节点数为 94，合作连线数为 93，较为短促，连线密度低，反映了中文水平等级标准研究的研究机构和作者之间的合作联系相对分散，独立性较强，整体上反映出一种分散化的特征。

2.2.3 中文水平等级标准研究的高频被引文献分布

文献的被引频率可用于评估其学术价值，分析中文水平等级标准研究相关高频被引文献可以了解研究人员的兴趣以及掌握该领域的研究热点。通过 CNKI 数据库整理出排名前 10 的高频被引文献，被引情况以及研究内容如下：

该领域研究最高频次被引文献是汉考国际教育科技（北京）有限公司李亚男（2021）所作的《〈国际中文教育中文水平等级标准〉解读》于 2021 年 1 月 15 日发表在《国际汉语教学研究》。文章从定位、主要内容、主要特点三个层面对《国际中文教育中文水平等级标准》（以下简称《等级标准》）进行解读。在定位层面，文章指出《等级标准》是面向新时代的国家级汉语水平标准，是汉语国际教育学科与国际中文教育事业的顶层设计与基本建设，为汉语作为非母语学习者在学习、教学、测评、评估等四个关键领域提供权威的参考和指导。该标准拥有多重功能，在国际中文教育总体规划、教材编写、课堂教学、教学模式构建、教学平台建设、学习评价；汉语水平等级考试（HSK）命题；国际中文教育语言类字、词典资源开发等方面提供参考和指导。在主要内容层面，文章指出《等级标准》在中文水平等级划分方面提出了"三等九级"的新框架、新范式，"三等"即初等、中等、高等。"九级"即九个级别。"三等"与"九级"相互对应，即初等为一～三级，中等为四～六级，高等为七～九级。《等级标准》在每一级别的汉语水平描述方面提出了"3+5"的新路径，"3"是指言语交际能力、话题任务内容、语言量化指标三个层面；"5"是指听、说、读、写、译五种语言技能。根据 5 种语言技能在 3 个层面中的具体体现，来描述具体的汉语能力，进而确定对应级别的汉语水平。《等级标准》根据汉语音节的声韵组合规律、音节的难度、音节负荷汉字的情况、语音规范性及近年来教学实际情况构建了音节表。《等级标准》根据汉字的流通度、常用度、构词能力、文化内涵等因素构建了汉字表。《等级标准》根据国家语言文字规范、同形词、多义词、词性标注、词语拼音的拼写规范等因素构建了词汇表。《等级标准》参考了多个大纲并结合 70 年的汉语国际教育教学经验以及对外汉语教学语法研究构建了语法表。在主要特点层面，《等级标准》综合了多种国内外语言能力标准和考试标准的优点,同时兼容汉语教学与汉语国际教育学科的发展经验,体现了集成性与传承性特点。《等级标准》参考多学科研究成果,构建了一个充分满足汉语学习、教学、测试、评价等各方面要求的开放、包容、全面的体系,体现了综合性与系统性特点。《等级标准》对汉语水平不同等级的描述涵盖了简洁概括的定性表述还明确规定了可量化的指标,体现了定性描述与定量分析相结合的原则。

北京语言大学汉语水平考试中心朱宏一(2004)所作的《汉语词缀的定义、范围、特点和识别——兼析〈汉语水平等级标准与语法等级大纲〉的词缀问题》于2004年10月30日发表在《语文研究》。文章讨论了《汉语水平等级标准与语法等级大纲》(以下简称《大纲》)和《现代汉语词典》(以下简称《现汉》)在词缀上的异同问题。研究发现在《大纲》的丙级和丁级语法大纲中一共列举了36个词缀(9个前缀词缀,27个后缀词缀),而在《现汉》中只标示了20个词缀(3个前缀词缀,17个后缀词缀)。两相对比后发现《大纲》比《现汉》多了6个前缀词缀和10个后缀词缀。两者相同的前缀词缀只有2个(分别是老、阿),相同的后缀词缀只有7个(分别是儿、头、子、家、性、头、然)。而产生这样的差异原因在于各语言学家对词缀的定义和范围意见不一,虽然在汉语词缀的定义上大家达成了共识,但是对于词缀的范围界定问题各家的观点之间仍存在相当大的分歧。词缀有广义狭义之分,广义的词缀的主要特征是定位附着,狭义的词缀的主要特征是以词根语素为附着,广义的词缀已经超出了构词法的范畴,根据这一特征,《现汉》所标示的词缀基本上是狭义的词缀。作者归纳出这类词缀的7个典型特征,并讨论了词缀的识别问题。这个基础上,作者把《大纲》中的词缀分成了4种构词成分进行逐一讨论,认为《大纲》中的"老、小、阿、儿、头、子、然"等构词成分中"老、阿、儿、头、子、然"是语言学界公认的典型词缀,而"小"作为词缀仍待商榷。"反、非、无、准、化、性、率、学、度、家、员"等构词成分大多数是从外语翻译过来的现代汉语词头或者是词尾,多数是述宾式复合词或偏正式复合词中的构词语素,具有实在的意义,但"化、性"的意义有一定程度的虚化,可以把这一类词缀视为"类词缀"。"件、式、物、感、界、具、力、迷、品、热、手、星长、型"等构词成分不具备词缀特点,不是后缀。在"第、初、者、们"等构词成分中"第、初、者"是助词,不是词缀;"们"用在代词或指人的名词后,如"他们、老师们"是助词,但儿化为"们儿"如"哥们儿"时则是词缀。另外,作者认为《大纲》中还应该增补《现汉》中的5个后缀(于、边、面、么、家)。因此,经讨论《大纲》的词缀可以从原来的36个,修订为12个,其中2个前缀(阿、老),10个后缀(儿、头、子、然、于、边、面、么、家、们儿)。

北京语言大学刘英林(2020)、汉考国际教育科技(北京)有限公司李佩泽、北京语言大学/汉考国际教育科技(北京)有限公司李亚男合作的《汉语国际教育汉语水平等级标准全球化之路》于2020年4月3日发表在《世界汉语教学》。文章回顾了汉语水平等级标准和等级大纲发展的四个阶段,第一阶段是1987年启动的汉语水平等级标准和等级大纲的研制工作,1988年《汉语水平等级标准和等级大纲》(试行)出版,这个是新中国对外汉语教学的第一个专门的汉语水平等级标准和等级大纲。该大纲完成了五级标准中的三级，甲、乙、丙、丁四级词汇等级大纲和语法等级大纲也只完成了三级。1992年出版《汉语水平词汇与汉字等级大纲》，这是以词汇为中心、"汉字跟着词汇走"的"二维基准"等级大纲。第二阶段是1996年出版《汉语水平等级标准和语法等级大纲》，这是汉语水平五级标准和四级语法等级大纲。而汉语水平等级标准第一次国际化的尝试是2004年受邀为新加坡教育部总体设计华语水平等级标准和水平考试，提出等级标准三等九级的主体框架。第三阶段是2007年研发、2010年通过审定《汉语国际教育用音节汉字词汇等级划分》，这是汉字为核心、引入音节的"三维基准"国家标准，迈出走向全球化之路的重要一步。第四阶段是2018年研发符合全球化需求的新时代国家标准《汉语国际教育汉语水平等级标准》以下简称（《等级标准》）。从四个阶段的发展历程可见，中文作为国际语言的地位越来越高，国际中文教育事业的发展需要相适用的国家级中文水平等级标准。新时代汉语国际教育需要不断创新升级《等级标准》。这个创新升级体现在构建了三种设计和实践：一是构建了包容性混合型全方位三等九级新范式，这种范式的设计旨在适应全球化、多元化和可持续发展的要求；二是三等九级中的每一级标准"3+5"新路径是一种渐进式的整合创新；三是每一级"四维基准"等级量化指标国际化新规则具有原创性和前瞻性。此外，《等级标准》还紧密关注国家需求，总结出在解决汉语国际教育"老大难"问题上的三个新亮点，其中最显著的亮点是创立了"语法等级大纲A类附录"（规范性）。

北京语言大学刘英林（2021）所作的《〈国际中文教育中文水平等级标准〉的研制与应用》于2021年1月15日发表在《国际汉语教学研究》。文章从内容、特色、意义、应用等方面讨论了《国际中文教育中文水平等级标准》（以下简称《等级标准》）的研发和应用的问题。文章指出"三等九级"的国际化新框架与"四维基准"的国际化新体系、新规则是《等级标准》的核心内容。构建以汉语为中心主导地位的国家级中文水平等级标准新体系；关注国际语言标准有效对接，充分体现其兼容性和综合性是《等级标准》的主要特色。在意义方面，当前构建一个以汉语为核心主导的《国际中文教育中文水平等级标准》的新框架、新体系，并在新形势下开展有效应用，这一举措被认为是推动汉语国际教育学科与国际中文教育事业朝着高质量、内涵式发展方向迈进的核心任务之一。在应用方面，要从标准化水平考试、课程标准和教材开发、课程教学三个层面推进《等级标准》的实践应用。在标准化水平考试层面，在《等级标准》引领下重点开发国家级HSK 3.0版，尽快开发国家级计算机辅助汉语水平口语考试（HSKK）。在课程标准和教材开发层面，在《等级标准》引领之下，启动课程标准/课程大纲工作，在这个基础上开发配套的课程与教材。在教材方面尤其要注意统编教材与各国本土化教材双向并行，不可偏废。在课程教学层面要注意把握好《等级标准》提出的两个5%概念。第一个5%的概念是指教师应根据授课对象本土环境中的语言情况，在教学中根据需要替换5%的字、词的教学内容。第二个5%的概念是指教师应根据本土环境中语言的实际需要情况加减5%的字、词的教学内容。两个5%概念的提出是方便使用者根据实际情况在应用《等级标准》时有可灵活掌握的一个区间，这会让《等级标准》在实践指导下更具有针对性和适用性。

北京语言学院汉语水平考试中心刘英林（1995）所作的《关于"汉语水平等级标准"的几个问题》于 1995 年 11 月 15 日发表在《语言文字应用》。文章回顾了我国汉语水平等级标准的三个发展阶段，1988 年《汉语水平等级标准和等级大纲（试行）》研制完成，这是我国第一部汉语水平等级标准；1992 年修订、出版《汉语水平词汇与汉字等级大纲》；1995 年修订、完成《汉语水平等级标准与语法等级大纲》。语言水平等级标准的研发是一项复杂的语言系统工程，我国汉语水平等级标准的研究之路体现了我国对外汉语教学正朝着科学化、规范化和标准化方向稳步发展。作者结合自己参与编制"汉语水平等级标准"（以下简称《标准》）的经历与体会，论述了《标准》的性质、用途、框架结构、主要内容、修订《标准》的基本原则以及使用《标准》应注意的问题。作者指出《标准》的核心属性在于科学划分了教学等级，确立统一的教学要求、统一的教学分级体系以及统一的教学水准。它的主要用途体现在三方面：一是对外汉语教学总体规划、教材编撰、课堂教学与测评的主要依据；二是中国汉语水平考试（HSK）的重要参考依据；三是我国少数民族汉语教学、中小学语文教学以及方言区普通话教学的重要参考标准。《标准》构建了三等五级三要素的框架结构：三等是把汉语水平划分为初等、中等、高等三种水平。五级是划分了五个级别的水平标准，其中初等为一～二级，中等为三级，高等为四～五级。三要素是指每一级标准均由话题内容、语言范围以及语言能力这三个要素构成。在每一级标准都明确规定了学生在听、说、读、写、译（仅限三、四、五级）五种语言技能方面应达到的水平。修订《标准》应遵循综合性、针对性、限定性、系列性、导向性这些基本原则。总体来说就是《标准》的修订应该综合对外汉语教学的实践经验、多学科的科研成果、语言教学的三要素以及五项语言表现形式；应该针对外国人学习汉语的特点，通过定性描述、定量分析和定位分级三种描述方式相结合的办法来准确阐述语言能力水平，同时应在纵向、横向两个方面保持一致和协调，形成一系列完整的级别和涵盖范围；指导我国对外汉语教学在教学内容、教学水平、教学方法等方面朝着一个统一的目标体系前进。《标准》在应用中要注意词汇、汉字、语法大纲之间的对等关系，在教学实践中应相互结合使用；要注意《标准》与词汇、汉字、语法大纲之间的调节比例，在教学实践中根据实际情况调整运用，增减教学内容比例；要注意五级中不同等级教学的特点，根据每一级汉语水平情况确保学时充足。

教育部语言文字应用研究所李行健（2021）所作的《一部全新的立足汉语特点的国家等级标准——谈〈国际中文教育中文水平等级标准〉的研制与应用》于 2021 年 1 月 15 日发表在《国际汉语教学研究》。文章聚焦于对《国际中文教育中文水平等级标准》（以下简称《等级标准》）研发、应用的深入理解，认为《等级标准》的研制和发布是在社会语言生活发生巨大变化、国际中文教育出现重大转变的背景下进行的，是对国际中文教育发展的积极回应。它从国际中文教育的发展目标出发，紧跟时代步伐，立足于破解汉语教学的各种难题，自主创新，充分融入现代科技，构建新标准、新模式、新体系。该标准与时俱进突出创新之处在于三个转变：发展战略从对外汉语教学转向全方位汉语国际推广；工作重心由"请进来"转向"走出去"教汉语；推广理念从专业汉语教学转向大众化、普及化、应用型教学。《等级标准》基于大量语料库和词典、词表、字表，严格遵循国家语文规范标准，构建了"三等九级"的等级水平评价体系以及汉语音节、汉字、词汇、语法并行的"四维基准"模式，全面考虑了等级划分、等级水平和等级测试整个体系的完整性、均衡性及今后的长远发展，创新了国际中文教育理念的路径，加速推进中文国际化、大众化和规范化发展进程。《等级标准》在应用上，相关单位应该尽快组织编撰和出版适应国际中文教育新需求的学习型词典。该词典服务于学习汉语的外国人，以《等级标准》"三等九级""四维基准"为依据，在规范性、针对性和应用性原则指导下，贯彻落实中国作为汉语母语国有关语言文字规范的各项标准，针对不同等级的学习者，突出内容的适用性。另外，《等级标准》中所选汉字具有重要的应用价值，特别是在帮助学习者更好理解汉语复合词整体词义和扩大词汇量方面。我们应该积极研究挖掘《等级标准》中收入的汉字和词汇之间的内在联系，将汉字学习融入音节、词汇、语法的学习中，通过融会贯通，克服汉字学习难题，提高汉字学习效率。

华东师范大学国际汉语文化学院/应用语言研究所吴勇毅（2021）所作的《汉语母语国的担当和责任——〈国际中文教育中文水平等级标准〉制定的意义》于2021年1月15日发表在《国际汉语教学研究》。文章回顾了中国研制汉语水平等级标准和等级大纲的历史进程，评述了1988年、1992年、1996年以及2010年所制定的各类型汉语水平等级标准和等级大纲，详细探讨了它们的内涵、特色以及意义，进而讨论了新研发和实施的《国际中文教育中文水平等级标准》（以下简称《等级标准》）的重要意义。文章指出中国作为汉语母语国在推动国际中文教育发展方面负有关键责任，研制和推广汉语水平等级标准和等级大纲是其应当承担的义务。这项工作契合了汉语国际教育从普及化转向专业化发展的需要，契合了推动汉语融入各国国民教育体系的需要，契合了各国自行研制本土化、在地化的汉语水平等级标准和等级大纲的需要。而《等级标准》的制定顺应了国际中文教育对人才发展的新需求，这对于我们培养精通汉语且具备专业背景的高层次人才具有重要指引作用。《等级标准》的制定为其他国家制定其本国的汉语标准提供了重要参考。《等级标准》应借鉴其他国家已有标准和框架的优点，研究与其语言标准的对接，积极促进汉语国际教育健康良性发展。

赵贤州（1988）所作的《略述汉语水平等级标准的制订》于1988年12月15日发表在《世界汉语教学》。文章指出当前中国对外汉语教学工作迅猛发展，形势大好。但在具体的教学工作中也暴露出了由于缺乏统一标准而带来的教学工作比较随意、不够系统、层次不够分明、连贯性差、教材和测试不标准等问题。在这样的现实需求下，制定统一的汉语水平等级标准成为保障对外汉语教学效果的关键举措。确立标准是语言教学的基础工作，标准涵盖了教学的总体设计、大纲制订、教材编写、课堂教学和水平测试等基础建设问题。标准是教学工作的基石和支撑，它为教育工作提供明确的方向和统一的准则，使教学工作更加具有标准化、规范化和针对性。当前开展汉语水平等级标准的研制工作是切实可行的。建国后的对外汉语教学经验、各个院校研制的汉语教学大纲和编写的各种对外汉语教材都为标准的研制提供了重要的价值参考。其次，标准的制定必须突出科学性。科学性体现在三个方面，一是标准必须符合对外汉语教学的规律和教学实际。要在标准中体现出对听、说、读、写（译）这些语言技能的全面要求，同时还要体现出对知识和技能的全面要求。二是标准必须有合理的层次性，对于不同的语言能力水平要有等级层次体现，对于不同等级层次的描述方式需要定性和定量两种方式相结合。三是标准要体现较大的覆盖面，它应该是科学概括了汉语教学的现实，在应用中应该是合理和可行的。

刘英林（1989）所作的《〈汉语水平等级标准和等级大纲〉（试行）的研究方法》于1989年3月15日发表在《世界汉语教学》。文章从方法论的角度讨论了《汉语水平等级标准和等级大纲》（试行）的研究方法，《汉语水平等级标准和等级大纲》（试行）是介于标准型模式与教学大纲型模式之间的一种"标准-大纲型模式"，该模式具有四方面特点：一是定性描写和定量分析相结合。通过运用层次分析法，就是将复杂的词汇和语法等问题分解成若干个层次，这些层次组成一个逐步递进的层次结构，从而明确具体化的教学目标。通过这种方法把定性分析和定量分析相结合，更简洁、系统、科学地处理、分析和把握对外汉语教学系统的各方面问题；二是纵向比较和横向比较相结合。纵向比较是在同一事物内部，按照内容难易、时间先后等顺序进行比较。横向比较则是针对密切相关的不同事物，在其等级序列或相关程度等方面进行比较。例如，《词汇大纲》（试行）与《语法大纲》（试行）的研发工作几乎是在同一时间启动，在各自的初稿完成后，首先讨论修改《词汇大纲》（试行），然后将其中涉及语法意义的词汇进行调整和平衡到《语法大纲》（试行）中。那么，带有语法意义的词汇就在《语法大纲》（试行）中也可以查找得到。通过这种方式，实现了两个大纲内容之间的协调一致；三是科学统计与经验相结合。对外汉语教学是科学和艺术融合的学科。从科学层面来讲，要依赖于大量的统计和分析。《词汇大纲》（试行）的选词依据源自具有科学统计和分析基础的《现代汉语频率词典》。从艺术层面来讲，教学的关键在于经验的积累、实践的磨炼以及对学科性质的把握。从这个角度出发，逐一审视和选择每个词的适用性变得至关重要。实践证明，《现代汉语频率词典》中一些使用频率较高的词汇在对外汉语教学中并不属于基本常用的词汇，应该通过教学实践经验来筛选适合教学的词汇；四是整体协调与局部协调相结合。在考虑整体结构和总量时，需要使各个等级之间在总体上实现协同、和谐和适应的关系。比如《词汇大纲》（试行）研制时，要根据语言统计和教学研究成果确定不同等级的词汇总量，而《语法大纲》（试行）也应该设置与《词汇大纲》（试行）相适应的等级体系。在完成初稿编写后，要全面观察、深入分析和通篇考量，让主要部分之间以及各部分内部结构与数量实现协调、均衡和一致。

程棠（1989）所作的《对外汉语教学的一项基本建设——〈汉语水平等级标准和等级大纲〉读后》于1989年7月2日发表在《语言教学与研究》。文章回顾了我国对外汉语教学的发展历程，认为作为一门新兴学科，虽然在比较短的时间内教学规模迅速扩大，教材建设成果显著，理论研究逐渐深入，取得了巨大的成绩，但是同时也应该注意到存在的问题。教学工作存在一定的盲目性，教学效果也没有达到令人满意的水平。造成这种情况的原因非常复杂。从教学本身来看，缺乏科学的整体教学规划设计很可能是造成问题的根本原因。由于没有统一的科学的整体教学规划，对外汉语教学很难做到科学、标准和规范。因此，在这样的背景下，研制汉语水平等级标准和大纲尤为迫切和重要。文章介绍了《汉语水平等级标准和等级大纲》（试行）（以下简称《标准和大纲》）的五部分主要内容：《汉语水平等级标准》《词汇等级大纲》《语法等级大纲》《功能、意念等级大纲》《文化等级大纲》（后面两个大纲尚未研制）。四方面主要特点：提出把"结构—功能—文化相结合"的教学原则作为制订《标准和大纲》的指导思想；《标准和大纲》贯彻了定性描写和定量分析的原则；《标准和大纲》体现了对外汉语教学的特点；《标准和大纲》充分吸收了多年对外汉语教学经验及科研成果。四点对后续工作的意见：按照总体设计《标准和大纲》由五部分组成，各部分相对独立，但又相互参照，目前已完成前三个部分，后两部分的工作有待继续开展，五部分完成后，反复相互对照修改，才能真正确立《标准和大纲》的科学性、实用性和权威性。《语法等级大纲》中甲级语法系统性强，乙、丙级相对较弱；甲级语法难点比较集中，可分散部分内容到乙级；甲级语法中的五个态，目前有争议，有待斟酌考虑。《词汇等级大纲》选词范围太过广泛，有些已选词汇有待商榷。《汉语水平等级标准》中部分定性描写值得推敲，部分定量分析中的具体数量规定需经实证论证后才比较科学合理。

总体来看，中文水平等级标准研究中高频被引文献的研究内容可以分为两类：一是关于《汉语水平等级标准和等级大纲》的研究。研究聚焦在《汉语水平等级标准和等级大纲》的制定、设计理念、研究方法、制订过程以及应用和全球推广，研究认为要重视标准在汉语国际教育中的顶层设计和基本建设，要突出标准的全球适用性和适应性，强调了顶层设计要兼具全球化、多元化、可持续发展的特点，同时还从汉语词缀的角度讨论了《汉语水平等级标准与语法等级大纲》的词缀问题。二是关于《国际中文教育中文水平等级标准》的研究。研究指出中国作为中文母语国，在国际中文教育中具有领导地位和责任担当，制定和推广中文水平等级标准和大纲具有重要意义。研究介绍了《国际中文教育中文水平等级标准》"三等九级"的新框架和"四维基准"的新体系，解读了初等、中等和高等等级划分的具体涵义，强调了"四维基准"等级量化指标的新规则，探讨了标准在国际中文教育总体设计、教材编写、课堂教学和课程测试的具体应用和推广，同时还就标准中的语法等级大纲的研制路径及语法分级资源库的开发进行了深入研究。总体而言，上述研究涵盖了中文水平等级标准研制的多个方面，包括意义、价值、研制路径、具体内容以及应用推广。研究突出了对标准核心内容、框架、规则、范式的深入解读，研究强调了中国在国际中文教育领域的领导地位和责任，通过制定国际化的标准为全球中文学习、教学、测试、评估提供权威的参考与指导。研究有助于提高国际中文教育的规范性，对于推动全球范围内中文教育质量和效果具有积极促进作用。

2.3 中文水平等级标准研究热点分析

2.3.1 中文水平等级标准研究的关键词共现分析

关键词是研究文献的核心要素,可以反映出文献研究的主题内容。通过绘制关键词共现知识图谱可以掌握关键词出现的频次以及关键词之间的关系,进而掌握该研究领域的热点。以"keyword"为节点类型,通过"pruning sliced networks"算法,使用CiteSpace软件绘制出中文水平等级标准研究的关键词共现知识图谱(图2-3),较突出的关键词包括"国际中文教育""等级标准""《国际中文教育中文水平等级标准》""语法等级大纲""中文水平"等。这些关键词处于整个图谱的中心位置,占据图谱面积最大,表明其在中文水平等级标准研究中出现的频率较高,研究热度较高。除此之外,较为显著的关键词还包括"线上教学""解读应用""自适应学习""中国特色""文化情境"等,说明学界对这些方面也有所关注。

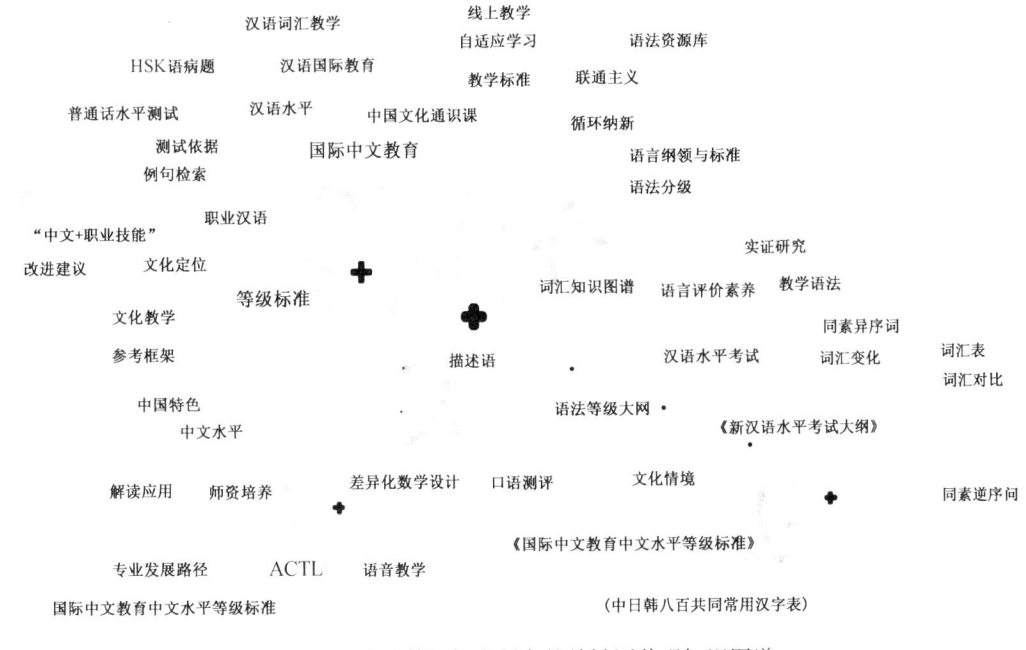

图 2-3 中文水平等级标准研究的关键词共现知识图谱

通过CiteSpace的词频统计功能梳理中文水平等级标准研究词频较高的20个关键词(表2-1),词频越高、中心性越大越能凸显研究热度和重要性,一般来说,中心性大于0.1的关键词比较重要,往往词频高的关键词中心性也不会低,在表2-1中"国际中文教育"频次最高(13次)且中心性最突出(0.62),表明"国际中文教育"研究为该领域核心并在众多研究方向中起着桥梁作用。比较重要的关键词还有"等级标准"（词频 11 次、中心性 0.25）"《国际中文教育中文水平等级标准》"（词频 7 次、中心性 0.31）"语法等级大纲"（词频 3 次、中心性 0.30）"国际中文教育中文水平等级标准"（词频 3 次、中心性 0.14）"中文水平"（词频 3 次、中心性 0.10），说明中文水平等级标准研究中与这些关键词相关的研究比较多。

表 2-1　中文水平等级标准研究高频、高中心性关键词排序

序号	关键词	频次	中心性	序号	关键词	频次	中心性
1	国际中文教育	13	0.62	11	《欧洲语言共同参考框架》	1	0.01
2	等级标准	11	0.25	12	词表	1	0.00
3	《国际中文教育中文水平等级标准》	7	0.31	13	"是"字句	1	0.00
4	语法等级大纲	3	0.30	14	语法资源库	1	0.00
5	国际中文教育中文水平等级标准	3	0.14	15	中文教师能力	1	0.00
6	中文水平	3	0.10	16	新规则	1	0.00
7	汉语国际教育	2	0.01	17	补语	1	0.00
8	汉语水平	2	0.01	18	句型	1	0.00
9	《新汉语水平考试大纲》	2	0.07	19	等级对接	1	0.00
10	大纲	2	0.00	20	中文水平等级标准	1	0.00

2.3.2　中文水平等级标准研究的关键词聚类分析

在关键词共现图谱的基础上，通过提取中文水平等级标准研究关键词的聚类标签，能够更加深入了解该领域研究的热点。利用 CiteSpace 软件的聚类算法，绘制中文水平等级标准研究的关键词聚类图谱（图 2-4）。

一般认为，聚类模块值（Q 值，Modularity）>0.3 意味着聚类有效，聚类平均轮廓值（S 值，Weighted Mean Silhouette）>0.5 意味着聚类合理，当 S >0.7 时说明聚类可信。

#1 新路径　#9《欧洲语言共同参考框架》
　　　　　　#2 对比分析

　　　　　　　　#43《欧洲语言共同参考框架》

　　　#4《欧洲语言共同参考框架》
　　　　　　　　　　　　　　　　#7《欧洲语言共同参考框架》
　　　　　　#10《欧洲语言共同参考框架》

#3《欧洲语言共同参考框架》　　　　#0《欧洲语言共同参考框架》

图 2-4　中文水平等级标准研究关键词聚类图谱

图 2-4 的中文水平等级标准研究关键词共现图谱 $Q=0.7998$，$S=0.9578$，表明该聚类图有效且具备高信度特征。由图 2-4 可见，中文水平等级标准研究关键词共现图谱共形成了 9 个大小不同的显著聚类：#0《欧洲语言共同参考框架》、#1 新路径、#2 对比分析、#3《欧洲语言共同参考框架》、#4《欧洲语言共同参考框架》、#7《欧洲语言共同参考框架》、#9《欧洲语言共同参考框架》、#10《欧洲语言共同参考框架》、#13《欧洲语言共同参考框架》。聚类序号从#0~#13，序号按数值从小到大排序表明聚类所包含的文献量依次递减，聚类重叠部分代表其联系密切。再利用 CiteSpace 的关键词聚类信息汇总功能，将上述 9 个显著聚类标签下的代表性关键词进行整理得出表 2-2，更能清晰反映各个关键词聚类中的研究内容和要点。

表 2-2 中文水平等级标准研究聚类名称及关键词分布

聚类编号	聚类名称	关键词聚类
#0	《欧洲语言共同参考框架》	《国际中文教育中文水平等级标准》、语法等级大纲、《欧洲语言共同参考框架》、教学语法、文化情境、同素逆序词、《欧洲汉语能力标准》、汉语能力标准、循环纳新、同素异序词、日韩国别化汉字教学、汉语水平考试、言语交际能力、《中日韩八百共同常用汉字表》
#1	新路径	等级标准、汉语国际教育、汉语水平、词表、普通话水平测试、汉语词汇教学、测试依据、"中文+职业技能"、参考框架、文化教学、文化定位、职业汉语
#2	对比分析	国际中文教育、改进建议、线上教学、对比分析、HSK 语病题、自适应学习、例句检索、教学标准、中国文化通识课、词汇知识图谱
#3	《欧洲语言共同参考框架》	国际中文教育中文水平等级标准、中文教师能力、等级对接、专业发展路径、中文教学、师资培养、差异化教学设计、ACTFL
#4	《欧洲语言共同参考框架》	中文水平、解读应用、中国特色、音节、描述语、语音教学、口语测评
#7	《欧洲语言共同参考框架》	《新汉语水平考试大纲》、词汇表、词汇对比、词汇变化
#9	《欧洲语言共同参考框架》	二语养成、联结主义、语法资源库、语法分级
#10	《欧洲语言共同参考框架》	四维基准、词汇与语法的互动、词汇丰富性
#13	《欧洲语言共同参考框架》	实证研究、语言纲领与标准、语言评价素养

将高频关键词、关键词聚类图谱与文献结合来看，中文水平等级标准研究的研究热点归为以下几方面。

一是关于中文水平等级标准的解读、比较研究。这一类研究的代表性关键词有"《国际中文教育中文水平等级标准》""《欧洲语言共同参考框架》""中文水平等级标准""《汉语水平等级标准与语法等级大纲》""《欧洲汉语能力标准》"等。在解读研究中主要讨论了《汉语水平等级标准和等级大纲》（试行）（以下简称《标准和大纲》）和《国际中文教育中文水平等级标准》（以下简称《等级标准》）2个标准的意义、内涵、框架、范式、描述语言、研究路径。研究认为标准的基本框架结构是"三等五级三要素"（刘英林，1995），制定应体现科学性，具备合理的层次性，定性描写和定量分析相结合（赵贤州，1988）。《标准和大纲》采用了"定性描写与定量分析相结合、纵向比较与横向比较相结合、科学统计与经验选择相结合、整体协调与局部协调相结合"的研究方法（刘英林，1989），将中文语言水平划分为五级，讨论了一至三级的听、说、读、写四种技能的培养规格，强调在精读、精听基础上，通过大量听、读、说、写实践，培养多种语言技能的教学策略。《等级标准》立足于"中文特色"（王鸿滨，2023），遵循"通用化、系列化、组合化和精细化的设计理念"（刘英林等，2022），将中文水平分为初、中、高三等，每等分为三级，共"三等九级"；由音节、汉字、词汇和语法四大语言要素构成"四维基准"；以言语交际能力、话题任务内容、语言量化指标为评价维度，从"三个评价维度""五项语言技能"角度对中文学习者的语言能力进行定性定量相结合描述，具有系统性和综合性（李亚男和白冰冰，2022）。《等级标准》构建了以汉语为中心、为主导的"三等九级"的国际化新框架（刘英林，2021）、"四维基准"的国际化新体系、新规则，它包容并蓄，注重与通用的国际语言标准紧密对接。《等级标准》提出两个5%概念，即依据教学实际，教师可灵活替换或加强5%的教学内容，这为教师提供了灵活掌握的区间，以便更具有针对性地开展本土特色教学活动。

在对比研究中主要开展与美国、新加坡、西班牙等国家的语言教学标准的比较研究。有学者对比了美国外语教学委员会制定的"5C"标准以及《等级标准》，认为"5C"标准具备语言能力的描述，但缺乏语言能力实现所需的语言本体的指标描述。《等级标准》引领音节整体教学，强调整体合读与直呼，在不同的等级清晰地规定了音节的等级标准（刘乐宁，2021）。对于汉语音节、语素与汉字之间的内在联系有着清晰且深入地理解并能够准确、全面地阐述三者之间的复杂关系，为相关学术研究和实际应用提供有力支撑，弥补了"5C"标准的缺陷。有学者以《欧洲语言共同参考框架》和《欧洲汉语能力标准》为例，讨论了《等级标准》语言各等级所需的汉字、词汇及语法等语言要素项的详细量化指标，认为首次将音节纳入了汉语能力标准，除了语法项之外，各级别的其他语言要素项量化指标都高于1.0版汉语能力标准是《等级标准》量化指标的两大特点（张新生，2021）。《等级标准》将对国际中文教育、考试产生重大影响。有学者研究对比了新加坡中小学华文课程标准与《等级标准》，通过对比研究可以帮助新加坡中小学生在国际平台上鉴定华文水平，发挥新加坡中小学华文课程海外教学和测试的示范作用，有助于两个标准的互鉴互学（陈琪，2021）。而在西班牙，中文教学已纳入国民教育体系，但在国家层面还没有一个统一的汉语教学标准（张丽，2021），制定全国统一的中文教学标准是发展的必然，《等级标准》为此提供了重要参考和依据。

二是关于中文水平等级标准中的字词语法研究。这一主题研究的代表性关键词有"《国际中文教育中文水平等级标准》""音节""词汇表""词汇对比""语法资源库"等。研究主要讨论了标准中的音节表、汉字表、词汇表、语法大纲的研制及应用，同时还研究了标准中的词缀问题、语法问题。在音节表的研究中，学者主要讨论了音节表构建的原则和意义，认为音节表的构建遵循"注重与汉字、词汇的联通；力求满足各级别语言水平学习者的交际需求；体现语音学习与教学的针对性"（李亚男等，2021）这三条原则；它强调了音节与汉字、词汇的联通，以满足各级别语言水平学习者的交际需求，体现语音学习与教学的针对性，为国际中文教学和中文口语测评提供了重要参考。在汉字表研究中，学者认为汉字表在《等级划分》三级划分基础上，结合汉字属性分析、教学研究成果和认知习得理论，演进为"三等七级"（梁彦民，2022）的结构，汉字表强调破解汉字难问题，将汉字认读与手写分开，合理配比初、中、高三等水平阶梯式汉字认读和手写，很好地指导了汉字的教与学。在词汇表研究中，学者认为《等级标准》完善了词汇表，对词性的标注进行了完善、对附加式词语的词缀进行了标注、对时代发展词语进行了更新换代、增加了常用短语、收词全面、系统（郎尊，2023），同时对词语进行等级调整，使得词表在总体等级结构上更加均衡、定级上更加合理。在语法大纲的研制及应用研究中，学者讨论了《等级标准》中语法等级大纲的研制过程和路径，研究通过大规模统计与调查，选定国际中文教育语法项目，并对这些语法项目进行描写、排序，形成《语法等级大纲》，构建了语法分级资源库（王鸿滨，2021）。

三是关于中文水平等级标准指导下的教学研究。这一主题研究的代表性关键词有"《国际中文教育中文水平等级标准》""《ACTFL语言水平指南》""《欧洲语言共同参考框架》""差异化教学设计""《中日韩八百共同常用汉字表》"等。研究主要讨论了《国际中文教育中文水平等级标准》在教学指导、教学设计、汉字教学、词汇教学、写作教学和文化教学方面的应用问题。在《等级标准》对教学指导作用的讨论中，有学者对比研究了《等级标准》《ACTFL语言水平指南》《欧洲语言共同参考框架》的性质和定位，认为三者是语言水平等级标准并不是课程标准，是不适合直接用来指导教学活动的。用《等级标准》直接指导教学可能出现将考试标准等同于学习标准与课程标准的误区（余佳蔓等，2024）。因此，一方面要加快制定符合中文语言特点以及符合中文教学规律的国际中文学习标准，另一方面也要从不同类型学习者的学习需求出发，加快制定相应的国际中文课程标准，才能实现《等级标准》对教学的指导作用，使全球中文教学有规可循、有矩可依。在教学设计方面，探讨了差异化教学设计和逆向教学设计，提出了以"明确学习结果、确定评估证据、制订学习计划"（张凤永和曹贤文，2023）为主要环节的差异化教学设计总框架并讨论了每个环节具体的设计方法。而在逆向教学设计中提出了在汉语文化背景下，选取具有代表性的情境，以情境为起始点，明确其中所涵盖的语言功能与任务，提供所需的语言技能与要素，确保在教学与测试全过程中，将文化情境中的语言应用贯彻始终的具体设计路径。在汉字教学方面，基于日韩学生汉字国别化教学实践，提出了以《等级标准》为依托，参考《中日韩共同常用汉字表》，将汉字等级量化体系与日韩常用汉字背后的汉字及文化传承对照关联，以提高教学效果。在词汇教学方面，《等级标准》倡导以实用为原则，强化口语交际运用的词汇教学理念。教师在教学中根据交际需求、词汇系统内部关系及本土语境对词汇教学范围进行弹性把控（王军，2022），以提高词汇教学效果。在写作教学方面，从模因论视角提出中等写作教学应采用融入中外文化差异点、围绕写作教学环节、依托应用文体训练、鼓励学生分享中文作品的教学策略。在文化教学方面，《等级标准》凸显了汉语本身特色，而且具备了中华文化的丰富内涵（王学松，2022），强调了汉语和中华文化的独特性，为中文教育提供了创新性纲领。在教学中，教师应摒弃固守文化大纲的执念，根据词汇等级和学生兴趣点来设计和确定教学内容，以传播效果为导向，结合文化活动，减弱语言水平在文化学习中的重要性，适度运用学生母语教学，以促进学生准确理解和传递信息。

2.3.3 中文水平等级标准研究的关键词共现时区分析

在关键词聚类的基础上，通过绘制中文水平等级标准研究关键词共现时区图谱（图2-5），从时间角度来分析中文水平等级标准研究领域每一个聚类下的关键词演变过程，能够更加清晰地展示该领域研究的脉络演进与变化趋势，从而更深入掌握该领域的主题变化。从研究热度来看，开始时间比较早且一直保持相对较高关注度的聚类是#0《欧洲语言共同参考框架》。关键词较多，连线相对密集的聚类是#1 新路径、#2 对比分析。而聚类#3《欧洲语言共同参考框架》、#4《欧洲语言共同参考框架》、#7《欧洲语言共同参考框架》、#9《欧洲语言共同参考框架》、#10《欧洲语言共同参考框架》、#13《欧洲语言共同参考框架》的关键词的连线短促，彼此间关联度较小，呈现出相对独立的特征，表明这些聚类是由特定主题或事件推动的短期研究热点，缺乏长期稳定的联系。从整体网络结构来看，各聚类之间连线段较为稀疏，多重交叉连接点较少，呈现出相对松散和独立的特征。

从研究趋势来说，聚类#0《欧洲语言共同参考框架》、#1 新路径、#2 对比分析的研究时间跨度相对较长且有一定的研究成果，这些成果为中文水平等级标准的深入研究提供了基础，值得针对这些聚类的研究主题深入研究。

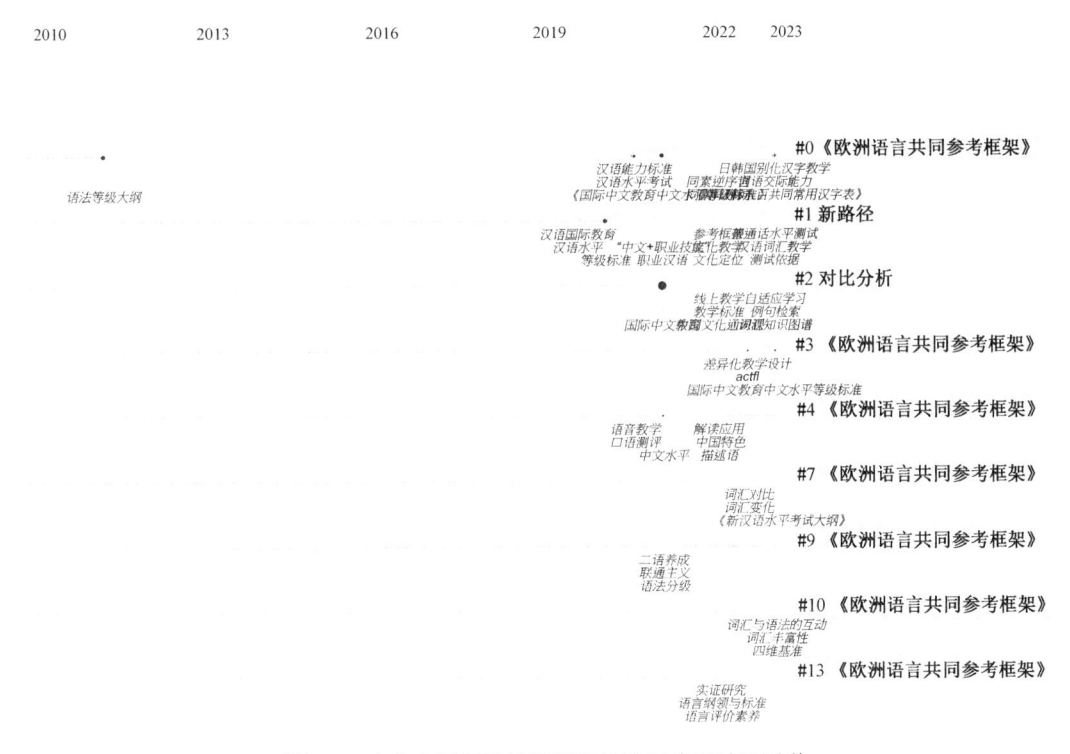

| 2010 | 2013 | 2016 | 2019 | 2022 | 2023 |

```
                                                            #0 《欧洲语言共同参考框架》
                                   汉语能力标准      日韩国别化汉字教学
                                   汉语水平考试      同素逆序词 国际交际能力
           语法等级大纲             《国际中文教育中文水平等级标准》 国际中文教育中文水平等级标准 国际中文教育中文水平等级标准共同常用汉字表
                                                            #1 新路径
                                 汉语国际教育       参考框架兼适汉语水平测试
                                 汉语水平  "中文+职业技能"教学 汉语词汇教学
                                 等级标准  职业汉语 文化定位  测试依据
                                                            #2 对比分析
                                            线上教学自适应学习
                                            教学标准  例句检索
                                     国际中文教育 文化涵调题知识图谱
                                                            #3 《欧洲语言共同参考框架》
                                              差异化教学设计
                                              actfl
                                     国际中文教育中文水平等级标准
                                                            #4 《欧洲语言共同参考框架》
                                           语音教学    解读应用
                                           口语测评    中国特色
                                           中文水平    描述语
                                                            #7 《欧洲语言共同参考框架》
                                                 词汇对比
                                                 词汇变化
                                              《新汉语水平考试大纲》
                                                            #9 《欧洲语言共同参考框架》
                                                 二语养成
                                                 联通主义
                                                 语法分级
                                                            #10 《欧洲语言共同参考框架》
                                              词汇与语法的互动
                                                 词汇丰富性
                                                 四维基准
                                                            #13 《欧洲语言共同参考框架》
                                                 实证研究
                                              语言纲领与标准
                                              语言评价素养
```

图 2-5 中文水平等级标准研究关键词共现时区图谱

聚类 #3《欧洲语言共同参考框架》、#4《欧洲语言共同参考框架》、#7《欧洲语言共同参考框架》、#9《欧洲语言共同参考框架》、#10《欧洲语言共同参考框架》、#13《欧洲语言共同参考框架》针对这种短期集合的聚类，由于其连线短且交叉点较少，未来研究可以通过深入追踪其演变过程，揭示其形成与解散的原因，探讨与其他领域的潜在关联，进而更全面理解短期集合聚类的本质，为未来研究提供更有深度的方向和洞见。

2.4 中文水平等级标准研究结论和展望

中文水平等级标准研究围绕着"国际中文教育""等级标准""中文水平""新规则""新范式""改进建议"这些宏观关键词，通过连线"语法等级大纲"《欧洲语言共同参考框架》""等级对接""中文教师能力""师资培养""解读应用""对比分析"等关键词展开了中观、微观领域的拓展研究，当前的研究热点集中在解读分析、对比研究、教学应用三个方面，"解读应用""对比分析""等级对接"三个关键词是研究的前沿问题。中文水平等级标准研究应在以下方面深入：

加强《等级标准》的全球推广研究。作为首个全面描绘和评价外国中文学习者中文水平和语言技能的规范性标准，《等级标准》为评估外国学习者的中文能力提供了科学的依据，同时也为促进国际中文教育的健康发展提供了重要的支撑。《等级标准》在全球的推广是提升汉语国际教育学科以及国际中文教育事业全球影响力的重要举措。针对《等级标准》的全球推广今后的研究可以在以下方面加强：一是加强《等级标准》与全球各国的外语、中文语言标准对比研究，研究各国语言标准的特点和优势，以促进标准之间的互学互鉴，以便更好地推广《等级标准》，提高其在全球范围内的认可度和影响力。二是加强国际教学主体合作推广《等级标准》的方式、路径研究，研究如何与国际组织、学术机构、教育机构等建立合作关系，深入研究了解不同的受众对《等级标准》的需求和期望，以便制定出符合不同受众需求的合作方案。

加强《等级标准》指导下的教师研究。《等级标准》的发布对国际中文教师提出了新的要求，目前《等级标准》视角下的教师发展研究比较少，现有研究认为教师发展呈现出"专业性、融通性、持续性"（丁安琪和宋艳杰，2023）特点，教师应当秉持终身学习的理念，不断学习以提升教学理念，通过教学实践活动提升教学能力，通过教学反思培养教师发展高阶思维。同时要扎实推进教师发展工作，着力打造分层次、分等级的教师发展平台，健全教师能力水平等级认证制度，并深入推进激励评价体系改革，以激发教师队伍的积极性和创造力。针对教师发展今后的研究可以在以下方面加强：一是加强教师专业发展路径研究，研究如何根据教师的不同发展阶段，设计相应的培训课程和认证制度，以促进教师从新手阶段逐渐成长为熟手阶段，最终发展成为专家阶段；二是加强教师能力认证制度研究，研究如何构建和完善教师能力认证机制，以提供良好的制度环境和职业发展保障，推动教师专业发展沿着健康的轨道前进；三是加强教师激励评价体系研究，研究如何优化激励评价体系，为教师创造一个友好、支持性的制度环境，以促进教师的专业发展，并推动其沿着良性的轨道前进。只有不断加强《等级标准》视角下的教师发展研究，促进教师对《等级标准》的理解，提高教师专业能力水平，才能将《等级标准》促进教学实践的功能真正释放出来。因此，研究教师发展对于提高教育质量和推动国际中文教育事业的高质量发展具有重要意义。

第 3 章　本土中文教师研究述评

教师是教育活动开展的重要要素。"三教"问题（即教师、教材和教法）是国际中文教育领域的中心问题。当前国际中文教育师资主要分为两类"输入型中文教师"和"本土中文教师"。"输入型中文教师"是指来源非本国却在本国从事中文教学活动的教师，他们源自中国等国家或地区，已基本克服跨文化交际障碍且适应当地文化可以独立开展中文教育活动。"本土中文教师"是指接受相当程度的中文教育，具有在其本国开展中文教学资质的教师。"输入型中文教师"在国际中文教育发展初期确实解决了从无到有的问题，但随着"中文热"持续升温，中文学习需求增长与中文师资供给有限之间的矛盾逐渐凸显。从"输入型中文教师"长期工作实践中逐渐暴露出来的"教师队伍流动性强、缺乏稳定性和连续性"（蔡红梅，2020）、"知识经验流失、教学稳定性下降、学生学习连续性受影响、师资稳定性差、教育资源浪费"（李东伟，2014）等问题都表明光靠外在的师资输入很难从根本上解决师资问题。而"本土中文教师"相较于"输入型中文教师"而言，本土教师根在本土，教师队伍的稳定性有了保障；本土教师即本地人士，熟悉所在国语言文化，了解学生，具有中文学习的经验与经历，能够为学生提供更为贴近当地文化和语境的教学体验和二语学习的经验。正如许嘉璐（2011）所认为的"本土语言教师在思维习惯、文化背景方面具有天然优势，他们完全可以成为汉语国际推广的主力军，当前则应该成为我们外派汉语教师的重要补充。但这项工作现在还是一个薄弱环节，有必要加强。"可以说，本土中文教师是积极促进中文、中文教育在当地扎根、可持续发展的重要力量。中文教师的本土化培养是解决国际中文教育发展中师资问题的有效途径，而如何科学有效地开展本土中文教师培训与培养是现阶段亟待解决的重点问题和难点问题。通过采用 CiteSpace 信息可视化技术，对国内本土中文教师相关研究的文献进行分析，绘制相关知识图谱，呈现本土中文教师相关研究的历史进程和主要研究成果，厘清研究核心领域和热点主题，探究研究的发展趋势，为本土中文教师的深入研究提供借鉴和指导。

3.1　数据来源和研究方法

通过使用 CNKI 数据库，以"'本土中文教师'（篇名）OR '本土汉语教师'（篇名）OR '本土中文师资'（篇名）OR '本土汉语师资'（篇名）"为搜索条件，文献来源选择"期刊文献",不设时间跨度,检索时间截至 2023 年 8 月 31 日,检索到分布于 2010 年至 2023 年 8 月 31 日的文献数据共 39 篇,筛选不相关文献 1 篇后,选择了 38 篇文献数据作为文献计量分析的依据。通过将上述文献数据导入 CiteSpace 软件,采取以下三个步骤展开研究:①通过 CNKI 数据库自带的分析软件,对文献的年度分布情况进行初始分析,绘制出年度发文走势分析图表;②运用 CiteSpace 对文献数据进行分析,形成科研合作聚类图谱、关键词共现图谱、关键词聚类图谱、关键词共现时区图谱,由此呈现本土中文教师研究知识体系的概貌,掌握本土中文教师研究主题、热点和发展脉络;③基于知识图谱分析结果,结合文献研究进一步讨论本土中文教师研究结论以及未来研究的深化方向。

3.2 本土中文教师研究知识体系的文献特征分析

3.2.1 本土中文教师研究的学术论文基本情况

通过使用 CNKI 数据库的精确检索可知,本土中文教师研究的起点较晚、成果不多,2010 年至 2023 年 8 月 31 日的学术论文仅 38 篇。其主要特点如下:

从研究文献主题数量来看,关于本土中文教师能力结构研究的文献有 2 篇,关于本土中文教师现状调查研究的文献有 12 篇,关于本土中文教师培养研究的文献有 5 篇,关于本土中文教师培训研究的文献有 19 篇。尽管这些研究主题各不相同,但存在着明显的内容交叉和相互关联,如本土中文教师能力水平是本土中文教师现状调研的重要内容,如何通过培养或者是培训的路径让本土中文教师获得相应的能力是本土中文教师培养、培训研究的核心主题。也就是说本土中文教师四个研究主题之间的要素会产生相互影响,可能成为影响彼此的共同因素,细致剖析这些错综复杂的交叉与关联可以揭示四个主题之间的关联与依赖性,能够更准确全面地理解本土中文教师研究发展的整体情况,进而为相关研究提供有价值的参考。

从研究文献年度分布来看,2010 年至 2023 年 8 月 31 日 14 年间年均发文量是 2.7 篇。第一篇关于本土中文教师研究的文献出现于 2010 年,2010 年至 2020 年间只有 2011 年(零发文)和 2014 年(发文 7 篇),这两个发文数量波动较大的年份,其他年度的发文数量情况相对稳定,波动较小,维持在较低水平,没有明显的增长趋势。至 2021 年开始文献数量逐步增加,2021 年至 2023 年,年均发文量为 4 篇,2021 年发文最多达 6 篇,这表明这一年该领域的研究活动达到了一个相对高的水平。而 2022 年发文 5 篇,仍保持较高的发文量,说明该领域内的研究活动仍然持续活跃,并且保持相对稳定的水平。但到了 2023 年仅发文 1 篇，尽管目前数据只统计到 2023 年 8 月 31 日，不是 2023 年全年数据，只涵盖了部分数据，但从发文数量趋势来看，2023 年该领域的相关研究发文数量出现明显下降。总的来说，该阶段文章发表走势呈现出一种下降趋势，从高点逐渐减少（图 3-1）。

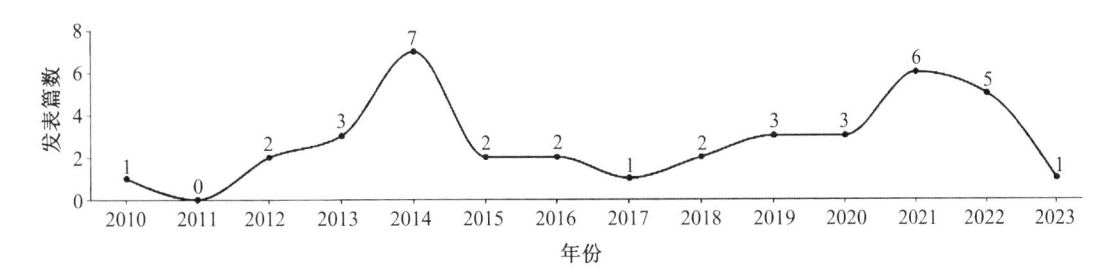

图 3-1 本土中文教师研究文章发表年度趋势图

3.2.2 本土中文教师研究的科研合作聚类分析

在本土中文教师研究领域，高校及其学者是该领域研究的核心力量。从发文数量来看，发文数量最多的作者是李宝贵和刘飒。李宝贵（2019）主要关注俄罗斯和泰国东北地区高校本土中文教师在知识结构、教学管理、跨文化交际等方面存在的问题，分析问题产生的原因并从制度建设、资金投入、教师培训等方面提出针对性建议。刘飒（2016）关注的对象是巴基斯坦的本土中文教师，通过回顾巴基斯坦本土中文教师师资培养的发展历程讨论了巴基斯坦本土中文教师师资队伍建设在推动中文国际化进程、深化中巴友谊等方面的贡献与意义。

从发文机构来看，黄冈师范学院、中央民族大学、福建师范大学、重庆师范大学、辽宁师范大学是该领域研究具有代表性的院校机构，其中辽宁师范大学发文量 2 篇，其他四所院校均为 3 篇。黄冈师范学院的相关学者主要关注的是斯里兰卡、巴基斯坦本土中文教师的培养问题。中央民族大学的相关学者主要关注的是泰国、英国、缅甸北部地区本土中文教师发展现状以及培训问题。福建师范大学的相关学者关注的内容有两方面：一是韩国本土中文教师能力结构的研究；二是泰国孔子学院、印尼本土中文教师的培训问题。重庆师范大学的相关学者主要关注的是英国和南亚本土中文教师的培养以及斯里兰卡本土中文教师学习需求情况。辽宁师范大学的相关学者主要关注的是俄罗斯和泰国东北地区高校的本土中文教师的培训情况。

从研究学者、研究机构的合作程度来看，学术研究的作者合作程度是判断学科研究进展的重要指标，毕竟单一作者的研究成果虽能反映其研究能力，但无法展示学科研究全貌，而良好的科研合作关系有助于学科体系走向成熟。科研合作包括作者合作和机构合作。为了清晰简洁地识别作者和研究机构的学术合作和联络情况，在 CiteSpace 软件中选择"'author'+'institution'"为节点类型，将机构分布情况和作者分布情况合并展示，绘制了本土中文教师研究的科研合作知识图谱（图 3-2），图谱中连线的密集和粗细程度反映了作者间、机构间科研合作的紧密程度。在作者合作方面，本土中文教师研究形成了以李宝贵、陈如芳、刘红英、刘晶晶、瞿玉蕾等作者为核心的数个研究群体，但是尚未形成群体间相互交流、紧密联系的学术共同体。在作者和机构合作方面，本土中文教师研究形成了以作者单位：中央民族大学国际教育学院、沈阳师范大学国际教育学院、北京语言大学汉语国际教育研究院和相关作者：吴桐、刘晶晶、胡唯哲、瞿玉蕾、李东伟、刘红英组成的一个学术研究群体，这个学术研究群体形成了命名为"对策"的聚类，表明该学术研究群体围绕本土中文教师师资建设集中讨论了相关对策和策略。根据软件计算结果，本土中文教师研究科研合作图谱的密度值为 0.0323，低于 0.1 的正常水平，作者、机构节点数是 87，合作连线数是 121，较为短促，连线密度低，反映了本土中文教师研究的科研合作联系松散、研究机构和作者分散化、独立化的特征。

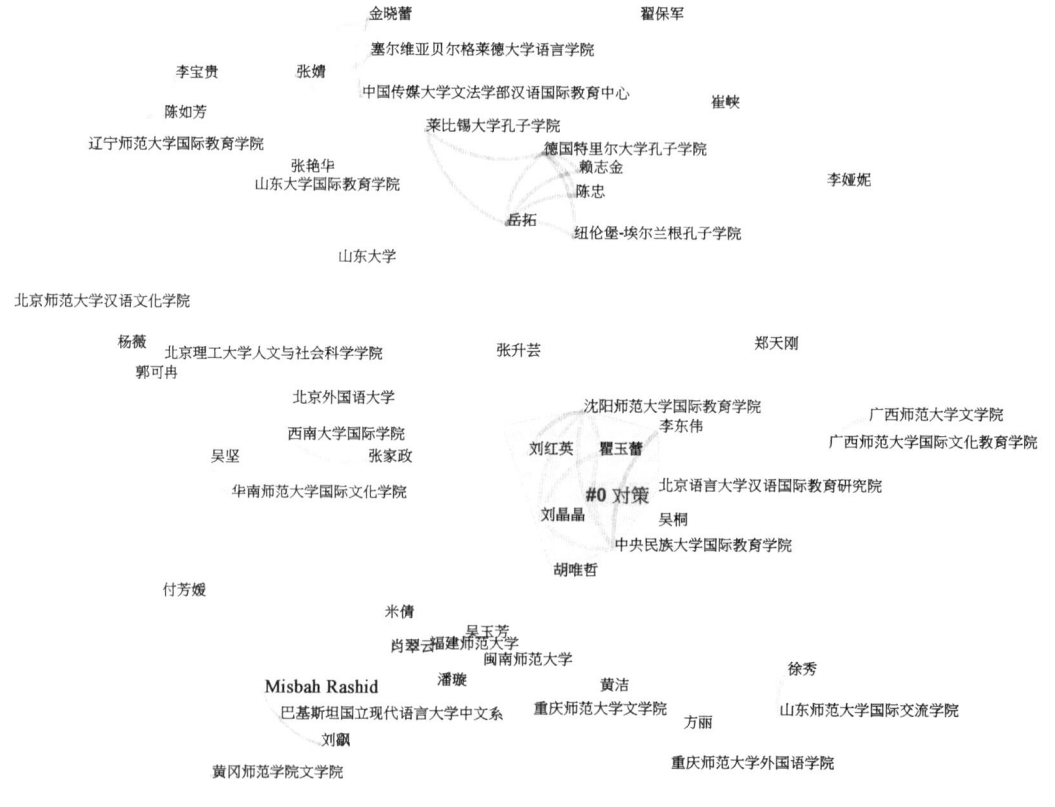

图 3-2 本土中文教师研究的科研合作知识图谱

3.2.3 本土中文教师研究的高频被引文献分布

文献的被引频率可用于评估其学术价值，分析本土中文教师研究相关高频被引文献可以了解研究人员的兴趣以及掌握该领域的研究热点。通过 CNKI 数据库整理出排名前 10 的高频被引文献，被引情况以及研究内容如下：

该领域研究最高频次被引文献是华南师范大学国际文化学院吴坚（2014）所作的《孔子学院本土汉语教师培养：现状、问题与对策》，该文于 2014 年 10 月 25 日发表在《华南师范大学学报（社会科学版）》。文章认为：汉语教师是影响孔子学院办学质量的重要因素。海外本土汉语教师相较于中国外派的汉语教师更熟悉和适应当地情况，更容易快速并有效开展教学工作。培养本土汉语教师成为汉语教师师资培养的重要任务。虽然当前本土汉语教师培养的数量逐渐增加、培养内容愈加丰富、培养方式也更加多元，但仍存在培养体系目标不够清晰，仅对培养目标与要求进行说明，并未能将其细化到具体的培养课程内容中；培养结构不够合理，培训的本土汉语教师国别面狭窄、培训时间短、培训内容缺乏文化差异性教学内容；理论与实践教学学时分配不均，理论教学为主、实践教学较少，导致受训教师所学的理论难以直接应用到实践教学中；培训资源整合不足，未能调动并整合海外高校中文系、海外华教组织等资源参与到本土汉语教师的培养等问题。针对上述问题，作者指出孔子学院本土汉语教师的培养要准确把握本土汉语教师的培养目标，强调传播知识与传播能力的培养，重视本土汉语教师国别化差异和个性化发展；培养要结构均衡、层次丰富，既要开展汉语国际教育专业硕士的专业应用型人才培养，又要重视对来华留学生、海外中国文化传播人才、海外华人的吸纳与培养；要完善培养机制，建立健全孔子学院本土汉语教师培养管理制度，确保培养工作有章可循，建立海外汉语培训中心和网络培训平台拓宽培养路径、增加实践教学时长，创新实践方式；统筹整合各方资源保障培养工作，国内培养机构、孔子学院、驻外使馆、相关机构加强沟通合作为本土教师培养提供资源支持，增设立"外国汉语教师奖学金"为本土教师培养提供资金支持，加强智库建设为本土教师培养提供智力支持。

中央民族大学国际教育学院李东伟（2014）所作的《大力培养本土汉语教师是解决世界各国汉语师资短缺问题的重要战略》于 2014 年 10 月 16 日发表在《民族教育研究》。作者总结了汉语国际传播、英语国际传播以及泰国汉语国际传播的成功经验后肯定了本土教师为语言的国际传播作出的重要贡献，认为师资紧缺是限制语言国际传播发展的主要瓶颈之一，而培养本土教师是解决师资紧缺问题的一项关键措施。科学有效开展本土汉语教师培养工作需要加强本土汉语教师培养工作的顶层设计，汉语输出国和汉语输入国政府都需要在政策、体制机制和财政安排等方面共同致力于推进汉语的国际传播和学习；需要基于各国汉语教师的实际需求，明确各层次、各层级本土汉语教师培养的规格要求，提高本土汉语教师培养的针对性；需要培养本土汉语教师的教育管理能力，鼓励并支持有能力的本土汉语教师在当地开设汉语学校和研究机构，以促进全球汉语传播事业的全面发展。

广西师范大学国际文化教育学院赵燕华（2013）、广西师范大学文学院韩明合作的《泰国本土汉语教师培训现状及对策分析》于 2013 年 7 月 15 日发表在《广西师范大学学报（哲学社会科学版）》。作者考察了当前泰国本土汉语教师的人数、学历、专业背景后，认为当前泰国本土汉语教师紧缺、学历层次低、专业素质有待提升，亟待开展泰国本土汉语教师培训。在考察当前泰国本土汉语教师的培训模式以及访谈泰国西部呀丕府 20 位本土汉语教师的基础上指出，当前泰国本土教师培训模式多样、培训内容实用、培训范围广泛，但也存在培训内容针对性不强、培训授课方式需要更新、培训评估不够科学等问题。针对上述问题，作者提出从社会层面、岗位层面和学员心理层面开展调研了解培训需求，基于调研的基础明确培训要求和目标并据此设计培训内容，通过借鉴其他来华汉语教师成功的授课方式如"家庭寄宿（homestay）"培训法，引入授课新理念如"做中学"来丰富培训方式，在培训不同阶段开展针对性评估，如培训前开展决策性评估、培训中开展形成性评估、培训后开展结果性评估，建立完整和科学有效的评估机制等措施来增强培训效果。

辽宁师范大学国际教育学院李宝贵（2017）、陈如芳合作的《泰国东北地区高校本土汉语教师现状调查与分析》于 2017 年 1 月 30 日发表在《沈阳师范大学学报（社会科学版）》。作者认为泰国本土教师是汉语教学在泰国深深扎根并持久发展的关键因素。在基于对泰国东北地区 3 所开设汉语专业的大学：玛哈沙拉堪大学、孔敬大学和乌汶大学调研基础上，指出泰国东北地区高校本土教师的汉语教学在汉语基本知识和技能、汉语交际能力、中华文化与跨文化交际、课堂教学组织和管理等方面面临诸多挑战，究其原因在于本土汉语教师的汉语基础不够扎实，缺乏留学中国的经历，缺乏教学理论知识和教学经验，备课不充分等。解决上述问题的改进措施有中泰政府合力，加大资金支持，为泰国学生来华留学、汉语教学研究提供经费保障；改善本土教师的薪酬和福利待遇，加强招聘和培训优秀的汉语教师队伍；定期举办中泰教师研讨会，共商泰国汉语教学问题；开展多样化本土教师培训，提高教师教学能力和专业素养；选派优秀志愿者和公派教师赴泰任教，填补本土师资的不足。

上海外国语大学国际文化交流学院翟保军（2015）所作的《海外本土汉语教师的培训需求分析——以秘鲁利马本土教师为例》于 2015 年 5 月 15 日发表在《云南师范大学学报（对外汉语教学与研究版）》。作者认为本土汉语教师是解决师资不足问题、推动汉语本地化教学以及促进汉语国际传播和持续发展的关键力量。每个国家和地区的本土教师培训既有共性也有其各自特点，培训开展是否具有针对性很大程度取决于培训是否依据参训者的需求进行设计。作者基于对"中国期刊全文数据库"关于本土教师培训相关文章研究后发现当前本土教师培训在需求分析环节上存在着不重视培训需求分析、将培训需求简单视为受训者对培训的愿望、培训需求调查方式单一、获取的信息不够全面准确等问题。造成问题的原因是培训者在需求分析方面缺乏科学系统的理论和方法。作者综合运用当前培训需求分析领域的两种主流模式：OTP 模式（organization-task-person model）和绩效分析式（performance analysis model），以里卡多帕尔玛大学孔子学院和秘鲁天主教大学孔子学院本土教师培训为样本展开培训需求分析，发现秘鲁利马本土教师培训在语言知识与技能培训中要针对性开展汉语知识培训、提高汉语听说读写能力、注意培训语言的使用；在文化和交际培训中要重视跨文化交际内容的培训；在二语习得与学习策略培训中要强化汉语和母语差异化教学训练；在教学方法培训中要加强汉语语言要素教学原则和方法的培训、改善过度使用媒介语的现状、加强教学组织管理和教学设计的培训；在教学资源培训中要增加汉语资源的介绍。

澳大利亚墨尔本大学教育研究生院崔峡（2014）所作的《澳大利亚汉语教学质量提高与本土汉语教师培训》于 2014 年 5 月 22 日发表在《云南师范大学学报（对外汉语教学与研究版）》。作者介绍了在澳大利亚取得教学资格证和担任学校汉语教师的要求与条件，考察本土汉语教师职前教育和在职教育的情况，指出本土汉语教师职前培训缺乏专门针对汉语教学的专业培训课程训练，导致预备教师没有机会接受任何有关汉语语音语调、汉字和语法特征的系统专业培训课程；在职教育方面，不同机构为教师提供丰富多样的培训，这包括学校部门和跨部门合作的课程、专业证书课程、中文协会的研讨会和教师自发的小组教学讨论活动。培训内容涉及教学设计、课堂教学管理、信息教育等，培训弥补了职前教育中对汉语教学的不足，但有关二语习得、跨文化环境中的差异化教学训练有待加强。

西南大学国际学院邱睿（2013）、西南大学外语学院张家政合作的《泰国中小学本土汉语教师短期培训研究》于 2013 年 3 月 15 日发表在《云南师范大学学报（对外汉语教学与研究版）》。作者统计分析了 2009～2012 年孔子学院在泰开展的中小学本土汉语教师短期培训项目，发现当前孔子学院在泰国开展的中小学本土汉语教师短期培训共分两类：一类是 3 天左右的专题讲座类培训，这类培训内容取决于孔子学院师资专长，但也因孔子学院师资流动强呈现出随境迁移的状况；另一类是 2 周左右的培训，这类培训形成了以汉语知识、教学技能、中国文化为内容的三位一体综合模式，该模式应用最广，但也是最滥用的模式。而参训学员来源不是以汉语水平为筛选依据，往往是以学校、行业组织为单位参训，导致培训针对性不强是短期培训最突出的问题。针对以上问题，作者提出通过制定泰国中小学本土汉语教师培养的具体标准，以明确培训目标；通过调研了解学员情况和培训期待，以克服由于学员年龄和语言教学水平层次各异带来的差异性学习需求；通过前期调研和建立参训教师档案，以便于开展系统的培训规划进而更好促进参训教师的自我发展。

山东大学国际教育学院张艳华（2015）所作的《面向海外本土汉语教师的国别化培训方略探析——以蒙古国为例》于 2015 年 1 月 15 日发表在《海外华文教育》。作者认为在当前汉语国际推广迅猛发展的形势下，加强本土汉语教师的培训是确保汉语国际教育健康、稳定和可持续发展的重要举措。作者通过问卷调查和访谈的方式开展了针对蒙古国本土汉语教师培训的调研，调研内容涵盖教师信息、培训时长、培训内容、培训方式等，调研认为依托《国际汉语教师培训大纲》为纲研究设计国别化的本土汉语教师培训大纲、编写国别化的本土汉语教师培训教材、以"通用培训课程+特色培训课程"的方式设置培训课程、引入"任务型教学法""案例教学法""做中学"等教学方法以创新培训方式、研发科学规范的"国际汉语教师培训标准"对培训开展科学评估可以提高本土汉语教师培训的针对性和有效性。

黄冈师范学院文学院刘飘（2016）、巴基斯坦国立现代语言大学中文系 Misbah Rashid 合作的《全巴基斯坦本土汉语教师的发展历程与展望》于 2016 年 3 月 21 日发表在《南亚研究季刊》。作者以首个在巴基斯坦推广汉语教学的巴基斯坦国立现代语言大学为例，回顾了巴基斯坦国立现代语言大学本土汉语教师的发展历程，截至 2015 年，共培养了 28 名本土汉语教师，分别在 39 所学校任教，正式教师 11 名，合同教师 17 名；助教授 2 名，讲师 8 名，语言助教 18 名；28 名教师都参加过汉语教学的业务培训，培训提高了教师的汉语口语、书写、语法能力以及汉语教学能力。在"汉语热"在巴基斯坦持续高涨、中文进入巴基斯坦国民教育体系的情况下，作者对巴基斯坦本土汉语教师的培养进行了基础研究，提出帮助巴基斯坦大学建立汉语专业，中巴共同培养本土汉语教师的建议有利于巴基斯坦本土汉语教师的培养，以及汉语在巴基斯坦的可持续推广。

范祖奎（2014）的《中亚本土汉语教师的汉语知识结构与教学策略调查》于 2014 年 4 月 16 日发表在《民族教育研究》。本研究借鉴教育学、心理学相关理论知识，通过问卷调查和访谈等手段，对来自中亚三国的 81 位本土汉语教师的汉语水平、汉语教学策略和知识结构等进行了调研，以此为基础对中亚本土汉语教师的汉语知识结构与教学策略进行研究分析，以期为国家汉办汉语教学师资短期培训的模式和内容设计提供决策依据。

总体来看，本土中文教师研究中高频被引文献的研究内容可以分为三类：一是本土中文教师现状研究。这类研究是通过对本土中文教师展开调查和访谈，了解本土中文教师的现状，从整体上讨论本土中文教师培训中存在的问题，并从培训目标、内容、方式、方法提出针对性的改进意见；二是本土中文教师知识结构研究。这类研究关注本土中文教师在汉语本体、中华文化、中文教学、跨文化交际等方面具备的知识和技能以及这些知识与技能在教学实践中的具体运用情况；三是国别化本土中文教师培养培训研究。这类研究讨论国别化（泰国、秘鲁、澳大利亚、蒙古国、巴基斯坦）本土中文教师的培养培训问题，重点讨论教师的培训需求、培训方式、培训内容、培训效果的评估，以及开展相关培训工作中存在的问题和改进措施。总体而言，上述研究内容涵盖了本土中文教师能力结构、教育培训、国别化差异等多个层面内容。研究有助于学界更好地了解本土中文教师师资能力、队伍结构、教学水平等情况，这对于培养优秀的本土中文师资，推动各国中文教育发展具有重要意义。

3.3 本土中文教师研究热点分析

3.3.1 本土中文教师研究的关键词共现分析

关键词是研究文献的核心要素，可以反映出文献研究的主题内容。通过绘制关键词共现知识图谱可以掌握关键词出现的频次以及关键词之间的关系，进而掌握该研究领域的热点。以"keyword"为节点类型，通过"pruning sliced networks"算法，使用CiteSpace软件绘制出本土中文教师研究的关键词共现知识图谱（图3-3），较突出的关键词包括"本土汉语教师""汉语教师""培训""孔子学院""泰国"等。

图 3-3 本土中文教师研究的关键词共现知识图谱

这些关键词处于整个图谱的中心位置，占据图谱面积最大，表明其在本土中文教师研究中出现的频率较高，研究热度较高。除此之外，较为显著的关键词还包括"汉语作为第二语言学生""教学硕士专业""汉语背景学生""在职培训""经验借鉴"等,说明学界对这些方面也有所关注。

通过 CiteSpace 的词频统计功能梳理"本土中文教师"研究词频较高的 20 个关键词(表 3-1),词频越高、中心性越大越能凸显研究热度和重要性,一般来说,中心性大于 0.1 的关键词比较重要,往往词频高的关键词中心性也不会低,在表 3-1 中"本土汉语教师"频次最高(15 次),且中心性最突出(0.27),表明本土汉语教师研究为该领域核心并在众多研究方向中起着桥梁作用。比较重要的关键词还有"汉语教师"(词频 5 次、中心性 0.16)"培训"(词频 4 次、中心性 0.11)"孔子学院"(词频 4 次、中心性 0.19),说明本土中文教师研究中与这些关键词相关的研究比较多。

表 3-1　本土中文教师研究高频、高中心性关键词排序

序号	关键词	频次	中心性	序号	关键词	频次	中心性
1	本土汉语教师	15	0.27	11	本土	2	0.12
2	汉语教师	5	0.16	12	建议	2	0.00
3	培训	4	0.11	13	策略	2	0.00
4	孔子学院	4	0.19	14	巴基斯坦	2	0.00
5	泰国	3	0.02	15	本土中文教师	2	0.04
6	对策	3	0.09	16	中亚本土汉语教师	1	0.00
7	海外本土汉语教师	2	0.00	17	缅北掸邦华文学校	1	0.00
8	英国	2	0.12	18	海外本土汉语师资	1	0.00
9	培养	2	0.13	19	缅甸本土汉语教师	1	0.00
10	专业素质	2	0.07	20	汉语作为第一语言学生	1	0.00

3.3.2　本土中文教师研究的关键词聚类分析

在关键词共现图谱的基础上,通过提取本土中文教师研究关键词的聚类标签,能够更加深入了解该领域研究的热点。利用 CiteSpace 软件的聚类算法,绘制本土中文教师研究的关键词聚类图谱(图 3-4),一般认为,聚类模块值(Q 值,modularity)>0.3 意味着聚类有效,聚类平均轮廓值(S 值,weighted mean silhouette)>0.5 意味着聚类合理,当 S>0.7 时说明聚类可信。图 3-4 的本土中文教师研究关键词共现图谱 $Q=0.8388$,$S=0.9486$,表明该聚类图有效且具备高信度特征。

由图 3-4 可见,本土中文教师研究关键词共现图谱共形成了 5 个大小不同的显著聚类:#0 泰国、#1 汉语教师、#2 教师专业发展、#3 汉语教师、#6 教学水平。聚类序号从

#0～#6，序号按数值从小到大排序表明聚类所包含的文献量依次递减，聚类重叠部分代表其联系密切。

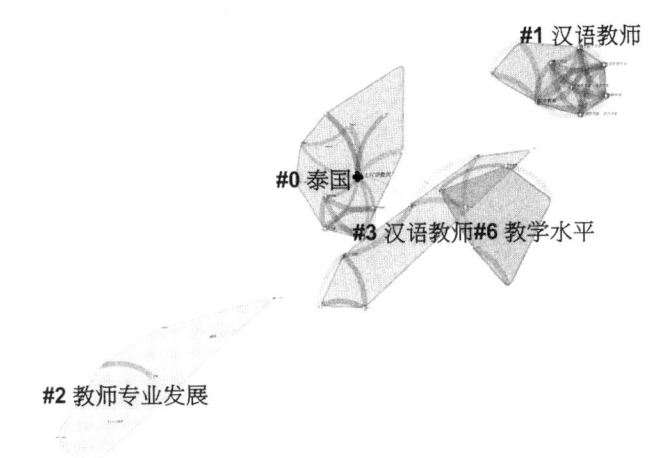

图 3-4 本土中文教师研究关键词聚类图谱

再利用 CiteSpace 的关键词聚类信息汇总功能，将上述 5 个显著聚类标签下的代表性关键词进行整理得出表 3-2，更能清晰反映各个关键词聚类中的研究内容和要点。

表 3-2 本土中文教师研究聚类名称及关键词分布

聚类编号	聚类名称	关键词聚类
#0	泰国	本土汉语教师、泰国、巴基斯坦、雅温得第二大学孔子学院、泰国东北地区、学院院长、教师培训、经验借鉴、马鲁阿大学、培养措施、发展概况、历史贡献、现实贡献
#1	汉语教师	汉语教师、汉语作为第一语言学生、案例、在职培训、汉语背景学生、创新、澳大利亚、教学硕士专业、汉语作为第二语言学生
#2	教师专业发展	对策、英国、本土中文教师、国际中文教育、国际汉语教育、发展现状、教师发展、教师专业发展
#3	汉语教师	孔子学院、培养、本土、中小学、胜任力、塞尔维亚、短期培训
#6	教学水平	培训、专业素质、需求分析、本土教师、教学水平

将高频关键词、关键词聚类图谱与文献结合来看，本土中文教师研究的研究热点归为以下几方面。

一是本土中文教师的能力结构研究。这一主题研究的代表性关键词有"胜任力""专业素质"。研究主要通过对比中外教师行业标准、调研本土中文教师的某项知识或者技能这两种方式来了解本土中文教师能力结构的应然和实然状态。潘璇、廖祥霖、吴玉芳通过对比中韩中文教师相关行业标准，绘制了由专业知识能力、教师个人品质、师生关系处理能力、课堂教学与评价能力、职场适应及自我发展能力（潘璇等，2021）五方面构成的韩国本土中文教师胜任力结构图。范祖奎（2014）调研发现中亚本土汉语教师汉语知识结构和教学方法严重不足。虽然有关本土中文教师能力结构的研究比较少，但现有研究中对比中外教师行业标准这一方法为后续研究的路径提供了示范与启发。研究提出应针对小学、初中、高中、大学和教育机构的本土中文老师胜任力进行研究，这将有助于建立更全面系统的教师行业标准，依据此开展的本土中文教师培训工作将更具有针对性。

二是本土中文教师培养研究。这一主题研究的代表性关键词有"培养""教师专业发展""培养措施""孔子学院"。研究考察了尼泊尔、斯里兰卡、巴基斯坦、泰国、喀麦隆、英国等国家的本土中文教师培养情况。研究从培养目标、培养类型、培养模式、课程设置、教学方法等方面开展。培养教师类型涵盖中学本土中文教师、高校本土中文教师。培养模式有汉语师范专业培养模式、研究生教育证书培养模式、"校直培"培养模式、孔子学院奖学金培养模式以及汉语国际教育硕士/本硕联合培养模式（方丽，2021）。研究发现培养中存在人才培养方案同质化、培养过程缺乏针对性、课程设置单一等问题。针对上述提出的建议有：强化顶层设计，根据国情实际制定本土中文教师培养规划，从战略规划、政策措施、标准制定、财政安排等方面保障教师队伍建设。按需培养，突出国别化区域化特色。为了实现本土教师培养的本土化，相应的培养工作需融入本地教育体系，成为其主流外语教学的有机组成部分（张新生，2013）。培养结构要均衡丰富，人才层次涵盖小学、中学、大学等层次，人才类型要从教学型、教学-科研型、教学-管理型、教学-科研-管理型（李东伟，2014）、教学-管理-推广型（吴坚，2014）进行区分。重视"一专多向"（刘昕远，2021）应用型人才培养，突出专门用途汉语师资培养。课程设置中将本土文化知识融入中国文化课程，促进中外文化交流；加强本土汉语教师的社会服务功能，在专业发展、培养目标、专业要求和课程设计中整合中外合作价值取向，促进中外合作。

三是本土中文教师培训研究。这一主题研究的代表性关键词有"培训""需求分析""教学水平"。研究基于泰国、俄罗斯、缅甸、澳大利亚、美国等多国别的本土中文教师培训现状，具体考察培训需求、培训内容、培训模式、培训效果等方面内容。研究发现，本土中文教师培训内容集中在语言知识、文化知识、语言教学法、中华才艺、分课型教学（听力、阅读、口语、写作）、课堂组织与管理、教学测试与评估、教学资源建设、现代教育技术等。培训方式主要有讲座、授课、教学实践、工作坊和研讨会。培训模式有本土培训、来华培训、线上培训、远程培训、"线上+线下""自学+面授"相结合的混合式培训。研究发现本土中文教师的培训缺乏系统性、科学性、针对性是最突出的问题，其次缺乏优秀的培训师资、缺乏培训师任职专业标准、培训师身份的认定无考核标准、职业道德与专业水平均无从考量等问题也值得关注（张一娴，2017）。针对上述问题的对策建议有：开展培训前期调研、关注培训需求的分析、明确参训教师基本情况以及培训需求，根据调研结果结合参训教师能力水平以及参训需求分层、分类设计培训方案，采用通用的国际中文教师培训大纲结合当地教学实际和教学需求设计"通用+特色"化的开放培训内容，选用丰富多样的培训方式方法，科学评估培训效果。同时加强培训师资标准和师资队伍建设，以教师培训专家队伍的专业化推动教师培训的高质量发展。

3.3.3 本土中文教师研究的关键词共现时区分析

在关键词聚类的基础上，通过绘制本土中文教师研究关键词共现时区图谱（图3-5），从时间角度来分析本土中文教师研究领域每一个聚类下的关键词演变过程，能够更加清晰地展示该领域研究的脉络演进与变化趋势，从而更深入掌握该领域的主题变化。从研究热度来说，聚类#0 泰国保持着较高的研究热度，关键词相对集中，且部分关键词在不同年度存在着共线关系，研究成果较为突出；聚类#3 汉语教师研究时间持续性较长，部分关键词在不同年份存在共现现象；聚类#1 汉语教师、聚类#6 教学水平的关键词在某个时间段中集中出现，没有表现出研究的持续连贯性，可被视为阶段内的暂时性热点话题；聚类#2 教师专业发展的研究时间持续也较长，但关键词之间的共现表现一般，没有出现太多的交集与突出之处。从研究趋势来说，聚类#0 泰国、聚类#3 汉语教师研究时间跨度长且关键词共现比较多，可以作为长期研究方向；聚类#2 教师专业发展时间跨度长但发文量较少，有必要进行深入、重点的研究。

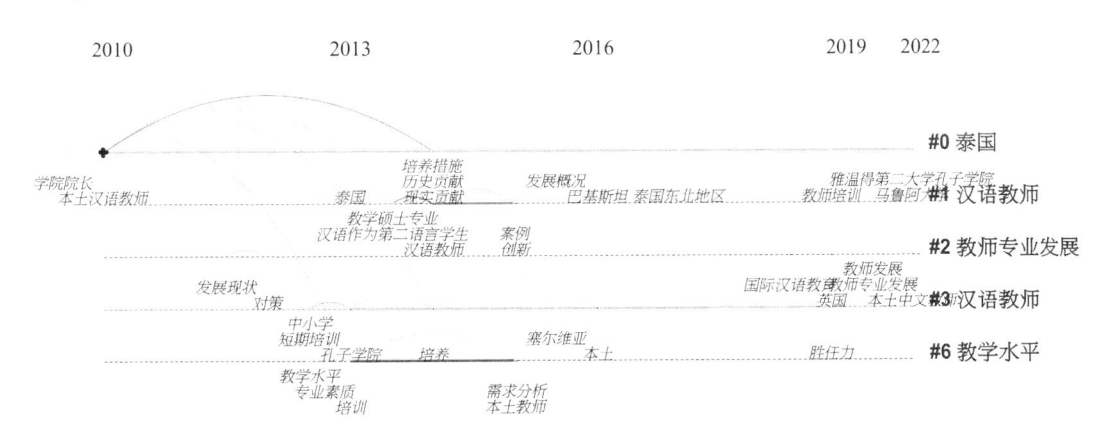

图 3-5 本土中文教师研究关键词共现时区图谱

3.4 本土中文教师研究结论和展望

本土中文教师研究围绕着"本土中文教师""国际中文教育""培训""对策"这些宏观关键词通过连线"胜任力""教学水平""专业素质""泰国""孔子学院"等关键词展开了中观、微观领域的拓展研究,当前的研究热点集中于本土中文教师的能力结构、本土中文教师的培训、本土中文教师的培养三个方面,"胜任力""培训"和"培养"三个关键词是研究的前沿问题。本土中文教师的研究应在以下方面深入:

加强标准指导下的国别化、区域化、层级化的本土中文教师能力标准研究。本土中文教师能力标准为国际中文教师的培养、培训、能力评价和认定、专业发展提供依据。加强本土中文教师能力标准研究应从以下三方面着手:一是加强我国出台的国际中文教师能力标准研究。2007年我国出台了《国际汉语教师标准》,2012年对该标准进行了修订,2022年出台了《国际中文教师专业能力标准》,加强对新旧标准的对比研究,有利于把握中文母语国对本土中文教师培养培训的规范要求;二是加强不同教育层级的本土中文教师能力标准研究。目前出台的教师标准主要是从教师能力水平的层面来讨论教师的能力标准,缺乏针对小学、初中、高中、大学、教育机构的本土中文教师能力标准的研究,加强不同层级的本土中文教师能力标准研究,丰富标准体系,有助于更有针对性地实施本土中文教师的培养培训工作;三是加强中外中文教师标准对接研究。一方面要从教育理念、能力结构、专业发展、考核标准、认证体系等方面加强中外中文教师标准的对接研究,助力《国际中文教师专业能力标准》的推广应用。另一方面要以《国际中文教师专业能力标准》为纲,加强国别化、区域化本土中文教师的能力特征和特点研究,完善适用于本土实际的教师标准,丰富《国际中文教师专业能力标准》,拓展标准国别化的适用范围。

加强国别化、区域化特色鲜明的本土中文教师培养体系建构研究。当前有关本土中文教师的培养研究相对较少,应在以下方面予以加强。一是加强国别中文教育情况调研,掌握中文师资需求,以《国际中文教师专业能力标准》为指导,开展各层级本土中文教师培养方案研究。二是加强本土中文教师培养体系与当地教育体系对接研究,探讨本土中文教师培训融入当地教育体系的路径,实现真正的教师培训本土化。三是加强本土国师资现实需求调研,开展汉语师资培养,充实本土中文师资队伍,培养实用型人才。四是加强本土中文教师培训和培养的关联研究。培养和培训都涉及教育从业者的专业发展。

本土中文教师的培养要突出系统性、国别化,注重语言能力和中文教学能力的培养。本土中文教师的培训要强化中文教师职业能力培养,突出教学实践。加强两者内容、方式、关联研究,发挥相互补充的功能,更好地服务本土中文师资队伍建设。

加强本土中文教师培训师资的研究。培训师资是影响教师培训效果的直接因素,有关这方面的研究很少,可从以下方面加强研究。一是加强本土中文教师培训师资标准研究,建立培训师资格认证制度(李娅妮,2022),标准应涵盖专业性、国别化、区域化、多样化等要素,从专业背景、教育理论、教育实践等方面评估师资的资质与质量。二是重视师资培训的效能研究,设计有效的评估工具,科学评估培训师资对本土中文教师培训效果的影响,不断改进培训师资的质量。三是注重培训师资的职业发展,研究本土中文教师培训师的成长发展路径,不断提升其教育理论和教学技能、教育领导力和研究能力、指导和支持本土中文教师培训师资的专业化发展和专家化成长。只有建立一支高素质的培训师队伍,才能推动培训的高质量发展,才有可能培养出真正适合新时代国际中文教育发展需求的高水平的本土中文教师(丁安琪,2018)。

第 4 章　国际中文教师志愿者研究述评

随着中国在世界的影响力逐渐增强，中文在全球范围内交流沟通的重要性日趋凸显，"中文热"持续升温，汉语国际推广事业蓬勃发展，海外对中文教师的需求量不断增长，为满足海外对中文教师的需求，积极促进国际中文教育事业的发展，国际中文教师志愿者项目随之实施开展。国际汉语教师志愿者是汉语真正大踏步走向世界的一支最为重要的生力军（骆小所，2021）。作为中文国际推广的重要使者、中华文化交流传播的主力军，国际中文教师志愿者积极开展中文教学、中华文化活动，提升所在国的中文教学水平，加强中国与所在国之间的教育文化交流，在国际中文教育、国际合作与交流领域作出了卓越贡献。然而，国际中文教师志愿者项目在发展过程中暴露出志愿者在语言交流、文化适应和职业发展等方面面临严峻挑战，而这些问题都需要学界对志愿者这一群体展开深入研究。通过采用 CiteSpace 信息可视化技术，对国内国际中文教师志愿者相关研究的文献进行分析，绘制相关知识图谱，呈现国际中文教师志愿者相关研究的历史进程和主要研究成果，厘清研究核心领域和热点主题，探究研究的发展趋势，为国际中文教师志愿者的深入研究提供参考。

4.1　数据来源和研究方法

通过使用 CNKI 数据库，以"'汉语教师志愿者'（篇名）OR'国际中文教师志愿者'（篇名）"为搜索条件，文献来源选择"期刊文献"，不设时间跨度，检索时间截至 2023 年 8 月 31 日，检索到分布于 2004 年至 2023 年 8 月 31 日的文献数据共 71 篇，筛除不相关文献 9 篇后，选择了 62 篇文献数据作为文献计量分析的依据。通过将上述文献数据导入 CiteSpace 软件，采取以下三个步骤展开研究：①通过 CNKI 数据库自带的分析软件，对文献的年度分布情况进行初始分析，绘制出年度发文走势分析图表；②运用 CiteSpace 对文献数据进行分析，形成科研合作聚类图谱、关键词共现图谱、关键词聚类图谱、关键词共现时区图谱，由此呈现国际中文教师志愿者研究知识体系的概貌，掌握国际中文教师志愿者研究主题、热点和发展脉络；③基于知识图谱分析结果、结合文献研究进一步讨论国际中文教师志愿者研究结论以及未来研究的深化方向。

4.2 国际中文教师志愿者研究知识体系的文献特征分析

4.2.1 国际中文教师志愿者研究的学术论文基本情况

通过使用 CNKI 数据库的精确检索可知，国内关于国际中文教师志愿者研究成果不多。2004 年至 2023 年 8 月 31 日的学术论文仅 62 篇。其主要特点如下：

从研究文献主题数量来看，关于国际中文教师志愿者能力结构研究的文献有 6 篇，关于国际中文教师志愿者教学研究的文献有 8 篇，关于国际中文教师志愿者适应性研究的文献有 14 篇，关于国际中文教师志愿者培训培养研究的文献有 13 篇，关于国际中文教师志愿者项目研究的文献有 21 篇。尽管这些研究主题各不相同，但存在着明显的内容交叉和相互的关联，如国际中文教师志愿者的能力结构包含了教学能力、跨文化交际能力、课堂组织管理能力等，志愿者要参加相关培训工作才能获得上述能力，而国际中文教师志愿者的能力素养、适应性直接关系到项目开展能否顺利和持久。这些交叉和关联表明不同主题之间的内容要素可能是彼此的共同影响因素，研究这些交叉和关联内容存在的内在联系有利于把握国际中文教师志愿者该领域研究的核心要素和特点，全面地掌握国际中文教师志愿者该领域的整体情况和发展趋势。

从研究文献年度分布来看，2008 年至 2023 年 8 月 31 日 16 年间年均发文量是 3.8 篇。第一篇关于国际中文教师志愿者研究的文献出现于 2008 年，2008 年至 2011 年间的文献数量很少，只有零星几篇文献，年均发文量为 1 篇，2009 年零发文，这一阶段文献数量相对稳定，维持在较低水平，没有明显的增长趋势。至 2012 年开始文献数量逐步增加，2012 年、2014 年、2018 年和 2020 年为发文高峰期，发文均为 7 篇及以上，而 2013 年、2016 年和 2022 年为发文低谷期，发文均为 2 篇及以下，远低于该阶段的年均发文量。总体而言，2012 年至 2023 年年均发文量为 4.8 篇，该阶段发文量相较于前一阶段出现显著增长，呈现出明显的波动现象，持续保持着一定的研究热度。值得注意的是 2012 年至 2015 年，此时进入研究的稳步发展时期，平均发文量达到 6.5 篇，尤为突出的是 2012 年发文最多达 11 篇，这主要得益于教育部办公厅 2012 年发布了《教育部办公厅关于做好普通高等学校毕业生赴国外担任汉语教师志愿者服务期满相关工作的通知》（教学厅〔2012〕3 号），文件规定国际中文教师志愿者在保留应届毕业生待遇、保留硕士研究生入学资格和学籍、报考硕士研究生初试加分、申请国家公派留学项目优先录取、申请国家公派出国教师和孔子学院专职教师优先录用等方面享受优惠政策。2015 年出台《孔子学院总部/国家汉办汉语教师志愿者转外派教师管理办法（试行）》，鼓励优秀的国际中文教师志愿者加入外派教师队伍，这为推动国际中文教师志愿者项目的发展提供了重要支持和保障（图4-1）。

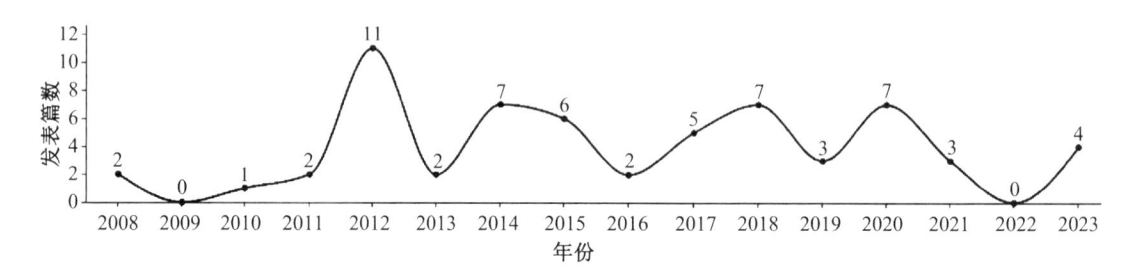

图4-1　国际中文教师志愿者研究文章发表年度趋势图

4.2.2　国际中文教师志愿者研究的科研合作聚类分析

在国际中文教师志愿者研究领域，高校及其学者是该领域研究的核心力量。从发文数量来看，发文数量最多的作者是赵勋（3篇），其次是吴应辉、冯丽萍、江傲霜、张艳玲、高爱辉各2篇，其他作者均1篇。赵勋、张艳玲（2017）主要关注赴尼泊尔的国际中文教师志愿者在教学工作、跨文化适应等方面的情况，提出加强赴任前培训、科学管理和人文关怀的建议。吴应辉、冯丽萍、江傲霜（2011）等学者则主要从知识能力结构、教学情况、适应能力等角度，讨论赴泰国际中文教师志愿者的选拔、培训以及管理等问题。高爱辉（2012）将国际中文教师志愿者项目放在中国软实力建设的视角下考虑，认为项目实施在提高中文国际影响力，推动中文教育国际化进程，促进中外文化交流互动具有积极影响。同时还讨论了国际中文教师志愿者归国保障机制，认为应在回国职业发展、拓宽继续教育机会、学生贷款偿还等方面加强支持，为志愿者们解决后顾之忧，才能提高国际中文教师志愿者项目的吸引力，稳定国际中文教育师资队伍。

从发文机构来看，北京师范大学、云南师范大学、嵩山少林武术职业学院、西安石油大学是该领域研究具有代表性的院校机构，其中北京师范大学发文量5篇，其他三所院校均为3篇。北京师范大学的冯丽萍是研究机构中具有代表性的学者，主要关注的是赴泰国际中文教师志愿者项目。

从研究学者、研究机构的合作程度来看，学术研究的作者合作程度是判断学科研究进展的重要指标，毕竟单一作者的研究成果虽能反映其研究能力，但无法展示学科研究全貌，而良好的科研合作关系有助于学科体系走向成熟。科研合作包括作者合作和机构合作。为了清晰简洁地识别作者和研究机构的学术合作和联络情况，在 CiteSpace 软件中选择"'author'+'institution'"为节点类型，将机构分布情况和作者分布情况合并展示，绘制了国际中文教师志愿者研究的科研合作知识图谱（图 4-2），图谱中连线的密集和粗细程度反映了作者间、机构间科研合作的紧密程度。在作者合作方面，国际中文教师志愿者研究形成了以吴应辉、江傲霜、沈毅、陶冶、安然等作者为核心的数个研究群体，但是尚未形成群体间相互交流、紧密联系的学术共同体。在作者和机构合作方面，国际中文教师志愿者研究形成了以作者单位：河北师范大学马克思主义理论博士后流动站、河北工程大学文法学院、河北工程大学马克思主义学院、河北经贸大学人文学院、衡水学院经济管理学院和相关作者：杨英法、郭广伟、卢玲玲、何懿组成的一个学术研究群体。根据软件计算结果，国际中文教师志愿者研究科研合作图谱的密度值为 0.015，低于 0.1 的正常水平，作者、机构节点数是 140，合作连线数是 146，较为短促，连线密度低，反映了国际中文教师志愿者研究的科研合作联系松散、研究机构和作者分散化、独立化的特征。

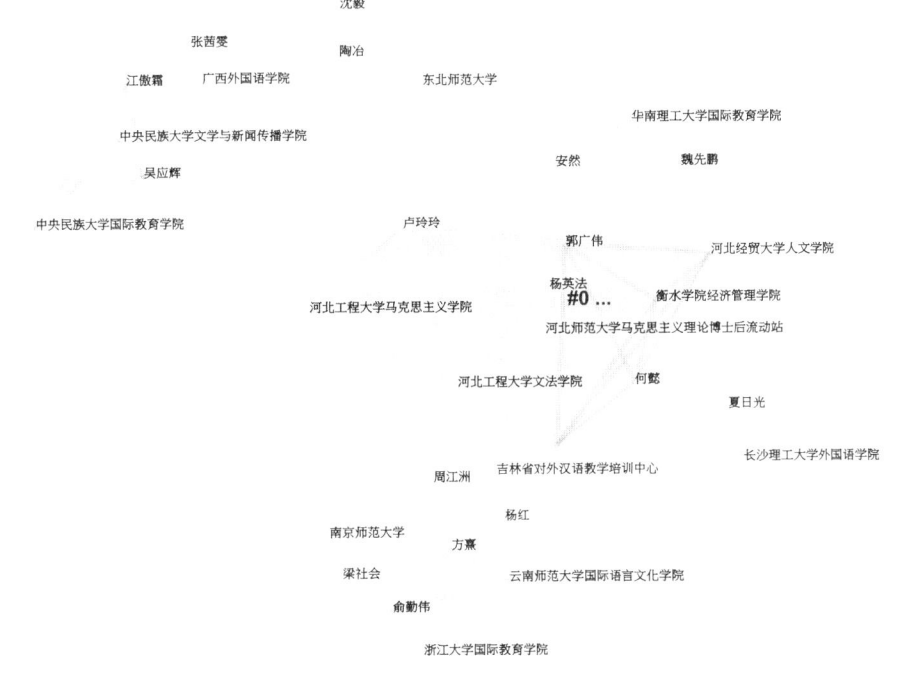

图 4-2　国际中文教师志愿者研究的科研合作知识图谱

4.2.3　国际中文教师志愿者研究的高频被引文献分布

文献的被引频率可用于评估其学术价值，分析国际中文教师志愿者研究相关高频被引文献可以了解研究人员的兴趣以及掌握该领域的研究热点。通过 CNKI 数据库整理出排名前 10 的高频被引文献，被引情况以及研究内容如下：

该领域研究最高被引文献是中央民族大学国际教育学院江傲霜（2011）、吴应辉与中央民族大学文学与新闻传播学院傅康合作的《泰国汉语教师志愿者教学情况调查对志愿者培训工作的启示》，该文于 2011 年 10 月 16 日发表在《民族教育研究》。文章基于对 203 位在泰任教的汉语教师志愿者的基本情况、任教学校情况、教学情况、泰国学生学习情况以及志愿者对国内培训反馈情况的调查，指出泰国汉语教育缺乏系统性和有效的质量监控，在泰任教的汉语教师志愿者面临课时任务重、班级人数多、授课时间长、课堂难管理等问题。而志愿者在国内接受的培训侧重理论讲解和宏观讲授，忽略了海外汉语教学的特殊性和泰国国别化教学的特点，导致受训内容不能在具体教学实践中应用。针对以上问题，在志愿者培训工作时要把派往大学（孔子学院）和中小学（孔子课堂）的志愿者分开培训，要加大非汉语专业学生汉语知识的补修力度，培训要紧密结合泰国汉语现状调整培训内容。

中央民族大学国际教育学院江傲霜（2012）、吴应辉合作的《泰国汉语教师志愿者教学适应能力探析》于 2012 年 3 月 20 日发表在《华文教学与研究》。文章通过对 203 位在泰国任教的志愿者和 202 位泰国中学生进行调查，分析了影响在泰任教的志愿者教学适应的原因有志愿者对泰国教育制度、教育理念、汉语教学情况、泰国汉语教学与国内汉语教学之间的差别不了解以及志愿者所受的国内培训内容相对于泰国汉语教学的情况有效性和针对性不足。基于这种情况，在志愿者培训工作中提出了加强中泰两国汉语教学顶层设计上的合作、帮助泰国中小学师资队伍建立自身的"造血"功能、增强志愿者培训内容的有效性、加强志愿者队伍的教学管理等建议。

南京师范大学梁社会（2008）所作的《国际汉语教师志愿者应具备的基本条件》于 2008 年 8 月 30 日发表在《中国成人教育》。文章基于对 100 多名汉语教师志愿者的调查，从责任意识、个人素质、职业素养、专业技能、语言技能、跨文化交际等方面提出了合格的汉语教师志愿者应具备的条件。研究认为作为志愿者，必须怀有无私奉献的精神和热忱的态度；对于民族国家、事业以及个人使命，应怀有深厚的责任感；同时还需要具备扎实的职业素养，优秀的教学专业技能，一定的语言技能以及跨文化交际能力，才能顺利融入当地生活。通过这些品质和技能的综合发展，才能够更好地履行志愿者的角色，为国际中文教学事业作出积极的贡献。

华南理工大学国际教育学院安然（2012）、魏先鹏合作的《赴泰汉语教师志愿者心理濡化研究》于 2012 年 11 月 15 日发表在《云南师范大学学报（对外汉语教学与研究版）》。文章指出汉语教师志愿者是推动汉语跨文化传播的直接参与者。他们在海外开展工作时面临的首要问题是濡化（acculturation）问题，尤其是心理濡化（psychological acculturation）问题。这个问题直接关系到志愿者个人生活质量和工作成效。濡化是指一个人或群体在接触和融入新文化时，逐渐采纳并适应新文化的过程。心理濡化是指一个人在适应新文化的过程中，其心理状态、情感以及心理特征发生的变化。面对陌生的环境、语言、风俗习惯以及社会规则，汉语教师志愿者可能会面临情感上的挑战，如孤独、焦虑、文化冲击等。这些情感困扰有可能影响到他们的生活质量和工作表现。作者通过考察赴泰汉语教师志愿者心理濡化的过程和结果来讨论志愿者的跨文化适应问题，研究认为志愿者的心理预期、社会支持、人际交流、他人期望等因素会影响其心理濡化，交流是心理濡化过程的核心所在，自我效能感和成就感是心理濡化的初级表现，全球化心态则是高级表现。这个过程体现出了集体主义、孝道观念和人际关系和谐理念中国文化价值观。

云南师范大学国际语言文化学院吴雁江（2010）、俞勤伟、方熹合作的《泰国汉语教师志愿者项目实施情况调查报告——以云南师范大学为例》于2010年9月15日发表在《云南师范大学学报（对外汉语教学与研究版）》。文章以云南师范大学赴泰汉语教师志愿者为研究对象，从志愿者的基本情况、在泰的教学状况、在泰的生活情况、在泰的社会交往和心理状况以及对国家汉办志愿者项目的态度等方面讨论了该校志愿者项目实施的具体情况，指出了项目运行中存在的问题：教材问题和教师素质正成为限制汉语国际传播的瓶颈；要关注志愿者教师回国后的就业问题，志愿者教师服务期满回国就业时应当享有与应届毕业生相同的就业政策，外派工作年限也应该被纳入国内工作经验的计算范畴；要进一步改善志愿者教师们在泰工作时的交通条件；志愿者教师的相关管理工作有待进一步加强和完善。针对上述问题从志愿者的选拔、培训、管理和卸任回国后就业和继续深造方面给予的政策支持等方面提出了改进建议：建议实施常态化的培训和选拔工作，专人管理汉语教学志愿者项目的所有事务，争取志愿者回国后身份、就业和继续深造等相关的优惠政策。

北京师范大学汉语文化学院冯丽萍（2015）、谭青钦、李玉典合作的《赴美、泰汉语教师志愿者胜任力结构与特征研究》于2015年9月20日发表在《学术研究》。文章基于对28名赴美、泰汉语教师志愿者访谈基础上建构了由"汉语教学知识与技能、中国文化传播能力、跨文化交际与适应能力、角色意识与个性特征"4大模块（包含了17项特征）的志愿者胜任力结构并分析了其特征，研究发现，积极的性格倾向是决定赴美、泰志愿者工作绩效方面的共同特征。活动策划与组织能力在不同国别志愿者岗位中均扮演鉴别作用的关键角色。赴任国语言应用能力、文化理解以及语言教学知识的综合运用能力的不足，很大程度上制约志愿者将丰富的经验进行灵活拓展、运用，进而对其职业发展产生不利影响。赴任国的社会文化和教育体制在很大程度上影响着志愿者的胜任力结构和胜任力发展。研究有助于我们更深入地理解汉语教师志愿者胜任力结构的国别特点。研究结果对于志愿者的选拔、培训、评估，以及孔子学院发展规划的制定都具有重要而深远的意义。

北京师范大学汉语文化学院朱瑞平（2015）、沈阳师范大学国际教育学院钱多合作的《汉语教师志愿者背景、动机与志愿者项目的可持续发展研究》于 2015 年 1 月 15 日发表在《国际汉语教学研究》。文章基于对 3000 多名志愿者的跟踪调查，选取了志愿者的来源、学历、专业、教学经历和报名动机等方面数据，分析了志愿者项目运行的现状，并提出了存在的问题：志愿者表现出了积极的奉献精神和勇于冒险的强烈意愿，同时也强调个性并倡导自由，这种特质的共存经常导致志愿者工作过程中的各种冲突；志愿者队伍中男女比例失衡，男性志愿者的偏少无法满足某些工作岗位的需求；志愿者服务期限短暂，刚积累教学经验不久很快就面临任期结束而离任的问题，造成人才浪费；志愿者外语水平低下，小语种志愿者紧缺，赴任国语言掌握程度不高；志愿者缺乏汉语教学经验。针对以上问题，文章提出了建议对策：岗前培训需要根据志愿者的特点来设计内容和授课方式，尤其要强调遵守法律和职业道德规范；加强志愿者项目宣传，促使更多相关专业学生了解、参与项目，增加录取名额，提升志愿者队伍的专业素质；适当调整选拔考试的权重，强化外语听说技能训练，对其他语种志愿者可适度降低要求，以满足外方学校特殊需求；重视教学技能培训，建设"国内外汉语教学和就业信息库"平台，用以掌握汉语国际教育趋势，调整外派政策；同时归纳志愿者关于课程、教学法、地区情况等的研究成果，以促进继任者和研究者的资源共享和研究发展。

长沙理工大学外国语学院夏日光（2012）、赵辉合作的《非洲孔子学院汉语教师志愿者的培养》于 2012 年 3 月 20 日发表在《长春工业大学学报（高教研究版）》。文章指出当前非洲地区对中文学习的需求日益高涨，在非的孔子学院得以迅速发展。海外中文教师短缺及教学质量不一的问题成为制约孔子学院发展的主要障碍。针对这种情况，我国已增加对非洲孔子学院派遣汉语教师志愿者的力度，从而在一定程度上缓解了教师短缺问题，但也带来了新的挑战。汉语教师志愿者普遍存在语言沟通能力不强、专业不对口、服务周期短、责任感不强、缺乏国际中文教学实践等问题，语言沟通能力不足导致与学生和同事的交流困难，专业背景不匹配影响教学内容的准确性和深度，短暂的服务时间限制了志愿者在教学中的长期影响，责任感不足导致工作态度和敬业精神的欠缺，缺乏教学实践影响了教学方法和策略的实际应用。针对这些问题，文章指出在结合非洲实际情况的基础上加强志愿者培训和考核，引入专职教师为志愿者提供个别指导，通过课堂听课等方式改进其教学方法，以迅速提升志愿者的外语教学能力。同时，在培养志愿者自我反思与总结能力的基础上，建立教学"反思"长效机制，适应不同环境和阶段的教学变革，从而为非洲地区汉语志愿者教学水平的提升打下坚实基础。

哈尔滨师范大学国际合作与交流处吕友益（2012）所作的《我国赴蒙古国汉语教师

志愿者现状研究》于 2012 年 8 月 15 日发表在《边疆经济与文化》。文章从选拔、外派、教学、生活、待遇、管理等方面讨论了我国外派蒙古国的汉语教师志愿者的情况，我国向蒙古国学校派遣汉语教师志愿者不断增加，主要以高校本科应届生为主，专业偏向对外汉语和中文，志愿者整体素质提升。蒙古国教学条件简陋，志愿者常用简单教具如挂图、生词卡片进行教学，同时还需承担文化宣传和行政工作。志愿者在面对断水、断电等困难时表现出适应能力，大多数当地人友好对待，但也可能受到极端组织的不友好态度影响。为加强管理，成立了"中国赴蒙古国汉语教师志愿者之家"，制定章程、规章制度，建立走访机制，为志愿者提供各种支持和服务，包括教学质量考核和问题解决等，汉语教师志愿者在促进中蒙教育交流与合作，增进中蒙友谊起到积极作用。

哈尔滨师范大学校友工作办公室张立志（2015）所作的《国家汉办泰国汉语教师志愿者项目发展研究》于 2015 年 5 月 15 日发表在《边疆经济与文化》。文章对泰国汉语教师志愿者项目的发展状况进行了研究，指出我国向泰国派遣汉语教师志愿者项目持续扩展。志愿者开展中文教学，开展汉语角、汉语夏令营、中国文化才艺比赛等多样活动。教学服务不仅涵盖了学校，还延伸至城镇社区、政府机关、军队警局和宫廷皇室等多个领域。志愿者任教范围广泛，包括国立、民办、高等教育、职业教育和成人教育等领域。在志愿者管理方面，汉办驻泰代表处与泰国教育部共同志愿者服务管理团队，实施纵向和横向管理，确保志愿者稳定工作和幸福生活。代表处出版刊物，提供理论指导和制度支持，强化志愿者教师的服务和管理。该项目已融入泰国教育主流，推动汉语教学从民间延伸至政府和皇室，受到泰国社会的广泛肯定和高度赞誉。志愿者的付出不仅推动了泰国汉语教学的发展，还深化了两国人民之间的友谊。

总体来看，国际中文教师志愿者研究中高频被引文献的研究内容可以分为四类：一是国际中文教师志愿者能力结构研究。这类研究基于对国际中文教师志愿者的调查和访谈，分析国际中文教师志愿者海外工作、生活、发展的具体表现并揭示其影响因素以及各因素之间的相互作用关系，进而探讨国际中文教师志愿者的能力结构模型以及特征；二是国际中文教师志愿者培训研究。这类研究从志愿者普遍存在的问题入手，讨论志愿者培训的内容、模式以及方式方法；三是国际中文教师志愿者适应性研究。这类研究聚焦志愿者的教学情况与心理状态，考察志愿者在异国环境中的适应问题；四是国际中文教师志愿者项目研究。这类研究关注国际中文教师志愿者选拔、教育培训、工作外派、期满回国后续发展等方面情况，总结项目取得的成就与存在问题，讨论项目的可持续发展。总体而言，上述研究内容涵盖了国际中文教师志愿者能力结构、教育培训、适应情况、项目发展等多个层面内容。研究有助于学界更好地了解国际中文教师志愿者参与国际中文教师志愿者项目的动机、具体的表现以及面临的挑战，这对于培养优秀的国际中文教师志愿者队伍，优化国际中文教师志愿者项目运作，提高国际中文教育质量大有裨益。

4.3 国际中文教师志愿者研究热点分析

4.3.1 国际中文教师志愿者研究的关键词共现分析

关键词是研究文献的核心要素，可以反映出文献研究的主题内容。通过绘制关键词共现知识图谱可以掌握关键词出现的频次以及关键词之间的关系，进而掌握该研究领域的热点。以"keyword"为节点类型，通过"pruning sliced networks"算法，使用CiteSpace软件绘制出国际中文教师志愿者研究的关键词共现知识图谱（图4-3），较突出的关键词包括"汉语教师志愿者""国际汉语教师志愿者""孔子学院""志愿者""汉语教师"等。这些关键词处于整个图谱的中心位置，占据图谱面积最大，表明其在国际中文教师志愿者研究中出现的频率较高，研究热度较高。除此之外，较为显著的关键词还包括"胜任力""动机教学策略""学习者""文化传播""语言教学问题"等，说明学界对这些方面也有所关注。

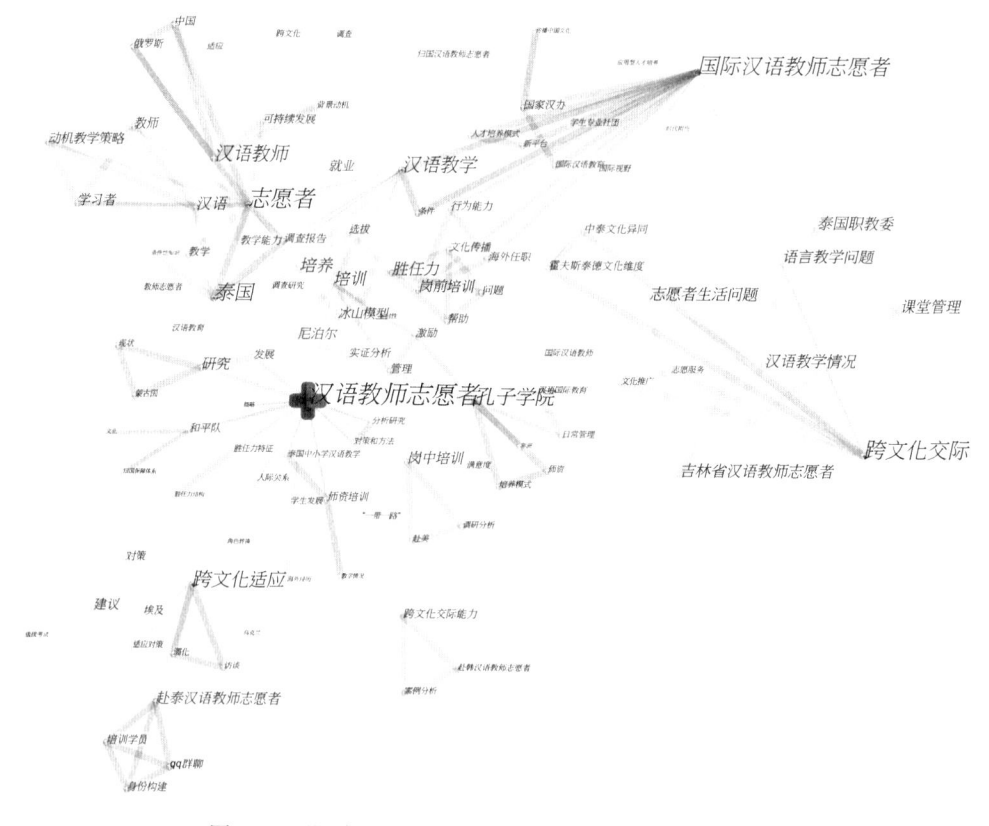

图4-3 国际中文教师志愿者研究的关键词共现知识图谱

通过CiteSpace的词频统计功能梳理"国际中文教师志愿者"研究词频较高的20个

关键词（表 4-1），词频越高、中心性越大越能凸显研究热度和重要性，一般来说，中心性大于 0.1 的关键词比较重要，往往词频高的关键词中心性也不会低，在表 4-1 中"汉语教师志愿者"频次最高（36 次），且中心性最突出（0.62），表明汉语教师志愿者研究为该领域核心并在众多研究方向中起着桥梁作用。比较重要的关键词还有"志愿者"（词频 9 次、中心性 0.14）"国际汉语教师志愿者"（词频 8 次、中心性 0.21）"泰国"（词频 7 次、中心性 0.1）"汉语教学"（词频 6 次、中心性 0.17）"孔子学院"（词频 6 次、中心性 0.22）"汉语教师"（词频 5 次、中心性 0.06），说明国际中文教师志愿者研究中与这些关键词相关的研究比较多。

表 4-1 "国际中文教师志愿者"研究高频、高中心性关键词排序

序号	关键词	频次	中心性	序号	关键词	频次	中心性
1	汉语教师志愿者	36	0.62	11	胜任力	2	0.05
2	志愿者	9	0.14	12	就业	2	0.03
3	国际汉语教师志愿者	8	0.21	13	建议	2	0.02
4	泰国	7	0.10	14	和平队	2	0.04
5	汉语教学	6	0.17	15	国家汉办	2	0.02
6	孔子学院	6	0.22	16	赴泰汉语教师志愿者	2	0.05
7	汉语教师	5	0.06	17	研究	2	0.03
8	跨文化适应	4	0.20	18	汉语	2	0.01
9	跨文化交际	4	0.16	19	汉语国际推广	2	0.00
10	培训	3	0.10	20	师资培训	2	0.02

4.3.2 国际中文教师志愿者研究的关键词聚类分析

在关键词共现图谱的基础上，通过提取国际中文教师志愿者研究关键词的聚类标签，能够更加深入了解该领域研究的热点。利用 CiteSpace 软件的聚类算法，绘制国际中文教师志愿者研究的关键词聚类图谱（图 4-4），一般认为，聚类模块值（Q 值，modularity）>0.3 意味着聚类有效，聚类平均轮廓值（S 值，weighted meanSilhouette）>0.5 意味着聚类合理，当 S>0.7 时说明聚类可信。图 4-4 的国际中文教师志愿者研究关键词共现图谱 Q=0.8021，S=0.872，表明该聚类图有效且具备高信度特征。

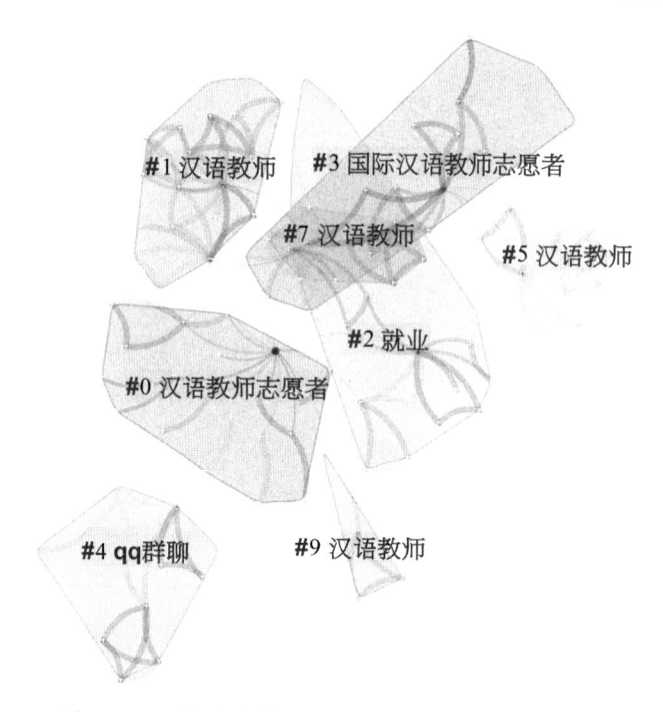

图 4-4 "国际中文教师志愿者"研究关键词聚类图谱

由图 4-4 可见,国际中文教师志愿者研究关键词共现图谱共形成了 8 个大小不同的显著聚类:#0 汉语教师志愿者、#1 汉语教师、#2 就业、#3 国际汉语教师志愿者、#4qq 群聊、#5 汉语教师、#7 汉语教师、#9 汉语教师。聚类序号从#0～#9,序号按数值从小到大排序表明聚类所包含的文献量依次递减,聚类重叠部分代表其联系密切。再利用 CiteSpace 的关键词聚类信息汇总功能,将上述 8 个显著聚类标签下的代表性关键词进行整理得出表 4-2,更能清晰反映各个关键词聚类中的研究内容和要点。

表 4-2 "国际中文教师志愿者"研究聚类名称及关键词分布

聚类编号	聚类名称	关键词聚类
#0	汉语教师志愿者	汉语教师志愿者、和平队、研究、师资培训、人际关系、教学情况、概略、蒙古国、海外经历、现状、分析研究、归国保障体系、胜任力结构、胜任特征、发展、对策和方法、泰国中小学汉语教学、文化、角色转换、学生发展
#1	汉语教师	志愿者、泰国、汉语教师、跨文化、汉语、汉语教育、教学、背景动机、调查报告、动机教学策略、学习者、教师志愿者、教师、可持续发展、教学能力、适应、条件性知识、中国、俄罗斯

续表

聚类编号	聚类名称	关键词聚类
#2	就业	孔子学院、培训、调查、就业、岗中培训、归国汉语教师志愿者、日常管理、师资、调研分析、培养模式、汉语国际教育、国际汉语教师、激励、满意度、针对性、赴美、非洲、管理
#3	国际汉语教师志愿者	国际汉语教师志愿者、汉语教学、尼泊尔、国家汉办、岗前培训、新平台、国际视野、行为能力、应用型人才培养、调查研究、条件、海外任职、国际汉语教育、传播中国文化、人才培养模式、时代担当、实证分析、学生专业社团
#4	qq 群聊	跨文化适应、建议、赴泰汉语教师志愿者、适应对策、访谈、qq 群聊、培训学员、选拔考试、乌克兰、埃及、身份构建、对策、濡化
#5	汉语教师	跨文化交际、文化推广、吉林省汉语教师志愿者、语言教学问题、志愿者生活问题、志愿服务、课堂管理、汉语教学情况、中泰文化异同、霍夫斯泰德文化维度、泰国职教委
#7	汉语教师	胜任力、培养、帮助、选拔、冰山模型、文化传播、问题
#9	汉语教师	跨文化交际能力、"一带一路"、案例分析、赴韩汉语教师志愿者

将高频关键词、关键词聚类图谱与文献结合来看，国际中文教师志愿者研究的研究热点归为以下几方面。

一是国际中文教师志愿者能力结构研究。这一主题研究的代表性关键词有"胜任力""汉语教师志愿者""研究"。这一类研究基于对国别化（如韩国、泰国、美国、尼泊尔、新加坡、乌克兰等）国际中文教师志愿者能力结构的调研分析，探讨了国际中文教师志愿者的基本任职条件、胜任力特征、影响因素以及培养培训方法。研究认为国际中文教师志愿者的能力结构呈现出多维的特点。教学能力、课堂管理能力、表达能力（周江洲，2016）、跨文化交际能力、问题解决能力、心理调适与情绪管理、反思与自我成长等维度相互关联，构成一个综合性的能力框架。其中，教学能力是基础核心能力，它涵盖了教学设计、教学实施、教学评估等方面。课堂管理能力能够有效地促进学生的学习和参与，提高课堂的教学效果。表达能力包含母语表达能力和第二语言表达能力，其中第二语言表达能力是适应国外生活的基本技能。跨文化交际能力至关重要，它有助于志愿者在各种不同文化背景下有效地进行教学活动。问题解决能力是志愿者必备的技能，它能够帮助志愿者灵活处理在海外工作中面临的各种问题和挑战。心理调适与情绪管理有助于帮助志愿者保持积极的状态，克服挫折和压力。自我反思和成长意识对志愿者的进步至关重要，通过持续审视教学实践来提高教学效果，进而实现不断地自我成长。

经调研发现，志愿者对待工作有较强的责任心、态度认真，并具有较好的灵活性，普遍存在的问题是开放性较弱、缺乏主动性（王阿夫，2014），在教学热情、教学能力、专业发展认知度和文化适应能力等方面存在不足，存在专业水准偏低、教学能力欠缺、跨文化交际经验不足、环境适应能力差、语言障碍比较突出等问题（杨巍，2014）。而赴任国的社会文化、教育体制影响志愿者的胜任力结构及胜任力的发展（冯丽萍等，2015），复杂的海外工作环境以及志愿者缺乏本土教学经验也直接影响了海外中文教学的效果。在能力获得方面，对志愿者能力素质的培养应该贯穿任期前、任期中、任期后（张成淑，2015）三个阶段，有效的教师教育课程和岗前培训，积极的个人反思和实践共同体，和谐的师生互动（刘蕴秋和周勇，2022）能帮助志愿者增长教学实践知识和提升跨文化能力。

二是国际中文教师志愿者适应性研究。这一主题研究的代表性关键词有"跨文化适应""跨文化交际""适应"。这一类研究聚焦于探讨国际中文教师志愿者在不同国家环境下的适应能力。研究涵盖了国际中文教师志愿者在语言、教学、生活、交际、心理、文化等方面的跨文化适应性的表现与影响。研究显示，汉语知识的欠缺给教学造成了困难（江傲霜等，2011），语言障碍导致交流困难（吴应辉和郭骄阳，2007），宗教、文化等方面的悬殊，人际关系沟通上的障碍，来自家长、学校的压力等一系列问题以及随之而来的情感孤独、寂寞、身体心理不适、焦虑、渴盼早归（何懿等，2012）都是志愿者普遍遇到的适应性问题。国际中文教师志愿者的适应过程受多个因素相互关联影响。赴任动机、海外生活、教学工作、跨文化交际以及自我评价是影响志愿者适应海外环境的关键因素。其中，赴任动机是核心因素，积极的内在动机促使国际中文教师志愿者能够更迅速地适应并融入当地环境。在教学工作中，不了解赴任国的教育理念、制度、汉语教学情况，不了解海外与国内汉语教学的差别，国内培训内容有效性和针对性不足（江傲霜和吴应辉，2012）是造成志愿者教学不适应的原因。志愿者充分了解当地学生的文化背景、学习偏好和个体差异进而在教学方法上进行适度调整将有效提高教学效果，同时也增强志愿者的适应能力。在生活中，志愿者的性格和心理承受能力决定了汉语教师志愿者能否适应海外的生活和工作环境。志愿者在海外生活中时刻面临语言障碍、饮食习惯等挑战，逐渐适应和克服生活中的各种难题，能够体现出志愿者们更强的适应性。在跨文化适应方面，跨文化交际的目的是强调在平等的基础上建立对彼此的理解和尊重（周怡君，2020），志愿者在处理文化的不同时要减少文化差异矛盾，避免消极的跨文化适应态度（郭广伟等，2021），这有助于志愿者深入理解并尊重当地文化，并与之建立积极互动关系，减少文化冲突。在心理方面，心理预期、社会支持、跨文化经历（安然和魏先鹏，2012）是影响心理适应的因素。志愿者应做好应对艰苦环境的心理准备，同时要摒弃依赖他人照顾的心态，积极进行自我调整，保持积极心态能够更好地应对各种挑战。

三是国际中文教师志愿者培训研究。这一主题研究的代表性关键词有"培训""师资培训""岗前培训""岗中培训"。这一类研究主要通过调研、访谈、文献分析等方式考察了国际中文教师志愿者在教学、活动组织、跨文化适应等方面面临的困难和具体表现，针对问题与困难，集中探讨当前面向国际中文教师志愿者开展的培训存在的问题以及改进的建议和策略。研究认为当前针对国际中文教师志愿者开展的培训存在针对性不强、无差别化、过于注重教学理论讲授、忽视教学实践的锻炼、培训方式单一、缺乏对海外本土教学情况的掌握与研究、培训内容脱离实际教学情况等问题。研究针对上述问题提出了提升国际中文教师志愿者某方面能力，或者是专业化的整体发展的培训建议，研究认为培训类型应包含行前培训、入职培训和岗中培训。培训对象要根据志愿者学科背景、赴任机构性质、教学对象性质进行分类培训，如按照学科背景分为专业类和非专业类的培训；按照赴任机构性质分为大学类和中小学类，例如派往大学（孔子学院）和中小学（孔子课堂）的志愿者分开培训；按照教学对象性质分为华校类和非华校类的培训。培训方式上，志愿者认为课堂教学观摩与试讲在提升教学能力方面具有积极作用，对于新手教师而言"课堂教学观摩+教学研讨+教学实践+授课讲评的培训"方式更有效。培训内容方面，要涵盖语言、教学、管理、跨文化交际、心理调适等方面内容。要针对不同专业背景的志愿者提供各有侧重的培训课程（郑梦真和张雷生，2023），针对非汉语专业的学生要加强汉语基础知识的培训，提高他们的汉语知识水平；根据赴任国的教学实际情况，需要对现有培训课程进行有针对性的调整，以增强国别化教学培训的针对性和实效性。在此过程中，还需要重视本土化教学的融入，确保培训内容与当地教育体系和实际需求紧密结合，以实现更好的教学效果。

4.3.3 国际中文教师志愿者研究的关键词共现时区分析

在关键词聚类的基础上，通过绘制国际中文教师志愿者研究关键词共现时区图谱（图4-5），从时间角度来分析国际中文教师志愿者研究领域每一个聚类下的关键词演变过程，能够更加清晰地展示该领域研究的脉络演进与变化趋势，从而更深入掌握该领域的主题变化。从研究热度来说，聚类#0汉语教师志愿者、聚类#1汉语教师、聚类#3国际汉语教师志愿者这些主题的相关研究成果丰富，关键词之间的联系紧密，时间跨度大，显示出这些研究主题的持续性和重要性。这种密集的研究网络进一步凸显了聚类关键词这一主题在学术领域的价值和地位，使其至今仍然受到学界的持续关注。聚类#2就业、聚类#4qq群聊、聚类#5汉语教师相对于聚类#0汉语教师志愿者、聚类#1汉语教师、聚类#3 国际汉语教师志愿者的研究起始时间较晚，关键词相对少，关键词之间的连线相对稀疏和松散。而聚类#7 汉语教师、#9 汉语教师只在某个时间段中出现，仅在这一时段中引起学界的关注，没有表现出明显的连续性。从研究趋势来说，聚类#0 汉语教师志愿者、聚类#1 汉语教师、聚类#2 就业、聚类#3 国际汉语教师志愿者研究时间跨度长且发文量也比较多，可以作为长期研究方向；聚类#4 qq 群聊、聚类#5 汉语教师时间跨度长但发文量较少，有必要进行深入的研究。

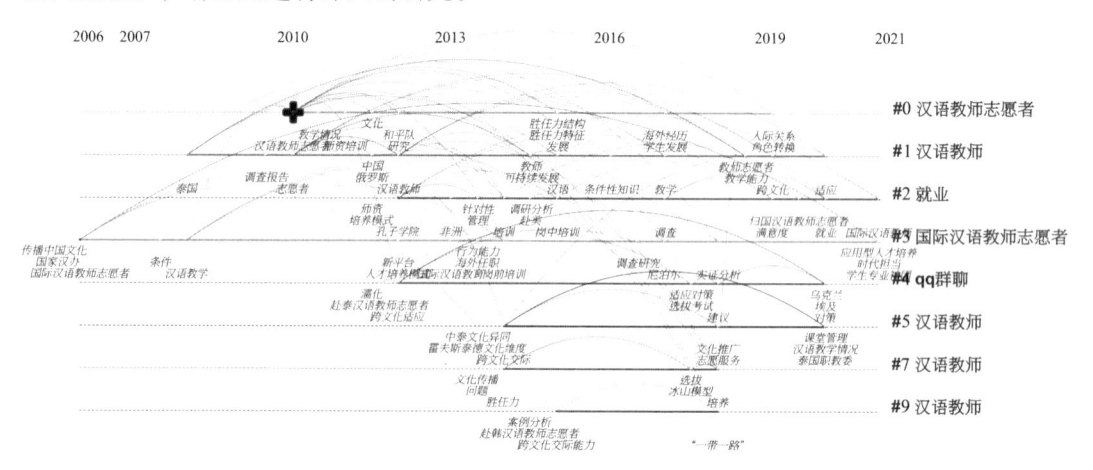

图 4-5　国际中文教师志愿者研究关键词共现时区图谱

4.4　国际中文教师志愿者研究结论和展望

国际中文教师志愿者的研究围绕着"汉语教师志愿者""研究""汉语国际推广""培训""可持续发展"这些宏观关键词通过连线"胜任力""汉语教学""跨文化交际""跨文化适应""师资培训"等关键词展开了中观、微观领域的拓展研究，当前的研究热点集中在国际中文教师志愿者能力结构、适应性、培训三个方面，"胜任力""跨文化适应""培训"三个关键词是研究的前沿问题。国际中文教师志愿者的研究应在以下方面深入：

加强国际中文教师志愿者的能力结构研究。国际中文教师志愿者能力结构仍是该领域研究内容的重点。国际中文教师志愿者的能力结构呈现出复杂多层次的特点，包括语言、文化、教育、交际和心理等多个层面。为更好地完善和深化对志愿者能力结构的研究，有必要强化国别化志愿者群体的能力结构的研究，了解国际中文教师志愿者在不同背景下的具体表现和影响因素，分析不同国别志愿者教师群体在能力结构上的异同，探讨影响志愿者工作绩效的核心因素。特别是在新时代对语言服务提出新要求的背景下，国际中文教师志愿者的能力需求有所不同，需要进一步深化国际中文教师志愿者能力结构研究，讨论能力结构的构成要素以及各要素之间的关联影响，构建全面的国际中文教师志愿者能力结构模型，以及如何通过教育和培训来全面提升志愿者的能力水平。

加强国际中文教师志愿者的培训研究。加强国际中文教师志愿者的培训是提高国际中文教育质量的重要保障，应从培训的规划、内容、方式、评估等方面予以加强。在培训规划方面，要加强不同国别国际中文教师志愿者现状的研究，掌握其特点，并制定出符合其需求的个性化培养方案和培训计划，以实现有针对性的管理和培养。在培训内容方面，要全面加强志愿者的素质培训，包括专业素养、文化素养和志愿服务精神。尤其要重视专业认同感、教学实践技能以及跨文化适应能力的培训。在培训方式方面，要针对不同对象进行分类培训。根据学科背景和专业需求，分为专业组和非专业组；根据赴派机构性质，分为大学类、中小学类；根据教学对象性质，分为华校类和非华校类。同时，要深入研究不同培训对象的特点，根据组别需求设计课程组合，通过设置必修课和选修课，增加培训内容、方式和体系的弹性和针对性。在培训评估方面，注重培训效果的评估，加强评估机制的研究，全面了解既往培训的效果，总结成功经验，找出不足之处并积极采取措施改进，以确保培训工作达到预期效果。

加强国际中文教师志愿者项目可持续发展的研究。国际中文教师志愿者项目的运行涉及志愿者的选拔、培训、管理、评价以及回国后续发展等方面内容，加强国际中文教师志愿者项目运行的每一项工作的研究，才能确保该项目运行顺利，可持续发展。在志愿者选拔环节，要深入研究选拔条件、选拔方法以确保选出优秀的人才。在培训环节，要加强培训体系的研究，确保培训内容、方式能以满足不同志愿者的学习需求，确保培训效果。在管理环节，应完善管理机制，一方面要加强志愿者管理结构、外派学校、海外工作单位联动管理机制的研究，确保各方能够紧密合作，共同推进项目的顺利运作。另外一方面要加强与志愿者沟通的机制研究，及时了解志愿者的需求和困难，给予必要的支持。在评价环节，加强志愿者工作评价体系构建的研究，构建全面科学的评价标准体系，以更全面客观的方式反映志愿者在海外服务期间的表现。同时重视评价结果的运用，评价结果可以作为对志愿者选拔、培训和管理的依据，以实现项目的持续改进和优化。在回国后续发展环节，要加强志愿者回国后续发展路径研究，并为其提供必要的支持。一是搭建志愿者信息交流平台，促进志愿者之间的经验分享和互助合作；二是关注志愿者回国后的心理适应问题，为他们提供心理辅导和职业发展指导，帮助他们顺利度过回国后的过渡期；三是开展针对志愿者回国后的职业技能培训，培训内容可以包括跨文化沟通、国内市场分析、行业动态等，帮助志愿者更好地适应国内市场，提高他们的就业竞争力。

第 5 章　国际中文教育中的语音教学研究述评

　　语音是语言中至关重要的组成部分，它承载着语言的音韵体系，是言语交际中最直接的表达形态，因此，语音学习在语言习得过程中显得极为关键。在国际中文教育中开展系统的语音教学能够帮助学习者准确地表达语言的音调、语调和语音结构，从而提高口语表达的清晰度和准确性，增强沟通的有效性。研究国际中文教育中的语音教学对提高国际中文教育质量有着积极的作用。通过采用 CiteSpace 信息可视化技术，对国内关于国际中文教育中的语音教学研究的文献进行分析，绘制相关知识图谱，呈现国际中文教育中的语音教学研究的历史进程和主要研究成果，厘清研究核心领域和热点主题，探究研究的发展趋势，为国际中文教育中的语音教学深入研究提供参考。

5.1　数据来源和研究方法

　　通过使用 CNKI 数据库，以"'语音'（篇名）AND'留学生'（篇名）"以及"'语音'（篇名）AND'对外汉语'（篇名）"为搜索条件，文献来源选择"期刊文献"，不设时间跨度，检索时间截至 2023 年 8 月 31 日，检索到分布于 1987 年至 2023 年 8 月 31 日的文献数据共 194 篇，筛除不相关文献 1 篇后，选择了 193 篇文献数据作为文献计量分析的依据。通过将上述文献数据导入 CiteSpace 软件，采取以下三个步骤展开研究：①通过 CNKI 数据库自带的分析软件，对文献的年度分布情况进行初始分析，绘制出年度发文走势分析图表；②运用 CiteSpace 对文献数据进行分析，形成科研合作聚类图谱、关键词共现图谱、关键词聚类图谱、关键词共现时区图谱，由此呈现国际中文教育中的语音教学研究知识体系的概貌，掌握国际中文教育中的语音教学研究主题、热点和发展脉络；③基于知识图谱分析结果、结合文献研究进一步讨论国际中文教育中的语音教学研究结论以及未来研究的深化方向。

5.2　国际中文教育中的语音教学研究知识体系的文献特征分析

5.2.1　国际中文教育中的语音教学研究的学术论文基本情况

　　通过使用 CNKI 数据库的精确检索可知，国内关于国际中文教育中的语音教学研究成果比较丰富，1987 年至 2023 年 8 月 31 日的学术论文 193 篇。其主要特点如下：

第5章 国际中文教育中的语音教学研究述评

从研究文献主题数量来看，关于国际中文语音教学研究的文献有142篇，关于中文语音研究的文献有9篇，关于国际学生语音学习偏误研究的文献有34篇，关于对外汉语教学大纲对语音教学影响研究的文献有5篇，关于国际中文教材中的语音部分研究的文献有3篇。综合来看，关于国际中文教育中语音教学的研究涉及多个方面，包括语音研究、教学研究、语音偏误、大纲研究、教材编排研究。国际中文教育中语音教学的研究包含了几方面内容，一是国际中文语音教学原则、方法、策略研究以及国别化的具体层面的语音教学研究。二是针对中文这一语言的语音特征研究。三是不同国家或地区、不同文化和语音背景的国际学生中文学习中出现的语音偏误研究。四是对外汉语教学大纲对语音教学作用、价值及影响研究。五是国际中文教材中语音部分内容的编排研究。这表明学者们对国际中文语音教学给予了高度关注，并从不同层面进行了深入的研究。

从研究文献年度分布来看，1987年至2023年8月31日37年间年均发文量是5.2篇。第一篇关于国际中文教育中的语音教学研究的文献出现于1987年。1987年至2007年这一时期的发文数量相当少，21年间仅发文39篇，部分年份零发文，年均发文量在8篇以下，最高发文年份在2005年、2006年，各发文7篇。在2008年至2014年期间，7年间共发文93篇，发文量呈现出较为明显的增长趋势。2012年是一个发文量显著增长的年份，发文18篇。随后，虽然在2013年和2014年发文数量略有下降，但仍保持在相对较高的发文数量，这一时期的相关研究进入到了相对活跃的研究状态。而2015年至2023年的9年间发文61篇，发文数量表现出了一定程度的波动。2015年开始，发文量减少至3篇。2015年、2017年、2018年、2021年、2022年、2023年是这一时期发文低谷期，发文量明显减少。2016年、2019年、2020年发文量又有所回升。总体而言，这一时期发文量存在波动，但整体上保持着相对稳定的发文水平，相关研究仍然维持着一定的研究热度（图5-1）。

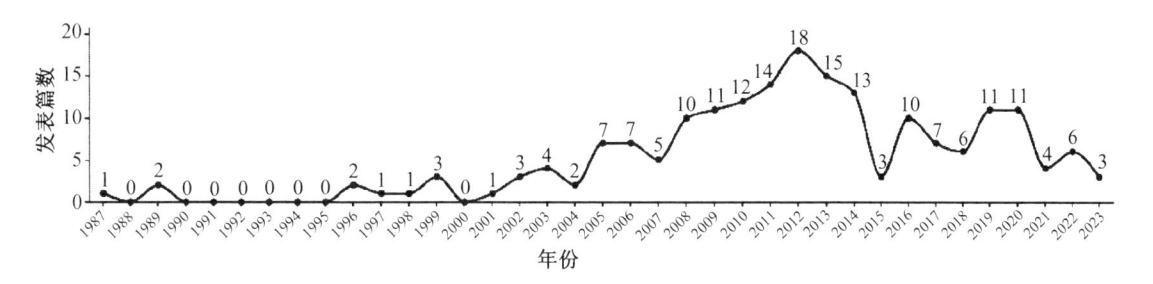

图5-1 国际中文教育中的语音教学研究文章发表年度趋势图

5.2.2 国际中文教育中的语音教学研究的科研合作聚类分析

在国际中文教育中的语音教学研究领域，高校及其学者是该领域研究的核心力量。从发文数量来看，发文数量最多的作者是郝美玲（3篇），张金桥、高立群、田靓、陈展、汪凤娇、罗琼各2篇。郝美玲（2020）和汪凤娇共同关注的是正字法意识、语音意识、词素意识、声旁语音信息在国际学生学习汉字时的作用。张金桥（2007）研究的是国际学生中文语音意识的发展以及中级水平的国际学生对部件熟悉的陌生形声字的语音提取问题。高立群（2005）和田靓（2011）共同关注国际学生中文语音意识的发展以及影响语音短时记忆的因素考察。陈展（2017）探讨了国际学生中文语音评价系统的建构。罗琼（2014）重点研究非洲国际学生中文语音习得偏误和对策问题。

从发文机构来看，北京语言大学、渤海大学、沈阳师范大学是该领域研究具有代表性的院校机构，北京语言大学发文10篇，渤海大学发文8篇，沈阳师范大学发文7篇。北京语言大学相关学者主要讨论了语音意识、语音信息、语音习得、语音记忆在国际学生习得中文语音时的影响因素以及发展情况和相应的教学研究。渤海大学相关学者研究了不同国别（巴基斯坦、印尼、俄罗斯）、不同水平等级（初级、中级）的国际学生语音偏误、语音习得难点以及相应的教学策略，同时还讨论了国际学生中介语语音语料库的构建问题。沈阳师范大学相关学者主要研究了中文语音特点、语音教学的原则、教学方法、教学技巧以及语音和词汇的教学、语音变调的教学问题。

从研究学者、研究机构的合作程度来看，学术研究的作者合作程度是判断学科研究进展的重要指标，毕竟单一作者的研究成果虽能反映其研究能力，但无法展示学科研究全貌，而良好的科研合作关系有助于学科体系走向成熟。科研合作包括作者合作和机构合作。为了清晰简洁地识别作者和研究机构的学术合作和联络情况，在CiteSpace软件中选择"'author'+'institution'"为节点类型，将机构分布情况和作者分布情况合并展示，绘制了国际中文教育中的语音教学研究的科研合作知识图谱（图5-2），图谱中连线的密集和粗细程度反映了作者间、机构间科研合作的紧密程度。在作者合作方面，国际中文教育中的语音教学研究形成了以郝美玲、舒华、汪凤娇、田靓、高立群等作者为核心的数个研究群体。在作者和机构合作方面，国际中文教育中的语音教学研究形成了以作者单位：北京语言大学、北京语言大学汉语进修学院、北京语言大学汉语国际教育研究院/汉语进修学院和相关作者：郝美玲、田靓、高立群、汪凤娇、舒华组成的一个名称为#0声母的学术研究群体。他们的研究聚焦于讨论语音意识、语音信息、语音记忆、声调研究对国际中文语音教学的影响和作用，在研究中发现了一些共同关联，这些关联使得他们能够将这些主题整合为一个更广泛的研究方向，形成了以"声母"命名的聚类，"声母"这一术语反映了学者们对国际中文语音教学中特定要素的共同兴趣。根据软件计算结果，国际中文教育中的语音教学研究科研合作图谱的密度值为 0.004，低于0.1的正常水平，作者、机构节点数是 386，合作连线数是 300，较为短促，连线密度低，反映了国际中文教育中的语音教学的研究机构和作者之间的合作联系相对分散，独立性较强，整体上反映出一种分散化的特征。

图 5-2　国际中文教育中的语音教学研究的科研合作知识图谱

5.2.3　国际中文教育中的语音教学研究的高频被引文献分布

文献的被引频率可用于评估其学术价值，分析国际中文教育中的语音教学研究相关高频被引文献可以了解研究人员的兴趣以及掌握该领域的研究热点。通过 CNKI 数据库整理出排名前 10 的高频被引文献，被引情况以及研究内容如下：

该领域研究最高频次被引文献是北京大学林焘（1996）所作的《语音研究和对外汉语教学》于 1996 年 9 月 15 日发表在《世界汉语教学》。文章重点讨论了中文教学中的语音教学问题，指出语音教学的重要性，并提出了改进语音教学的方法。研究认为，目前教学法和教材对提高学生的语音能力重视不够，导致学生学习语音时容易形成"洋腔洋调"。针对此问题，教师应该在教学中注重区分调类，同时放松对声调的要求，让学生在学习语音基本结构的同时，也能纠正不正确的发音。此外，研究还建议运用现代语音学研究成果改进语音教学，以提高教学效果。

国家对外汉语教学领导小组办公室程棠（1996）所作的《对外汉语语音教学中的几

个问题》于 1996 年 9 月 10 日发表在《语言教学与研究》。研究讨论了国际中文语音教学中的五个重要问题并提出相应的教学策略。一是重视语音教学阶段。研究认为要重视语音教学，在语音学习阶段打好语音基础才能为后面学习做好准备。二是语音教学中的声、韵、调单项练习和会话练习的关系问题。研究认为要基于实用和趣味的原则加强声、韵、调单项训练和会话训练。三是语音教学和汉字教学的关系问题。研究认为要先重点抓语音学习，在不影响语音学习的前提下教汉字，要考虑学生情况，在语音阶段少教或不教汉字，认真学好语音，为汉字学习打下基础。四是音素教学和语流教学的关系问题。研究认为要处理目的和手段，处理本音和语流音变，要学好本音，掌握语流音变的规律，强调了语流音变的重要性，并指出音素教学和语流教学应相辅相成，先强调音素练习，再进行语流练习，并注意纠正错误发音。五是研究提出要重视语音教学，教学要有高标准，不能只求流利而不顾准确，教师要为了做好语音教学工作而积极探索教学方法，还要加强语音教学研究，提高语音教学的水平和效果。

北京语言大学鲁健骥（2010）所作的《对外汉语语音教学几个基本问题的再认识》于 2010 年 5 月 1 日发表在《大理学院学报》。研究讨论了国际中文语音教学的基本问题，包括语音教学的地位、首要目标、语音理论的作用、轻重音和语调的重要性以及《汉语拼音方案》的运用等。研究认为语音教学应将首要目标设定为用正确的语音说话，而非朗读。教师在使用《汉语拼音方案》来进行语音教学时会出现一定的问题，在具体教学中应该遵循抓重点、抓难点、先易后难、前面的学习为后面的学习铺垫、语音教学和词汇和语法教学相结合、教学要有针对性、教学要启发学生学习的积极性的原则，在教学内容方面应包括轻重音和语调，加强这方面的训练以帮助学生克服"洋腔洋调"的问题。

北京语言文化大学汉语学院蒋以亮（1999）所作的《音乐与对外汉语的语音教学》于 1999 年 6 月 1 日发表在《汉语学习》。研究基于使用唱歌的方法开展国际中文语音教学的实践，讨论了音乐与国际中文的语音教学的关系。研究指出语言与音乐在语音、声调、音色等方面存在密切联系；传统语音教学存在学习周期较长、传统语音教学训练方法学生不容易掌握等问题；采用五度制标调法与模仿发音相结合的方式进行声调教学、利用唱歌的方法进行韵腹发音训练，有助于学生更好地掌握中文的声调、音节和音色，但研究也显示结合音乐进行中文声调教学也存在一些问题，并非适用于全部音、字、词的发音，部分音、字、词在发音方面也会存在误区，需要在具体使用中进行区别。但总体来看，结合音乐开展语音教学有利于提高国际学生中文语音学习的效果。

北京师范大学对外汉语教育学院冯丽萍（1998）所作的《对外汉语教学用 2905 汉字的语音状况分析》于 1998 年 11 月 25 日发表在《北京师范大学学报（社会科学版）》。研究通过分析《汉语水平词汇与汉字等级大纲》中的 2905 个汉字的语音状况，探讨了声旁与整字之间语音关系的静态特征与动态分布。研究指出，声旁与整字之间的多种因素影响着形声字的识别。研究发现声旁在汉字中的位置、等级、构字能力以及一致性等方面呈现出一定的规律和特点。在教学中应该要充分把握这些规律，把握好教学的度，在不同教学阶段设计合适的教学方法，还要引导学生寻找学习和记忆中文的办法，以提高教学效果。

海南师范学院对外汉语中心柴俊星（2005）所作的《对外汉语语音教学有效途径的选择》于2005年8月15日发表在《语言文字应用》。研究基于对声母、韵母和元音、辅音的分析，探讨面向国际学生教授汉语拼音的有效方法。研究认为元音、辅音与声母、韵母之间存在差别，在开展教学时要根据音节特点、学生母语特点进行针对性教学。在具体教学中，应以声母、韵母教学为主，先提高认识，再注意训练时的音位及方法；同时要注意学生母语对语音学习的影响，结合其母语特点进行针对性训练，克服母语对其影响，更好掌握中文语音发音。

北京大学中文系周芳（2006）所作的《对外汉语语音研究与语音教学研究综述》于2006年3月15日发表在《云南师范大学学报》。研究回顾了20世纪80年代初至2006年我国国际中文语音研究和教学的发展情况，认为研究从经验型描述向实用型研究转变，语音学、音系学的研究方法和研究成果对国际中文语音研究和教学的影响逐渐加大，但仍存在语音对比研究范围较窄、语音研究和教学应用结合不够以及与国际主流的第二语言语音研究存在较大差距等问题。研究提出要加强语音和语音教学的研究，需加强对国外相关研究领域最新成果的吸收和借鉴。

华东师范大学对外汉语系叶军（2003）所作的《〈对外汉语教学语音大纲〉初探》于2003年7月15日发表在《云南师范大学学报》。研究认为教学大纲是指导教学开展的重要依据，针对国际中文语音教学现状，相关教学大纲的制定要以教学为中心，从教学内容、教学项目、重点难点、等级划分四个方面考虑内容的设计；在具体设计中要从教学实际出发设计教学项目，体现系统、实用、科学的特点；要突出教学重难点；等级划分要由易到难，循序渐进，体现语言学习规律；对各教学项目的解释需要科学、准确、具有可操作性。

北京语言大学汉语进修学院郝美玲（2005）、北京师范大学应用实验心理学北京市重点实验室舒华合作的《声旁语音信息在留学生汉字学习中的作用》于2005年7月25日发表在《语言教学与研究》。研究通过类似课堂教学的方法开展了培养声旁意识的研究实验，进而考察教学手段是否有助于初级阶段的国际学生短期内意识到中文形声字声旁的表音功能，并主动利用该功能来学习和记忆生字。实验结果显示，规则字的读音正确率显著高于韵母相同字的读音正确率，二者都远高于不知声旁字的读音正确率。研究认为，教学手段可以引导国际学生发现声旁的表音功能，并积极加以利用。而声旁提供的语音信息可以帮助国际学生进行汉字学习，教师在教学中应该加强声旁意识的培养，帮助国际学生发现汉字的规律，提高学习效率。

南开大学汉语言文化学院陈彧（2006）所作的《苏格兰留学生汉语普通话单字音声调音高的实验研究——以两名发音人的语音样本为例》于 2006 年 4 月 5 日发表在《世界汉语教学》。研究开展了苏格兰留学生普通话单字音声调音高的实验，通过对两名发音人的语音样本进行分析，探讨男女发音人各调类声学表现的异同之处以及他们共有的语音偏误，研究认为发音人没有把握好音高变化的关键位置是造成偏误的主要原因，在教学中要引入声调关键点概念、强化声调关键点的教学，要针对不同学生的母语背景采用不同的教学方法，注意强调声调音高和声调的变化，以帮助学生掌握具体音节的高低变化。

总体来看，国际中文教育中的语音教学研究中高频被引文献的研究内容可以分为两类：一是语音实验研究。这一类研究主要关注于中文语音的实验性研究。通过实验的方法探讨国际中文教学常用字的语音状况、国际学生学习普通话时对单字音声调音高的表现以及研究声旁语音信息对国际学生学习汉字的影响。这些实验研究对于认识中文语音特点以及国际学生学习语音时存在的特定挑战提供了实证支持，为开展有效的语音教学提供了研究基础；二是国际中文语音教学研究。这一类研究集中在国际中文语音教学的理论和实践研究上。研究对国际中文语音研究和教学进行了系统的综述，从不同角度审视语音教学中的问题，从理论和实践的层面提出了改进语音教学效果的教学策略。总体而言，上述研究内容涵盖了中文语音研究、国际中文语音教学理论与教学实践等多个层面内容。研究有助于学界更好地了解中文语音的特点、国际中文语音教学的理念和方法，这对于优化国际中文教育中的语音教学，提高国际中文教育质量大有裨益。

5.3 国际中文教育中的语音教学研究热点分析

5.3.1 国际中文教育中的语音教学研究的关键词共现分析

关键词是研究文献的核心要素，可以反映出文献研究的主题内容。通过绘制关键词共现知识图谱可以掌握关键词出现的频次以及关键词之间的关系，进而掌握该研究领域的热点。以"keyword"为节点类型，通过"pruning sliced networks"算法，使用 CiteSpace 软件绘制出国际中文教育中的语音教学研究的关键词共现知识图谱（图 5-3），较突出的关键词包括"语音教学""对外汉语""语音""对外汉语教学""汉语语音"等。这些关键词处于整个图谱的中心位置，占据图谱面积最大，表明其在国际中文教育中的语音教学研究中出现的频率较高，研究热度较高。除此之外，较为显著的关键词还包括"韩国留学生"

第 5 章 国际中文教育中的语音教学研究述评

"日本留学生""泰国留学生""中亚留学生"等,说明学界对这些方面也有所关注。

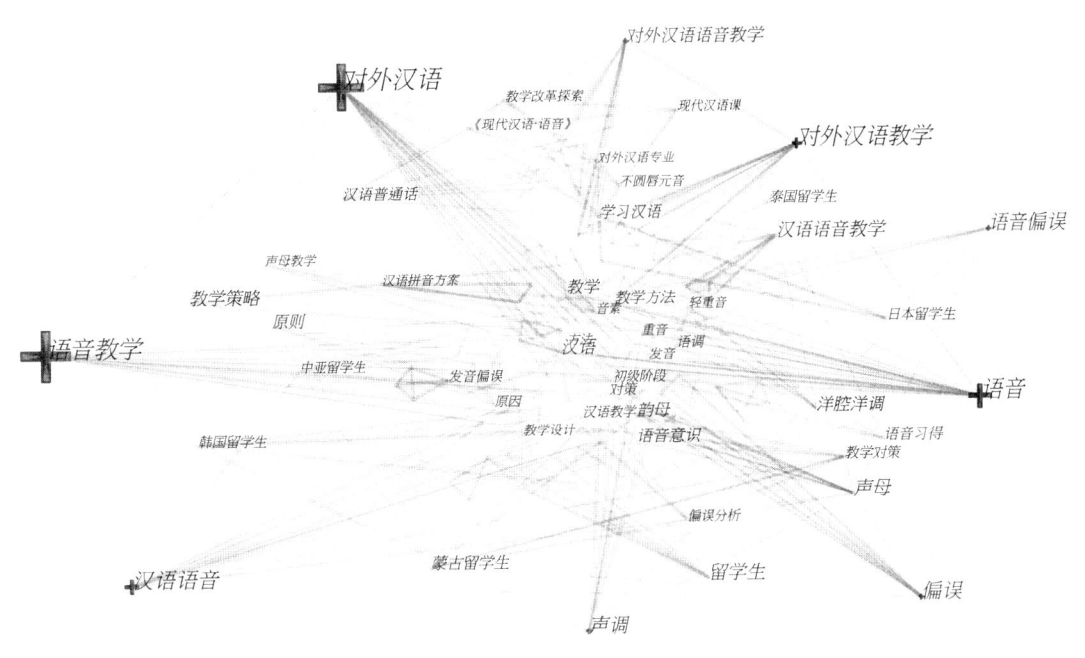

图 5-3 国际中文教育中的语音教学研究的关键词共现知识图谱

通过 CiteSpace 的词频统计功能梳理国际中文教育中的语音教学研究词频较高的 20 个关键词(表 5-1),词频越高、中心性越大越能凸显研究热度和重要性,一般来说,中心性大于 0.1 的关键词比较重要,往往词频高的关键词中心性也不会低,在表 5-1 中"语音教学"频次最高(56 次),且中心性(0.36)比较突出,表明"语音教学"研究为该领域核心并在众多研究方向中起着桥梁作用。比较重要的关键词还有"对外汉语"(词频 54 次、中心性 0.34)"语音"(词频 32 次、中心性 0.26)"对外汉语教学"(词频 26 次、中心性 0.35)"汉语语音"(词频 20 次、中心性 0.16)"偏误"(词频 16 次、中心性 0.11)"语音偏误"(词频 14 次、中心性 0.13)"声调"(词频 12 次、中心性 0.09)说明国际中文教育中的语音教学研究中与这些关键词相关的研究比较多。

表 5-1 国际中文教育中的语音教学研究高频、高中心性关键词排序

序号	关键词	频次	中心性	序号	关键词	频次	中心性
1	语音教学	56	0.36	11	教学	10	0.04
2	对外汉语	54	0.34	12	声母	10	0.06
3	语音	32	0.26	13	汉语	9	0.05
4	对外汉语教学	26	0.35	14	留学生	9	0.13

续表

序号	关键词	频次	中心性	序号	关键词	频次	中心性
5	汉语语音	20	0.16	15	教学策略	8	0.08
6	偏误	16	0.11	16	韵母	7	0.01
7	语音偏误	14	0.13	17	汉语语音教学	7	0.07
8	声调	12	0.09	18	教学方法	6	0.02
9	对外汉语语音教学	11	0.06	19	汉语普通话	6	0.04
10	教学	10	0.04	20	韩国留学生	5	0.02

5.3.2 国际中文教育中的语音教学研究的关键词聚类分析

在关键词共现图谱的基础上，通过提取国际中文教育中的语音教学研究关键词的聚类标签，能够更加深入了解该领域研究的热点。利用 CiteSpace 软件的聚类算法，绘制国际中文教育中的语音教学研究的关键词聚类图谱（见图 5-4），一般认为，聚类模块值（Q 值，modularity）>0.3 意味着聚类有效，聚类平均轮廓值（S 值，weighted mean silhouette）>0.5 意味着聚类合理，当 $S>0.7$ 时说明聚类可信。

图 5-4 的国际中文教育中的语音教学研究关键词共现图谱 $Q=0.6895$，$S=0.9022$，表明该聚类图有效且具备高信度特征。

```
#9《现代汉语·语音》
    #3 对外汉语教学
      #4 汉语语音教学
        #7 语音偏误
    #8 英语    #0 语音
              #5 语调
  #1 汉语语音
              #10 发音偏误
      #2 语音教学
              #11 汉语语音学习
    #6 留学生  #14 汉语语音学习
```

图 5-4 国际中文教育中的语音教学研究关键词聚类图谱

由图 5-4 可见，国际中文教育中的语音教学研究关键词共现图谱共形成了 13 个大小不同的显著聚类：#0 语音、#1 汉语语音、#2 语音教学、#3 对外汉语教学、#4 汉语语音教学、#5 语调、#6 留学生、#7 语音偏误、#8 英语、#9《现代汉语·语音》、#10 发音偏误、#11 汉语语音学习、#14 汉语语音学习。聚类序号从#0～#14，序号按数值从小到大排序表明聚类所包含的文献量依次递减，聚类重叠部分代表其联系密切。再利用 CiteSpace 的关键词聚类信息汇总功能，将上述 13 个显著聚类标签下的代表性关键词进行

第 5 章　国际中文教育中的语音教学研究述评

整理得出表 5-2，更能清晰反映各个关键词聚类中的研究内容和要点。

表 5-2　国际中文教育中的语音教学研究聚类名称及关键词分布

聚类编号	聚类名称	关键词聚类
#0	语音	对外汉语、语音、教学、汉语、教学方法、俄罗斯留学生、汉语拼音方案、韩语、声母教学、负迁移、对外汉语教材、方法、音素、教学内容、教学大纲、变调、越南、初级综合教材、入门阶段后、齐齿呼、任务、教学法、音节、语流、语音重点、研究内容、目标、中学、教学形式、课堂活动设计、动作技巧、研究方法、对比技巧、声母发音偏误、中级班、法汉对比、语音难点、学科定位、比较、功能、词汇、交际、喀麦隆、课堂、古诗词、法语背景、原始模仿性、语音练习、教学认识、辅音声母教学、韵母表、韩国学生、汉字音
#1	汉语语音	汉语语音、偏误、声母、韵母、蒙古国留学生、对策、中亚留学生、教学对策、初级阶段、偏误分析、英语、日语、韩语、元音、元认知理论、辅音、中介语、对比、阿拉伯留学生、维吾尔语、马里留学生、俄汉对比、语音感教学、学习策略、双音节轻声词、拼音、分析、语音教学重难点、泰国、蒙古国语音、建议、俄罗斯及中亚留学生、策略研究、美国留学生、难点、音位、教学研究、语音教学现状、声调偏误、教学模式、加纳留学生
#2	语音教学	语音教学、教学建议、教学资源、功能负荷原则、不足、教材编写、习得、解决策略、分阶段训练、尼泊尔留学生、语音问题、泰语、现状、巴基斯坦留学生、难点频现、重要性、反思性笔记、注音、对外汉语语音、《汉语拼音方案》、交际性原则、教学改革、数字化、对外汉语教师、由易到难、初级教学、有效途径、汉语语音学习
#3	对外汉语教学	对外汉语教学、对外汉语语音教学、音素教学、外国留学生、东北方言语音、应用、研究成果统计、声旁、汉语音译词、发音部位、形声字、误差分析、汉语语音意识、体态语、解决措施、中国知网、语音特点、音节教学、教学难点、汉字学习、发展前景、语流教学、反轨教学、语音的重要性、汉语语言学、改革

续表

聚类编号	聚类名称	关键词聚类
#4	汉语语音教学	汉语语音教学、语音习得、泰国留学生、教学原则、汉语拼音、声调教学、京剧、双音节词、注音符号、认知、VOSviewer、对外汉语教学史、声旁与整字、规律、《四声通解》、应用研究、知觉训练、语音修辞、节律练习、新趋势、研究热点、合成词
#5	语调	声调、韩国留学生、洋腔洋调、轻重音、发音、重音、语调、儿化、语音习得偏误、听辨、轻声、节拍、态势语、留学生教学、迁移影响、母语、平翘舌 r 的发音、声韵调、字音
#6	留学生	留学生、汉语学习、汉语教学、教学设计、第二语言习得、基本原则、创新、科摩罗、游戏、教学反思、部件熟悉、语音短时记忆、陌生形声字、口语表达、语音学习、全英文教学、语音信号处理、语音提取
#7	语音偏误	语音偏误、韵母参照点、印度留学生、CNKI 文献分析、临床医学、西非留学生、纠错反馈策略、实证研究、母语负迁移、墨西哥留学生、中响复元音、实验语音学、解决办法
#8	英语	教学策略、朗读、印尼留学生、元辅音、学习者态度、对比分析法、媒介语、对外汉语课堂、偏误分析法、孟加拉国、黎巴嫩、作用
#9	《现代汉语·语音》	汉语普通话、日本留学生、学习汉语、对外汉语专业、不圆唇元音、现代汉语课、《现代汉语·语音》、教学改革探索、塞擦音、焦点重音
#10	发音偏误	原则、原因、发音偏误、前鼻音、策略、后鼻音、五线谱、汉语声母、技巧、具体方法
#11	汉语语音学习	语音意识、语音研究、正字法意识、汉语第二语言学习者、字词阅读准确性、词素意识、汉字阅读、词语切分流畅性
#14	汉语语音学习	普通话、东干族、干扰、东干回民话、普通话语音

将高频关键词、关键词聚类图谱与文献结合来看，国际中文教育中的语音教学研究的研究热点归为以下几方面。

一是关于中文语音的研究。这一主题研究的代表性关键词有"语音习得""汉语语音意识""认知""声母""韵母""声调""变调""音节""语流""语音重点""负迁移""外国留学生""第二语言习得"。这一研究聚焦于中文语音研究，囊括了中文语音习得、语音意识理论等多个方面。研究分析了中文语音的语音系统，阐述了中文语音的特点和规律。研究还引入语音意识理论探讨了国际学生学习语音时感知和认知过程，着重关注国际学生语音意识的形成和发展，认为国际学生语音意识的发展顺序是音位意识＞首音-韵脚意识＞音节意识（＞表示早于）（田靓，2011）。学习者的母语以及学习者的汉语水平、汉语本身特点（高立群和高小丽，2005）是影响其语音意识发展的因素，在教学训练中不同方面的训练重点不一样，声调方面加强对轻声和去声、上声和阳平的听辨训练，声母方面加强平翘舌音的听辨训练，韵母方面加强跟撮口呼有关的声韵母拼合训练和前后鼻韵母听辨训练（李玉军，2007）。总的来说，这些研究从理论深度和实践层面探讨了国际学生语音意识发展的过程，为语音教学提供了科学的理论基础和具体且实用的教学策略。

二是关于国际学生语音偏误的研究。这一主题研究的代表性关键词有"语音偏误""韵母参照点""印度留学生""CNKI文献分析""临床医学""西非留学生""纠错反馈策略""实证研究""母语负迁移""墨西哥留学生""中响复元音""实验语音学""解决办法"。研究关注了马里、韩国、印度、泰国、日本、印尼、墨西哥、加纳、蒙古国、美国等国家不同语言背景的国际学生在中文学习过程中出现的语音偏误，研究偏误产生的原因、影响因素以及对应的教学策略。研究采用了实证研究方法，研究了声母、韵母、声调等基本语音要素的音位、音节组合、语音结构以及不同语境下的声音变化等，从多个层面采集实际语音数据和挖掘影响国际学生语音习得的因素。研究发现国际学生常见的语音习得偏误类型有声母偏误（发音不准确、与母语相似音的混淆、未能正确区分清浊辅音等）、韵母偏误（对韵母区分模糊、单元音和复元音的混淆、发音长度不准确）、声调偏误（声调颠倒、错误的升降调等）、语音结构偏误（连读现象、断读现象、儿化音的使用不当等）、语音流畅度偏误（对中文音节节奏不熟悉导致发音的停顿、吞音、音节拖拉等）、语音音位偏误（对某些音位的错误使用，如对于"zh、ch、sh"等容易混淆的音位的发音不准确）、语音语调偏误（陈述句和疑问句的语调错误等）、语音重音偏误（由于重音位置的错误导致词义、句义产生歧义）。这些偏误的产生受到母语负迁移（张瑞芳，2008）、目的语知识负迁移、文化差异、教师教学、学习者的学习经验等多方面因素引起。针对这些偏误，研究者提出了一系列教学对策，如语音模仿与操练、口型示范发音、抓好发音部位的练习（马洪海，1997）、旋律练唱（叶南，2008）、尽量少进行单音节听力训练（马燕华，1999）、情景语境教学训练发音、利用语音教学软件和语音辅助工具纠正语音偏误，这些教学策略可以根据学生的水平、具体偏误类型以及教学环境的不同进行灵活调整和组合，以达到更好的教学效果。可以说，相关研究有助于加深对国际学生语音习得状况和语音偏误的客观认识，为制定有针对性的教学策略提供了更全面的依据和有益的指导。

三是关于国际中文语音教学的研究。这一主题研究的代表性关键词有"对外汉语教学""对外汉语语音教学""外国留学生""音素教学""音节教学""教学原则""教学策略""教学设计""学习者态度"。研究涵盖了语音教学的理念、教学原则、教学难点、教学方法、教学策略等多个维度。研究指出国际学生语音学习的难点在于：有的元音、四声的发音很难到位，发音方法（送气与否、清浊）不对及发音部位找不准或与母语音素混淆（沈丽娜和于艳华，2009）。国际中文语音教学可以采用多种教学方法，如模仿法、演示法、对比法、带音法、情境教学法（邱轶，2023），知觉训练法等。不同阶段的语音教学任务和方法也不尽相同，在语音教学的初级阶段要重视发音、音韵、声调的教学，学生可以从模仿发音入手不断练习，熟悉和掌握发音部位和发音方法；待学生水平提高后，语音教学就将字调、变调和语调结合起来，教授词重音、句重音、停顿、语调、语气等（胡川，2010）。而值得注意的是，正音任务要一直贯穿整个语音学习过程。针对不同的教学训练内容可采用具体的教学策略，如声调训练时需要从单音节过渡到多音节然后到句子（许光烈，2006）；语流音变教学中要先学好单音节和单词的本音本调，然后才能在语流中掌握音变规律（程棠，1996）；语音纠偏需要一个长时间的纠正、练习、巩固、实践的过程，要抓住初级阶段关键期纠正语音偏误（赵丽君，2003），需要长期熏陶和不断修正。总的来说，这些研究从理论和实践两个层面探讨了语音教学的诸多方面，为进一步提高国际中文语音教学的质量提供了深入的思考和有益的经验。

5.3.3 国际中文教育中的语音教学研究的关键词共现时区分析

在关键词聚类的基础上，通过绘制国际中文教育中的语音教学研究关键词共现时区图谱（图5-5），从时间角度来分析国际中文教育中的语音教学研究领域每一个聚类下的关键词演变过程，能够更加清晰地展示该领域研究的脉络演进与变化趋势，从而更深入掌握该领域的主题变化。

从研究热度来看，聚类#0 语音、#3 对外汉语教学、一直以来都保持较高的研究热度，关键词众多、连线跨度长且密集，表明这些主题具有复杂的内在关联，受到学术界密切关注。

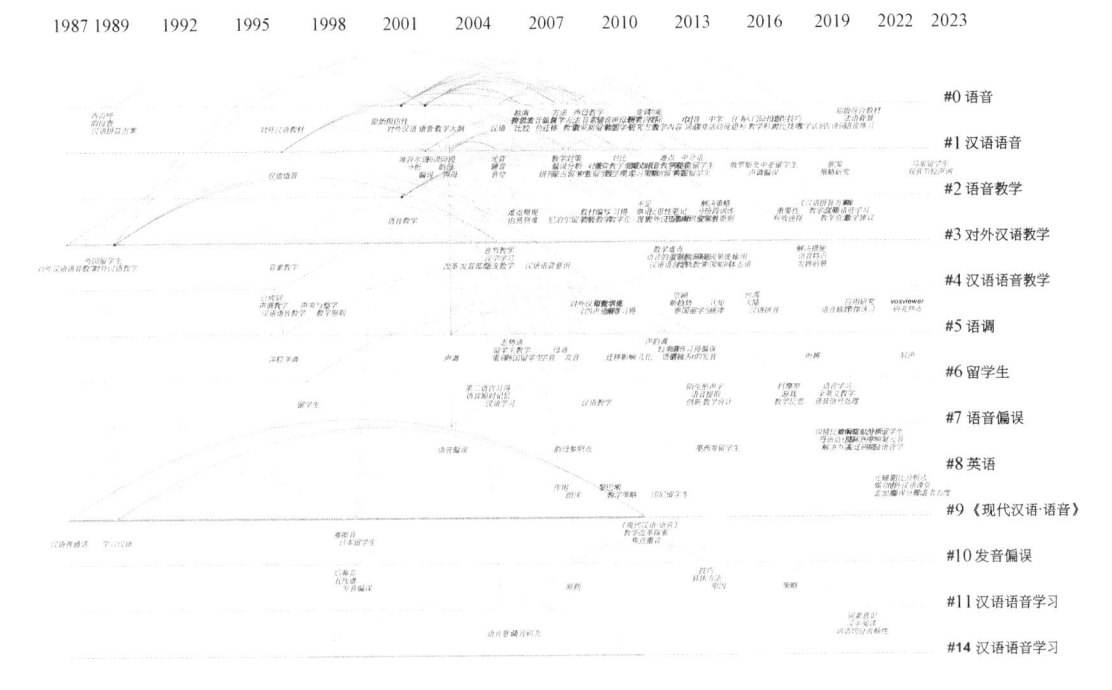

图 5-5 国际中文教育中的语音教学研究关键词共现时区图谱

聚类#1 汉语语音、#2 语音教学、#4 汉语语音教学、#5 语调的研究起始时间相对聚类#0 语音、#3 对外汉语教学而言要晚，但研究热度也很高，聚类之间的关键词连线密集，交叉度很高，这表明这些聚类之间在不同方面共享关键概念和方法，存在紧密的交叉关联，彼此互相影响。而聚类#6 留学生、#7 语音偏误、#8 英语、#9《现代汉语·语音》、#10 发音偏误、#11 汉语语音学习、#14 汉语语音学习出现时间较短，连线跨度时间长且清晰，与其他聚类关联度较小，相对独立，说明该聚类的关键词群体在一段特定时间内引发了学界的关注，但在更长的时间尺度上与其他主题或关键词的关联度相对较小。

从研究趋势来说，聚类#0 语音、#1 汉语语音、#2 语音教学、#3 对外汉语教学、#4 汉语语音教学、#5 语调的研究时间跨度长且发文量也比较多，可以作为长期研究方向；聚类#6 留学生、#7 语音偏误、#8 英语、#9《现代汉语·语音》、#10 发音偏误、#11 汉语语音学习、#14 汉语语音学习这样的独立聚类结构时间跨度相对较短，且与其他聚类关联相对较小，需要进一步深入研究，以了解其形成的原因、发展趋势以及与整体知识结构的关联性。

5.4 国际中文教育中的语音教学研究结论和展望

国际中文教育中的语音教学的研究围绕着"对外汉语""汉语语音""教学""偏误""对比""对外汉语教学"这些宏观关键词,通过连线"语音教学""语音意识""音素教学""教学策略""教学设计"等关键词展开了中观、微观领域的拓展研究,当前的研究热点集中在国际中文教育中的语音研究、语音偏误、语音教学三个方面,"汉语语音""语音偏误""汉语语音教学"三个关键词是研究的前沿问题。国际中文教育中的语音教学的研究应在以下方面深入:

持续加强国际中文教育中的语音教学研究。一是要持续加强中文语言特点的研究。结合语音学理论,深入研究中文语音的发音规律、语音变异等问题,帮助教育者更系统地理解中文语音的本质,为学生提供更科学的发音指导;加强跨文化比较研究,通过与其他语言的语音特点进行比较,深化对中文语音特点的理解,帮助教育者更好地理解不同语音系统之间的异同,更有针对性地设计语音教学方法。二是要加强跨学科的语音教学合作。加强语言学、心理学、教育技术等相关领域的专家合作,共同探讨语音教学中的认知、情感、技术等多方面问题,以形成更科学合理的语音教学方式和方法。三是重视教学案例研究。深入了解实际语音教学案例,分析学生的学习表现和教师的教学策略,从中总结成功经验和可改进之处,为制定更科学、实用的语音教学方案提供重要依据。

加强国际中文教育中的语音教学资源研究。教学资源是教学活动开展的重要支撑。一是要加强语音教学资源的设计与开发,着重开发语音教学的个性化学习资源、实时互动资源、游戏化语音学习资源的开发。研究如何基于学生的发音数据和学习历史,提供针对性的练习和反馈,以满足不同语音学习水平学生的学习需求;研究包括在线语音交流平台、语音评估系统等语音实时互动资源,以促进学生与教师之间的实时语音互动,为师生提供更有效的语音指导和反馈;研究如何将游戏化元素融入语音学习资源的设计中,提高学生对语音学习的兴趣和投入度,激发学生的学习动力,使语音学习更富有趣味性。二是要加强语音教学资源共享平台的建设,研究建立一个国际中文语音教学资源的开源平台,促进全球范围内教育者分享和合作,提高资源利用效率。三是要加强语音素材库的建设,构建一个包含来自不同国家和地区的具有丰富多样语音素材的语料库,以帮助教师更全面地了解不同语音背景的学生的语音状况,为个性化教学提供基础;为学生提供更全面、多元的语音学习样板资源,为学生语音的学习和训练提供更丰富的素材内容;为语音教学研究提供丰富的语音样本基础,促进学界对不同国家或地区的语音特质进行深入研究。

加强科技赋能下的国际中文语音教学研究。加强科技在语音评估、个性化学习、虚拟应用场景的语音练习等方面的技术研究、教学研究与应用研究，利用语音识别技术，开发实时反馈系统，为学生提供即时的语音评估，帮助学生纠正发音错误，指导学生在语音练习中更准确地模仿标准发音；利用学生的语音数据，采用机器学习算法，探索学生个性化的学习路径，以满足每个学生不同的语音学习需求；利用增强现实（AR）技术，开发基于 AR 的语音助手，通过视觉元素提供口型指导，辅助学生正确发音；利用 VR 技术创建虚拟场景，构建虚拟语音沟通场景，使学生能够在更贴近实际应用场景的环境中练习语音表达和交流。通过深入研究不断为国际中文语音教学注入新活力，为学生提供了更为创新、个性化的学习体验，为教师提供更高效的教学方式和手段。

第 6 章　国际中文教育中的汉字教学研究述评

汉字是中文书写的核心符号，汉字教学不仅是国际中文教学的基础，更是教学的重点。研究汉字教学对于提高国际中文教学质量具有重要意义。通过采用 CiteSpace 信息可视化技术，对国内国际中文教育中的汉字教学研究的文献进行分析，绘制相关知识图谱，呈现国际中文教育中的汉字教学研究的历史进程和主要研究成果，厘清研究核心领域和热点主题，探究研究的发展趋势，为国际中文教育中的汉字教学深入研究提供参考。

6.1　数据来源和研究方法

通过使用 CNKI 数据库，以"'汉字'（篇名）AND'留学生'（篇名）"以及"'汉字'（篇名）AND'对外汉语'（篇名）"为搜索条件，文献来源选择"期刊文献"，不设时间跨度，检索时间截至 2023 年 8 月 31 日，检索到分布于 1986 年至 2023 年 8 月 31 日的文献数据共 395 篇，筛除不相关文献 1 篇后，选择了 394 篇文献数据作为文献计量分析的依据。通过将上述文献数据导入 CiteSpace 软件，采取以下三个步骤展开研究：①通过 CNKI 数据库自带的分析软件，对文献的年度分布情况进行初始分析，绘制出年度发文走势分析图表；②运用 CiteSpace 对文献数据进行分析，形成科研合作聚类图谱、关键词共现图谱、关键词聚类图谱、关键词共现时区图谱，由此呈现国际中文教育中的汉字教学研究知识体系的概貌，掌握国际中文教育中的汉字教学研究主题、热点和发展脉络；③基于知识图谱分析结果，结合文献研究进一步讨论国际中文教育中的汉字教学研究结论以及未来研究的深化方向。

6.2　国际中文教育中的汉字教学研究知识体系的文献特征分析

6.2.1　国际中文教育中的汉字教学研究的学术论文基本情况

通过使用 CNKI 数据库的精确检索可知，国内国际中文教育中的汉字教学研究成果很丰富，1986 年至 2023 年 8 月 31 日的学术论文 394 篇。其主要特点如下：

从研究文献主题数量来看，关于国际学生的汉字教学研究的文献有 287 篇，研究涵盖了国际学生汉字教学的多个方面，包括教学地位、原则、内容、模式、方法等。研究为汉字教学提供了理论支持和实践经验参考。关于国际中文教育中的汉字教材研究的文献有10篇,研究主要讨论了国际中文汉字教材的编写和应用,通过对现有教材的分析,提出了汉字教材的编写原则、特点、内容和应用等方面的建议。关于国际学生汉字学习策略研究的文献有44篇,研究主要讨论了国际学生在汉字学习不同阶段,针对不同学习内容所采用的学习策略。研究还特别关注了不同国别、不同语言文化背景的国际学生的学习策略对比分析,通过学生学习策略的分析以提出针对性的教学建议,以改善国际学生的汉字学习体验和效果。关于国际学生汉字学习偏误研究的文献有53篇,研究对象涵盖了越南、日本、韩国、俄罗斯等国家的学生群体,基于教学实验和教学实践探讨其汉字习得的偏误类型、偏误产生原因以及相关教学策略。综合来看,关于国际中文教育中汉字教学的研究涉及多个方面,包括汉字结构特点研究、教学研究、教材研究、习得偏误以及学习策略研究。

从研究文献年度分布来看,1986年至2023年8月31日38年间年均发文量是10.3篇。第一篇关于国际中文教育中的汉字教学研究的文献出现于1986年。在1986年至2006年的21年间共发文53篇,年均发文量为2.5篇。这一时期表现为低发文阶段,有6个年份出现零发文。然而,在2002年至2006年期间,发文数量有所增长。整体来看,发文数量呈现上下波动,缺乏明显的稳定趋势,反映了该领域在这段时间内相对较低的学术活动水平。而在第二个阶段,从2007年到2023年这17年间共发文341篇,年均发文20篇,这段时间内相关领域的发文数量呈现出较为明显的增长趋势。从2007年的16篇增至2013年的29篇,并在之后维持相对稳定的水平,虽然在2021年减少至15篇,2022年减至8篇,2023年减至4篇,显示出一定的下降趋势,但总体来说,这个阶段的学术活动非常活跃,研究成果也比较丰富。上述两个明显不同的阶段揭示了国际中文教育中汉字教学研究领域的发展历程。从初期阶段的探索到第二个时期研究活动的逐渐升温,反映了研究者们对于国际中文教育中汉字教学的深入研究与探索。这一发文情况的演变勾勒出国际中文教育中汉字教学研究的发展历程,为今后的深入研究提供了坚实的基础(图6-1)。

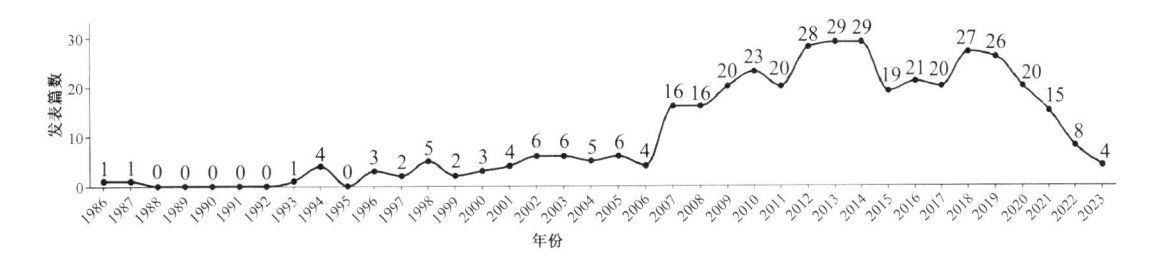

图6-1 国际中文教育中的汉字教学研究文章发表年度趋势图

6.2.2 国际中文教育中的汉字教学研究的科研合作聚类分析

在国际中文教育中的汉字教学研究领域，高校及其学者是该领域研究的核心力量。从发文数量来看，发文数量最多的作者是郝美玲（7篇），范祖奎、冯丽萍各5篇。郝美玲（2005）主要关注正字法意识、语素意识、语音意识对国际学生汉字认读、汉字书写的影响以及国际学生教材中汉字复现率的研究。范祖奎（2009）主要讨论中亚学生汉字学习特点、学习偏误、书写偏误和学习策略。冯丽萍（1998）主要研究了国际中文教学常用汉字的语音状况以及国际学生汉字读音识别、形音识别、正字法意识以及汉字加工的特点、表现、影响因素和相应的教学方法。

从发文机构来看，新疆师范大学、北京师范大学、北京语言大学是该领域研究具有代表性的院校机构，新疆师范大学发文13篇，北京师范大学和北京语言大学各发文12篇。新疆师范大学相关学者主要以中亚学生为研究对象集中讨论了中亚学生汉字学习的特点、学习策略的国别化差异、汉字书写笔画偏误、初级阶段汉字学习偏误以及汉字文化对其学习汉字的主要影响。北京师范大学相关学者调研了国际学生汉字分解水平、汉字学习困难、汉字书写偏误的情况，分析了声旁语音信息、部件位置信息、声符累计频率、正字法意识、形音识别、读音识别对于国际学生学习汉字的作用影响，研究了汉字语音状况分析以及教材中汉字复现率的问题。北京语言大学相关学者同样也讨论了正字法意识、语素意识、语音意识、声旁语音信息、部件特征与结构类型对于国际学生学习汉字的作用影响，也研究了国际学生汉字书写偏误以及教材中汉字复现率的问题，同时探讨了"字本位"理论下的汉字教学问题。

从研究学者、研究机构的合作程度来看，学术研究的作者合作程度是判断学科研究进展的重要指标，毕竟单一作者的研究成果虽能反映其研究能力，但无法展示学科研究全貌，而良好的科研合作关系有助于学科体系走向成熟。科研合作包括作者合作和机构合作。为了清晰简洁地识别作者和研究机构的学术合作和联络情况，在 CiteSpace 软件中选择"'author'+'institution'"为节点类型，将机构分布情况和作者分布情况合并展示，绘制了国际中文教育中的汉字教学研究的科研合作知识图谱（图6-2），图谱中连线的密集和粗细程度反映了作者间、机构间科研合作的紧密程度。在作者合作方面，国际中文教育中的汉字教学研究形成了以任翔、冯丽萍、郝美玲、徐彩华、张伟等作者为核心的数个研究群体。在作者和机构合作方面，国际中文教育中的汉字教学研究形成了以作者单位：北京语言大学汉语进修学院、沈阳师范大学国际教育学院、北京语言大学、北京语言大学科研处、北京语言大学对外汉语研究中心/北京语言大学汉语进修学院和相关作者：郝美玲、张伟、刘友谊、刘志敬、宫肇南、舒华、娄秀荣组成的一个名为#0示音部件的学术研究群体。这个研究群体集中关注#0示音部件这一研究方向，在语音意识培养、学习影响因素、汉字书写偏误不同维度对国际学生的汉字教学展开了研究与交流。根据软件计算结果，国际中文教育中的汉字教学研究科研合作图谱的密度值为 0.0025，低于 0.1 的正常水平，作者、机构节点数是 487，合作连线数是 295，较为短促，连线密度低，反映了国际中文教育中的汉字教学的研究机构和作者之间的合作联系相对分散，独立性较强，整体上反映出一种分散化的特征。

图 6-2　国际中文教育中的汉字教学研究的科研合作知识图谱

6.2.3　国际中文教育中的汉字教学研究的高频被引文献分布

文献的被引频率可用于评估其学术价值，分析国际中文教育中的汉字教学研究相关高频被引文献可以了解研究人员的兴趣以及掌握该领域的研究热点。通过 CNKI 数据库整理出排名前 10 的高频被引文献，被引情况以及研究内容如下：

北京语言文化大学对外汉语研究中心江新（2001）、北京语言文化大学汉语学院赵果合作的《初级阶段外国留学生汉字学习策略的调查研究》，该文于 2001 年 7 月 25 日发表在《语言教学与研究》。研究基于前人研究的基础编制了一个汉字学习策略量表，并以北京语言文化大学汉语学院基础系的学生作为实验对象开展初级阶段国际学生的汉字学习策略实验研究。研究发现，初级阶段国际学生的汉字学习常用策略有字形策略、重复策略，而归纳策略、利用声符和意符策略使用的比较少。"汉字圈"国家的学生比"非汉字圈"国家的学生更多使用音义策略、应用策略以及制定计划和设置目标的元认知策略，更少使用字形和复习策略。国际学生汉字学习策略的选择受母语背景、汉语学习动机等因素影响。研究结果可以指导教师根据不同学生的汉字学习策略特点采用不同的教学方法来开展教学活动。

  北京语言文化大学赵果（2002）、北京语言文化大学江新合作的《什么样的汉字学习策略最有效？——对基础阶段留学生的一次调查研究》于 2002 年 5 月 15 日发表在《语言文字应用》。研究面向 124 名不同国别的基础阶段的国际学生开展汉字学习策略调查，调查内容有两方面内容：分别是汉字识别测验和汉字书写测验，通过实验验证学习策略与学习效果之间的关系。研究发现应用策略有助于提升汉字的学习效果，在汉字书写和汉字意义识别两方面的学习效果提升尤为明显。字形策略的过度使用不利于汉字书写，这是由于过多关注单个字形容易忽视单个汉字与汉字系统的关系、忽视字形与意义、声音之间的关系，影响汉字的整体性认识，进而降低学习效果。意符策略有助于帮助学生记忆汉字的字义。形声字学习比非形声字学习对策略使用更敏感。

  王碧霞（1994）、李宁、种国胜、徐叶菁合作的《从留学生识记汉字的心理过程探讨基础阶段汉字教学》于 1994 年 9 月 10 日发表在《语言教学与研究》。研究面向 126 名国际学生开展了汉字学习的心理实验调查，探讨了基础阶段的国际学生汉字教学的问题，研究发现基础阶段国际学生汉字的学习过程分为摸索期、过渡期和适应期，汉字记忆从表层记忆过渡到深层记忆，不同时期采取的学习策略也不同。在记忆汉字时通常采取形象联想、结构联想、母语联想的记忆策略。对于国际学生而言，母语长期形成的视觉习惯的固化、适应汉字学习的视觉记忆能力尚未完全建立、尚未形成汉字处理的脑机制、缺乏对汉字的积淀都是国际学生识记汉字面临的困难。在具体教学中，教师要加强汉字教学，针对不同国别的学生设立专门的汉字课，编写专门的汉字课本，加强对汉字教学的研究，合理调整输入与输出关系，在基础阶段增加汉字输入量，采用多种渠道激活学生的感知功能，逐步建立对汉字的认知系统，以提高学生的汉字识别和记忆能力。

  浙江绍兴文理学院人文学院马明艳（2007）所作的《初级阶段非汉字圈留学生汉字学习策略的个案研究》于 2007 年 1 月 5 日发表在《世界汉语教学》。研究以一名非汉字圈背景零起点的国际学生为研究对象，依托该生的课程笔记和练习本中的汉字书写材料为研究文本，从书写错误、字形策略、记忆策略、应用策略、复习策略、归纳策略等角度探讨其汉字学习策略的阶段性特征和发展趋势。研究发现，随着学习汉字数量的增加，学生对字形的掌握逐渐增强。学习策略逐渐从整体到局部发展，由求知性向交际性过渡。复习策略由无监控无计划发展到有监控有计划。归纳策略呈现多元化。高效的学习策略对优化教学效果有积极作用。该研究对非汉字圈国际学生的汉字学习策略提供了有益启示，为汉字教学提供了有益的参考。

北京语言学院杜同惠（1993）所作的《留学生汉字书写差错规律试析》于1993年3月15日发表在《世界汉语教学》。研究基于作者的教学实践，总结出国际学生八种类型的汉字书写差错，分别是字素混淆、字素易位、字素遗失、笔画增损、笔画变形、结构错位、音同字错、混音错字。研究分析了书写差错的原因主要有三类：认知原因、习惯原因和学习态度方面的原因。认知原因造成的差错需要教师仔细讲解和加上反复地练习才能克服这类问题的发生。习惯原因主要是受母语书写习惯以及书写姿势不当的影响，教师要对学生加强训练、克服母语书写影响，同时训练学生规范的汉字书写姿势，养成良好的书写习惯。学习态度方面的原因主要是学生对于汉字学习有畏难情绪，害怕写字，或者是不重视汉字书写，认为只需要会听即可。针对这样的情况，教师要端正学生的学习态度，帮助学生树立学习的信息，同时还要提升教学艺术水平，让学习更生动有趣。

北京语言文化大学文化学院石定果（1997）所作的《汉字研究与对外汉语教学》于1997年3月10日发表在《语言教学与研究》。文章从教学手段、教学进程、教学方法、偏误分析、水平测试等方面总结了汉字研究取得的成绩与不足，指出现代诸多学科开展了汉字研究，扩大了汉字研究的深度和广度，这些研究成果对汉字教学的定位、汉字素质的再认识、汉字结构的研究、形声汉字的系统认识都有所启发，研究指出汉字教学与汉字特性和规律密切相关，汉字教学要吸收现代汉字研究的成果运用到教学中去，推动汉字教学取得新的突破。

北京大学对外汉语教育学院傅晓莉（2015）所作的《对外汉语教学中的汉字教学研究综述》于2015年3月15日发表在《云南师范大学学报（对外汉语教学与研究版）》。文章对2015年之前的对外汉语教学中的汉字教学研究成果展开综述研究。研究从汉字教学的核心范畴和汉字教学的边缘范畴两个层面展开讨论。在汉字教学的核心范畴中从汉字本身、教学方法、学习者的角度三个层面讨论汉字教学。在汉字教学的边缘范畴中从汉字教材编写、汉字偏误分析、汉字教学的内外差别、汉字文化与汉字教学四个层面讨论汉字教学。研究认为目前有关汉字教学已取得一定成果，但相关研究仍需进一步深入加强，尤其是汉字教学的边缘范畴研究，需要从更多角度切入，同时还需加强研究成果向教学实践的转化。

北京师范大学汉语文化学院冯丽萍（2005）、卢华岩、徐彩华合作的《部件位置信息在留学生汉字加工中的作用》于2005年5月25日发表在《语言教学与研究》。文章研究了国际学生汉字加工中部件位置信息的作用，通过实验发现欧美学生和日韩学生在汉字识别上存在差异。欧美学生更倾向于提取汉字的局部信息，而日韩学生更注重整字加工和部件信息整合。这样的差异在于汉字系统特点以及不同国别学生对于汉字的学习方式特点。在教学中，教师应注重部件位置的教学，注意讲解部件组合知识，培养学生的正字法意识，帮助学生建立全面的汉字表征系统。同时还应注重笔画和部件形体特征的教学，培养学生形成良好的书写习惯和识别能力。

辽宁师范大学文学院原新梅（2003）所作的《非汉字文化圈留学生汉字偏误"镜像错位"析》于2003年12月26日发表在《河南社会科学》。文章探讨了非汉字文化圈留学生在汉字书写中最常见的偏误类型——"镜像错位"产生的原因以及相应的教学策略。研究基于认知心理学、视觉语言学的理论分析，认为人类共同的认知生理机制是造成汉字"镜像错位"的根本原因，而方位定域民族性、认知汉字的方法以及文字书写规则与习惯等因素是国际学生容易形成"镜像错位"的影响因素。为有效纠正国际学生在学习汉字过程中可能出现的"镜像错位"现象，研究建议强化学习策略的指导，并在学习初始阶段加强汉字的细部认知训练。通过这些措施，有望帮助国际学生提高对汉字的认知分辨能力和书写效率。

北京师范大学对外汉语教育学院冯丽萍（1998）所作的《对外汉语教学用2905汉字的语音状况分析》于1998年11月25日发表在《北京师范大学学报（社会科学版）》。文章研究了对外汉语教学用2905个汉字的语音状况分析，研究发现声旁与整字之间的多种因素都影响着形声字的识别，形声字的识别速度和声旁是否成字、声旁位置等因素有关。声旁在4级字中的分布特点体现了汉字的规律性和声旁的等级特点，为汉字教学提供了参考。研究结合认知心理学和对外汉语教学原理，研究认为深入研究汉字，发现汉字内在深层规律，以声符揭示读音，在不同阶段设计合理的教学方法可以帮助学生更好掌握汉字，提高学习效果。

总体来看，国际中文教育中的汉字教学研究中高频被引文献的研究内容可以分为三类：一是有关国际中文汉字教学的研究综述。通过回顾相关研究的整体发展，对国际中文汉字教学研究进行评述，总结和评估已有研究成果，为进一步研究的领域和深化方向提供建议；二是关于汉字研究与汉字教学的研究。这一类研究主要探讨了汉字研究所取得的成果，并深入分析这些成果对汉字教学的影响；三是关于国际中文汉字的教学研究。这一类研究主要集中讨论了国际学生在汉字学习过程中采用的策略、汉字书写的常见差错、汉字学习的偏误，同时深入研究了学生识记汉字的心理过程与特点。总体而言，上述研究关注了国际中文汉字教学的多个方面，研究总结了当前学界有关汉字教学的相关研究并提出了有针对性的改进建议，这些研究有助于推动国际中文汉字教学的深化和发展。

6.3 国际中文教育中的汉字教学研究热点分析

6.3.1 国际中文教育中的汉字教学研究的关键词共现分析

关键词是研究文献的核心要素，可以反映出文献研究的主题内容。通过绘制关键词共现知识图谱可以掌握关键词出现的频次以及关键词之间的关系，进而掌握该研究领域的热点。以"keyword"为节点类型，通过"pruning sliced networks"算法，使用 CiteSpace 软件绘制出国际中文教育中的汉字教学研究的关键词共现知识图谱（图 6-3），较突出的关键词包括"汉字教学""汉字""对外汉语""对外汉语教学""留学生"等。这些关键词处于整个图谱的中心位置，占据图谱面积最大，表明其在国际中文教育中的汉字教学研究中出现的频率较高，研究热度较高。除此之外，较为显著的关键词还包括"形声字""初级阶段""外国留学生""学习策略""教学方法"等，说明学界对这些方面也有所关注。

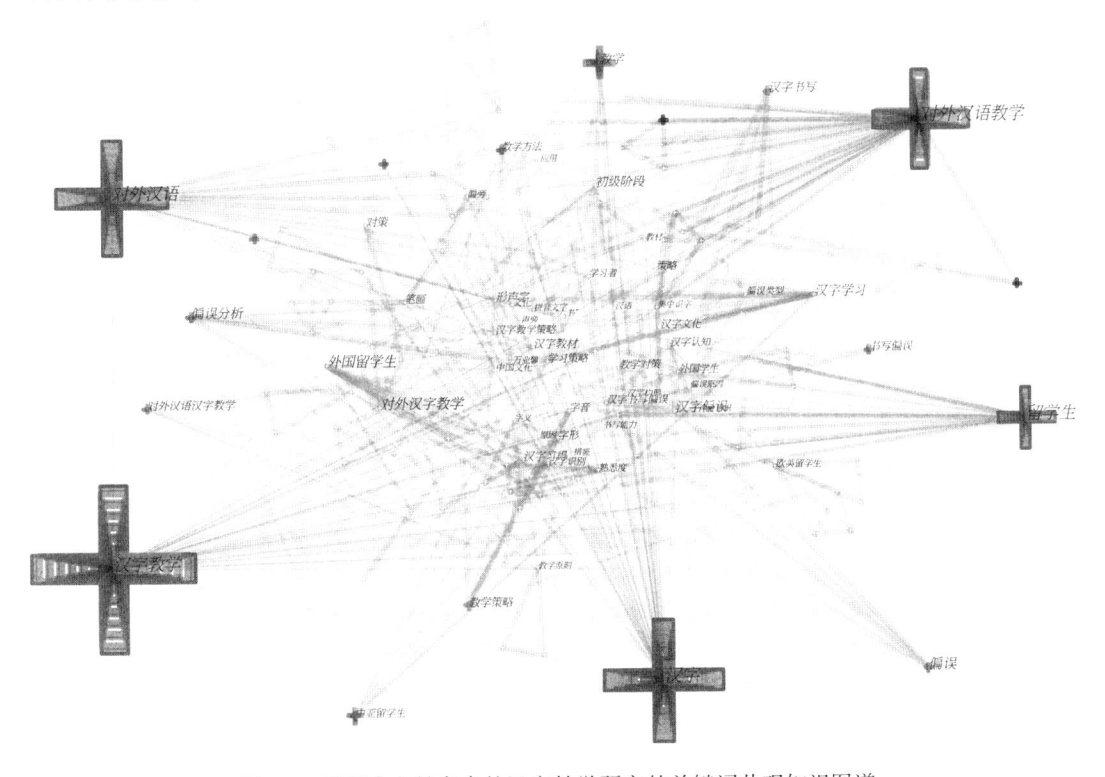

图 6-3 国际中文教育中的汉字教学研究的关键词共现知识图谱

通过 CiteSpace 的词频统计功能梳理国际中文教育中的汉字教学研究词频较高的 20 个关键词（表 6-1），词频越高、中心性越大越能凸显研究热度和重要性，一般来说，中心性大于 0.1 的关键词比较重要,往往词频高的关键词中心性也不会低,在表 6-1 中"汉字教学"频次最高(116 次),且中心性比较突出(0.32),表明"汉字教学"研究为该领域核心并在众多研究方向中起着桥梁作用。比较重要的关键词还有"汉字"(词频 88 次、中心性 0.38)"对外汉语"(词频 75 次、中心性 0.23)"对外汉语教学"(词频 72 次、中心性 0.33)"留学生"(词频 55 次、中心性 0.22)"教学"(词频 24 次、中心性 0.04)"汉字学习"(词频 17 次、中心性 0.06)"偏误"(词频 15 次、中心性 0.10)说明国际中文教育中的汉字教学研究中与这些关键词相关的研究比较多。

表 6-1 国际中文教育中的汉字教学研究高频、高中心性关键词排序

序号	关键词	频次	中心性	序号	关键词	频次	中心性
1	汉字教学	116	0.32	11	汉字书写	12	0.04
2	汉字	88	0.38	12	偏误分析	12	0.07
3	对外汉语	75	0.23	13	形声字	11	0.02
4	对外汉语教学	72	0.33	14	初级阶段	11	0.03
5	留学生	55	0.22	15	教学策略	11	0.03
6	教学	24	0.04	16	外国留学生	11	0.09
7	汉字学习	17	0.06	17	策略	10	0.04
8	偏误	15	0.10	18	教学方法	9	0.03
9	对外汉字教学	13	0.07	19	学习策略	8	0.02
10	中亚留学生	13	0.03	20	对外汉语汉字教学	8	0.04

6.3.2 国际中文教育中的汉字教学研究的关键词聚类分析

在关键词共现图谱的基础上,通过提取国际中文教育中的汉字教学研究关键词的聚类标签,能够更加深入了解该领域研究的热点。利用 CiteSpace 软件的聚类算法,绘制国际中文教育中的汉字教学研究的关键词聚类图谱(图 6-4),一般认为,聚类模块值(Q 值,modularity)>0.3 意味着聚类有效,聚类平均轮廓值(S 值,weighted mean silhouette)>0.5 意味着聚类合理,当 S >0.7 时说明聚类可信。

图 6-4 的国际中文教育中的汉字教学研究关键词共现图谱 $Q=0.642$,$S=0.8752$,表明该聚类图有效且具备高信度特征。

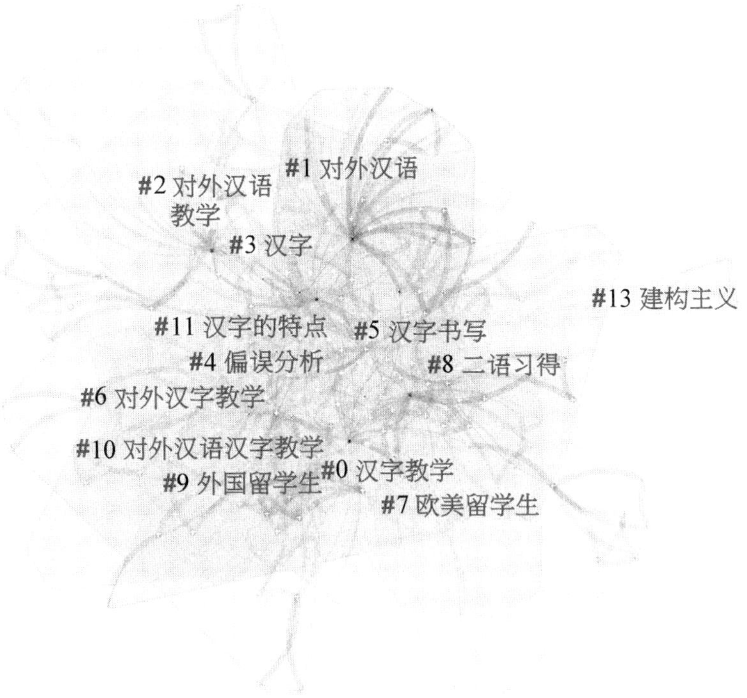

第 6 章　国际中文教育中的汉字教学研究述评

#2 对外汉语教学　#1 对外汉语
　　　　　　　　#3 汉字
　　　　　　　　　　　　　　　　　#13 建构主义
　#11 汉字的特点　#5 汉字书写
　　#4 偏误分析　　　　#8 二语习得
#6 对外汉字教学
　#10 对外汉语汉字教学
　　　#9 外国留学生　#0 汉字教学
　　　　　　　　　　　#7 欧美留学生

图 6-4　国际中文教育中的汉字教学研究关键词聚类图谱

由图 6-4 可见，国际中文教育中的汉字教学研究关键词共现图谱共形成了 13 个大小不同的显著聚类：#0 汉字教学、#1 对外汉语、#2 对外汉语教学、#3 汉字、#4 偏误分析、#5 汉字书写、#6 对外汉字教学、#7 欧美留学生、#8 二语习得、#9 外国留学生、#10 对外汉语汉字教学、#11 汉字的特点、#13 建构主义。聚类序号从#0~#13，序号按数值从小到大排序表明聚类所包含的文献量依次递减，聚类重叠部分代表其联系密切。再利用 CiteSpace 的关键词聚类信息汇总功能，将上述 13 个显著聚类标签下的代表性关键词进行整理得出表 6-2，更能清晰反映各个关键词聚类中的研究内容和要点。

表 6-2　国际中文教育中的汉字教学研究聚类名称及关键词分布

聚类编号	聚类名称	关键词聚类
#0	汉字教学	汉字教学、留学生、教学策略、字形、字音、正字法意识、字义、汉字能力、对外汉语教材、文化传播、多模态、基础阶段、同类字、汉语综合课、汉字分解、对外汉语教学界、文化词、媒体、南亚医学留学生、第一堂课、发展、APP、比较、创作手法、构意、印尼华裔、教学目的、偏旁部首、激发学生、书法教学、汉字演绎动画、汉字定位、字课图说、字族、认知难点、教材编写、联想传授法、汉字正字法意识、初级汉语综合课、字意、关键词、土库曼斯坦、核心范畴、TPR 教学法、心理过程、零起点、共通性、建构、人体、纵横输入法、文化意蕴、技巧、《初级汉语课本》、交互式课件、实践性原则

续表

聚类编号	聚类名称	关键词聚类
#1	对外汉语	对外汉语教学、安子介、学习汉语、汉字书法、"六书"理论、汉语拼音、集中识字、简化字、字源学、编订原则、基本原则、现代汉字、"字本位"、汉字繁简、繁体字、汉文化、汉字文化信息、教学设计、并行教学、提示法、分散识字法、国家对外汉语教学领导小组办公室、音义形、文化特征、多媒体教学、汉字字形、应用形式和原则、简体字、形声字教学、差异影响、国家汉办、核心地位、汉字大纲、测试法、新路子、利弊分析、综述、汉字课堂、文字教学价值、结构分析、理据、教学技巧、汉字教学体系、构形法、文化因素、文化信息传播价值、汉字标志、取象
#2	对外汉语教学	对外汉语、字本位、书法、教学软件、应用、形义关系、学习者、"六书"、汉字结构、教学法、拼音文字、符号学、卡片教学、创新、象形符号、"福"字、分级教学、中学、s/t模式、微信小程序、分析字形、母语教学、文化内涵、汉字词汇、猜字游戏、汉语汉字特殊性、教学理念、情感因素、教育技术、图像符号学、共词分析、汉语虚词、先行组织者、必要性、开发、构形理据、初始阶段、整体性感知、二合机制、问题、汉字笔顺、CAI软件、汉字书写规范、合体字教学、汉字推广应用
#3	汉字	汉字、教学、策略、笔画、六书、汉语、偏旁、中国故事、俄罗斯留学生、表意、习得、来华留学生、书写、笔顺、特殊笔画、层次、结构、意义、《博雅汉语》、镜像错位、"乖"、动态、现代教具、字音教学、《说文解字》、非汉字文化圈留学生、意向与意境、情感、对外汉语教学中的汉字教学、认知、《发展汉语》、多媒体汉字教学、档案、构件、形符、实证研究、正字法、分解加工、笔向、复合笔画、基本笔画
#4	偏误分析	汉字学习、中亚留学生、偏误分析、形声字、初级阶段、学习策略、汉字教材、汉字教学策略、多媒体、汉字笔画、汉字学习策略、汉字文化圈、知义、教材评估、万业馨、中级、理据性、四字成语、国别差异性、字别、探索、同形语素、偏误类型特征、东盟国家留学生、研究、字感、知音、编写建议、层次性、文化教学、学习成绩、字错、汉语作为第二语言、书写错误率、偏误类型发展、回避策略、语素意识、汉字认读
#5	汉字书写	汉字书写、汉字文化、书写偏误、教学对策、原因、偏误原因、书写能力、类型、汉字教学方法、特点、教材、汉字构形、俄罗斯、措施、汉字构形学、法学留学生、偏误类别、建构主义、越南留学生、本体、使用、根源、编写、中级留学生、支架式教学、"一带一路"、歧义容忍度、改善策略、蒙古国留学生、合体字、智慧法治软实力、人才培养
#6	对外汉字教学	对外汉字教学、对策、汉字习得、部件、声旁、非汉字文化圈、教学原则、图式理论、兴趣、线上、优势、形旁、声旁与整字、教学研究、哈国留学生、挑战、汉字部件、对称、偏误现象、结构对称、汉字字源教学法、价值、图式、汉字趣味教学法、语音关系、汉字识记

续表

聚类编号	聚类名称	关键词聚类
#7	欧美留学生	偏误、欧美留学生、教学建议、初级、应对策略、心理学、解决困难的方法、中级阶段、别字、成因分析、统计与分类、中亚、交叉应用、学习困难、书写规律、汉字复现规律、华裔留学生、欧美、元认知、东南亚、辨认、构形、初级汉语水平、书写汉字、东干生、语料
#8	二语习得	汉字偏误、方法、偏误类型、汉字书写偏误、外国学生、汉字认知、韩国留学生、偏误成因、汉字研究、组合规则、偏误的产生原因、二语习得、语音、认知心理学、"画"汉字、笔画数、意识培养、汉字构形学说、哈萨克斯坦留学生、教学指导、声旁意识、对外汉语笔顺教学、汉语外来词
#9	外国留学生	外国留学生、中国文化、汉字加工、熟悉度、汉字识别、书法精神、中级汉语水平、书法爱好者、上下文语境、同化、书法教育、异化、《汉语水平词汇与汉字等级大纲》、书法艺术、学习、部件位置、正确率
#10	对外汉语汉字教学	对外汉语汉字教学、字源教学法、文字学、字族文识字法、文化视角、形声字意符、国际汉语学习者、汉字繁简之争、母体字、汉语汉字认知、人本主义、字谜、学习阶段
#11	汉字的特点	教学方法、文化、汉字特点、汉字的特点、识记、汉字文化圈外、汉字与文化、应用研究、学习方法
#13	建构主义	建议、汉字词、汉日、正迁移、研究现状

将高频关键词、关键词聚类图谱与文献结合来看，国际中文教育中的汉字教学研究的研究热点归为以下几方面。

一是关于国际学生的汉字教学研究。这一主题研究的代表性关键词有"汉字教学""留学生""教学策略""字形""字音""正字法意识""对外汉语教学""教学设计""对外汉字教学""汉字习得""部件""声旁""教学原则""图式理论""字源教学法""教学方法""汉字特点""汉字拼音""集中识字""教学研究""结构对称""语音关系"。这一类研究以理论探讨、实验分析、教学实践为基础分别讨论了汉字教学的地位、教学设计、教学模式、教学内容和教学方法等方面内容。在汉字教学的地位讨论中，研究者认为汉字教学是汉语教学的重要组成部分，汉字教学应该置于汉语的结构网络中进行才能提高效率（周健和尉万传，2004）。当前汉字教学没有获得应有的地位，缺乏独立性、针对性不强、需加强科学性（王碧霞等，1994），需对汉字教学予以重视，建议单独开设专门的汉字课，编写专门的汉字教材，以提高汉字教学的效率。在汉字教学设计的研究中，研究认为汉字课是知识性、理论性、实践性三者结合起来，内容包括汉字的历史、现代汉字的性质、特点，现代汉字的构造，现代汉字的形体，现代汉字的规范和改革，外国留学生容易写错的字例分析等内容（张静贤，1986）。也有学者认为总体的教学内容应包含①常用汉字的选择；②识字的先后顺序；③汉字造字法；④汉字的形体演变；⑤汉字改革；⑥使用规范字；⑦汉字电脑输入法。单个汉字教学的内容有①读音；②释义；③结构（分解与组合，部件与部首）；④记忆方法与窍门；⑤规范与书写（含行体写法）；⑥组词；⑦练习（周健，1998）。另外，有学者认为汉字教学需要从内容、时长、教学资源等方面进行全面规划，如识字量表、汉字教学进度表等通过制定大纲、编写教材来实现，且将规划的时间跨度延长到 1 年以上（王骏和胡文婧，2015）。在教学模式研究中，有学者提出应先语后文，集中识字，先读后写（崔永华，1999），也有学者提出了四步走教学模式，从口头交际开始"只学口语"不见汉字；具有初步口语之后，开始认字，只认不写，进入识字阶段；大约认识 300 个汉字后，开始"描红"；开始写汉字，这时听、说、读、写并进（赵金铭，2008）。在具体教学中，研究认为分级分阶段开展汉字教学很重要，不同阶段的教学任务各有侧重。在初级阶段，教学任务是培养留学生习字兴趣和能力，使学生有最基本的汉字系统概念，正确书写笔画和部件，认识独体字，知道合体字的构造模式，能辨析主要的义符及其所代表的类别，或在此基础上继续扩展，成批地学习更多的新字（石定果，1997）。以"语文分开""先识后写""多识少写""字不离词句"（冯凌宇，2010）的教学原则开展教学活动。在中高级阶段，扩大识字量（李大遂，2011）是主要的教学任务；在高级阶段，以讲授汉字基本理论知识为主，具体教学内容有"构形规律基础性知识；书写、认读、识记等技巧性知识；有关汉字历史、文化等扩展性知识"（李香平，2008）。从具体的教学内容来看，在语音教学中，通过对比日本与欧美留学生汉字语音加工过程发现，日本学生对汉字的形音联结要明显好于欧美学生，二者在汉字语音识别中采用的策略也有所不同（冯丽萍，2002）。因此在教学中，针对不同汉字学习起点的学生需要注意分散教学，教授不同内容，要有计划、分阶段地讲授汉字规律，讲清汉字形音义之间的联系，帮助学生了解汉字的性质、规律、特点，形成正确的汉字观念。在笔画和部件教学中，笔画是汉字构成的基础，帮助学生建立笔画观，培养学生对常用部件的认知，为下一步汉字扩展学习奠定基础。在笔画教学中利用西文字母建立汉字笔画观。利用西文大写字母，找到相应或相似的笔画，变弧度为锋度，即可降低学生掌握笔画的难度，又能提高学习兴趣（赵悦，2005）。部件是汉字的基本构成单位，研究表明学生在经过一定时间的汉语学习和一定数量的汉字积累以后都已经初步具备了汉字的正字法意识，对部件位置信息也具有了一定的了解，而且能在汉字识别中运用（冯丽萍，2006），正字法意识会影响学习者的文字识别方式，汉字正字法规则表现的是部件的位置分布与组合方式，国际学生对部件信息的利用程度是随着汉字知识的增长而发展的。因此在教学中，教师要增加部件的复现次数，以保证这些部件能在学习者的心理词典中形成高质量的表征（郝美玲和范慧琴，2008）。在汉字整体教学中，要优化整合集中识记的汉字组群，优选高频常用汉字集中识记。上述关于笔画、部件和结构的教学方法并非划分明确，而是相互辅助的。在教学中，笔画与部件相互融合，部件与结构相互结合，具体方法应根据每个汉字的基本情况来选择。可以集中识记相同部件（尤其是相同部件的形声字）或相同结构的汉字。部件教学主要侧重于便于记忆，而笔画和结构更注重书写和深入了解汉字的特点。具体操作中可以先认读，后书写；先教写笔画少的字，后教笔画多的字；对象形字、指事字、会意字、形声字可根据学生的理解能力适当作书写说明，以便帮助理解和记忆；要帮助学生区分同音字的不同的字义；要求学生掌握规范汉字，包括掌握简化字；注意随时纠正错别字，避免写错字、写别字；注意字义的讲解；注意形声字的声旁；让学生记住多音多义字和多音同义字（郝晓梅，2004）。

二是关于国际学生汉字学习策略的研究。这一主题研究的代表性关键词有"留学生""策略""学习策略""汉字学习""学习困难""汉字习得""元认知""汉字认知""二语习得""汉语汉字认知""学习阶段""国别差异性""学习方法""正迁移""研究现状"。这一类研究基于对不同国别学生学习汉字的课堂观察和实验研究，深入探讨国际学生在入门、基础和中级等不同的学习阶段，在学习汉字认读、笔画和书写等方面所采用的学习策略。研究认为应用策略对提高汉字学习效果有很大的帮助（赵果和江新，2002）。在初级阶段，国际学生最常使用的是整体字形策略、音义策略、笔画策略和复习策略，其次是应用策略，最不常用的是归纳策略（江新和赵果，2001）。在识记汉字时国际学生常用的策略有形象联想、结构联想、母语的联想（王碧霞等，1994）。在汉字书写时发现初级阶段留学生意识到了部件构字的规律，而且能在学习过程中对此加以利用（郝美玲和范慧琴，2008），通过运用汉字部件信息来辅助汉字书写。在国别化学生的汉字学习策略研究中发现，初级阶段的越南留学生主要通过忆整体字形和机械重复的策略来学习汉字（陆卫萍和彭菇，2007），这是由于初级阶段的学生没有掌握足够多的汉字知识，无法采用归纳策略，只能依赖字形、笔画、复习和应用等策略。中级欧美留学生在学习汉字时主要采用机械记忆策略（汪琦，2006）。虽然在初级阶段，他们已经开始使用机械记忆的方法学习汉字，但在中级阶段，他们并不能经常有意识地迁移新知识，只能被动地依赖机械记忆的方法来学习。中亚留学生较多利用母语为汉字记音，较少利用形旁推测词义和声旁记音等策略（范祖奎，2009）。这是因为中亚学生未能深刻理解汉字的形、声、义的结构特点，在汉字学习中未能运用好汉字的特点来辅助学习。在汉字圈学习者和非汉字圈学习者的学习策略研究中，汉字圈学习者比非汉字圈学习者更倾向采用音义策略、应用策略，比较少采用字形策略和复习策略。非汉字圈学习者主要依靠课堂学习汉字，相对而言，在课外自习、练习汉字的时间偏少（王骏和胡文婧，2015），倾向于采用传统听讲和查找工具书的方式来学习汉字,但也喜欢通过看电影、手机 APP 以及接触日常生活中的汉字等方式来学习。在汉字书写学习中,非汉字圈学习者对汉字的基本结构与特征没有感性认识,几乎没有任何汉字结构方面的心理图式,对汉字结构知识方面的认识薄弱,字形结构是他们在汉字学习中的薄弱环节。在初级阶段,他们采用的学习策略会经历阶段性的演变。汉字书写量影响汉字书写法的掌握(马明艳,2007),字形、记忆、应用、复习和归纳等学习策略会随着书写量的增加呈现出不同的发展趋势。学习者无意识的学习策略选择对学习效果有显著影响,而教学者的有意识引导可以帮助优化教学效果。研究还从心理学的角度讨论了学习策略。有学者以格式塔心理学理论与认知心理学理论为基础,提出将现代汉字构形法运用于汉字学习中(王颖,2007)。通过这一方法,学习者能够更好地认识和理解汉字的结构规律,从而自觉地运用这些规律进行学习,这对于削减非汉字圈学习者对汉字的陌生感,降低学习难度,提高学习兴趣有所助益。有学者探讨了汉字学习中的心理行为,回避策略是第二语言学习者在语言运用过程中的心理行为(彭玉兰,2016),它可以帮助学生克服由于语言水平的欠缺而在社会交往、课堂学习中遇到的语言交流障碍,但研究指出如不加控制地使用回避策略,则会对学生的学习进程产生负面影响。

三是关于国际学生汉字学习偏误的研究。这一主题研究的代表性关键词有"汉字学习""偏误""偏误分析""偏误类型发展""偏误的产生原因""国别差异性""书写错误率""汉字教学策略""二语习得""回避策略""汉字文化圈""学习困难""成因分析""别字""书写规律""外国学生""意识培养"等。这一类研究基于对来自不同国家和地区的国际学生的汉字偏误进行深入考察,分析偏误类型和原因并讨论相应的教学策略。研究对象包括朝鲜、韩国、蒙古国、印尼、越南、泰国、哈萨克斯坦、斯里兰卡等国家的零起点、初级阶段、中级阶段的国际学生。研究从汉字认读、辨认、书写、认知、笔画、字形等不同角度分析了国际学生汉字学习偏误的类型,常见偏误有笔画偏误、部件偏误、整字偏误(胡勇,2013)结构偏误(李丽,2014)。其中汉字部件、形声字习得、汉字书写中的偏误研究获得较多关注。汉字部件习得偏误有部件的改换、部件的增加和减损、部件的变形与变位(肖奚强,2002)。形声字习得偏误有规则性错误、一致性错误、词语连贯性错误、拼音错误和随意性错误(陈慧,2001)。汉字书写偏误有字素混淆、字素易位、字素遗失、笔画增损、笔画变形、结构错位、音同字错、混音错字(杜同惠,1993)非字、假字和别字(施正宇,2000)。研究者主要从汉字、学生、上下文语境三个角度分析了偏误成因。在汉字层面,汉字语言特点对于汉字习得的影响研究集中在汉字的音、形(包括笔画、部件及结构方式等)、义(如作为语素的构词能力)(王骏,2011)方面,汉字系统的特点、形旁和声旁的功能分布(冯丽萍等,2005)、笔形、笔画组合、笔顺、构件类型、构件组合方式、结构方式等都是容易引起习得偏误的关键因素。在学生层面，学生的认知方式、学习态度、书写习惯、母语文字负迁移的影响是主要影响因素。在上下文语境层面，受上下文语境的影响而导致对某个字的意符进行错误替换的现象通常称之为"类化现象"，这是一种因类推而产生的语义同化现象，是一种常见的上下文语境引发的偏误类型。可以说这是国际学生根据汉字意符特征类推的认知结果。有学者基于语料库分析上下文语境和汉字偏误的关系，认为语境中的汉字偏误有误同形、误异形两种类型，偏误产生的原因是受上下文同化异化作用的影响，同化比异化情况多，同化异化多发生在左右结构的汉字中，同化的发生与词语熟悉度、汉字组成结构、汉字熟悉度和部件熟悉度密切相关（张瑞朋，2015）。在相应的教学策略研究中，研究者普遍认为认真研究国际学生的汉字习得偏误，有必要及时收集有关汉字偏误的原始语料并加以整理，对其加大量化研究的力度，这样才能分清各种偏误类型的主次，从而更有针对性地加强对错别字的前瞻性预防和后续性补救（尉万传和毕艳霞，2007）。在教学设计中，要遵循汉字教学的规律，针对影响国际学生汉字习得的因素设计教学目标，根据不同的偏误针对性设计相应的教学内容，帮助学生排除母语的负迁移，正确认识汉字规律，形成正确的汉字观念（冯丽萍，1998），运用适合国际学生认知的方法开展教学，以提高教学效果。

6.3.3 国际中文教育中的汉字教学研究的关键词共现时区分析

在关键词聚类的基础上，通过绘制国际中文教育中的汉字教学研究关键词共现时区图谱（图6-5），从时间角度来分析国际中文教育中的汉字教学研究领域每一个聚类下的关键词演变过程，能够更加清晰地展示该领域研究的脉络演进与变化趋势，从而更深入掌握该领域的主题变化。从研究热度来看，聚类#0 汉字教学、#1 对外汉语、#4 偏误分析、#9 外国留学生具有较早的研究起点和持续较长的研究历史，一直以来保持着高度的研究热度，聚类之间的关键词紧密相连，连线长，众多连线横跨整个研究时区，形成了复杂多样的研究网络。这表明这些主题之间存在密切关联，研究在不同时期持续发展并呈现出多层次的关联结构，这种综合性的研究网络有助于拓展学科研究的边界，为研究提供了丰富的研究视角和广泛的研究空间。聚类#2 对外汉语教学、#3 汉字、#5 汉字书写、#6 对外汉字教学、#7 欧美留学生、#8 二语习得相比于上面的聚类而言研究起始时间要晚，但研究持续时间也比较长，关键词众多，联系也很紧密，表明相关研究取得长期而稳健的发展。聚类#10 对外汉语汉字教学、#11 汉字的特点、#13 建构主义的研究起始时间比较晚，持续时间比较短，关键词比较少，分布相对松散，彼此间的交叉连线比较稀疏，这表明这些主题存在着各自独立的研究方向，研究采用不同的研究方法和理论框架，导致关键词之间的联系较为有限，导致它们呈现出相对孤立的状态。从研究趋势来说，聚类#0 汉字教学、#1 对外汉语、#4 偏误分析、#9 外国留学生展示出了一些长期存在且具有较高研究热度的主题，具有稳定的研究趋势，在未来的研究中应进一步深化对这些主题的探讨，注重挖掘新的研究视角和方向，以推动这些主题的深入研究。聚类#2 对外汉语教学、#3 汉字、#5 汉字书写、#6 对外汉字教学、#7 欧美留学生、#8 二语习得逐渐成为长期且具有稳定关注度的研究方向，在未来研究中要深化交叉研究，进一步拓展其研究深度，探索它们之间的交叉点和相互影响。而聚类#10 对外汉语汉字教学、#11 汉字的特点、#13 建构主义这样的独立聚类结构时间跨度较短，且与其他聚类关联较小，可以持续关注其发展。

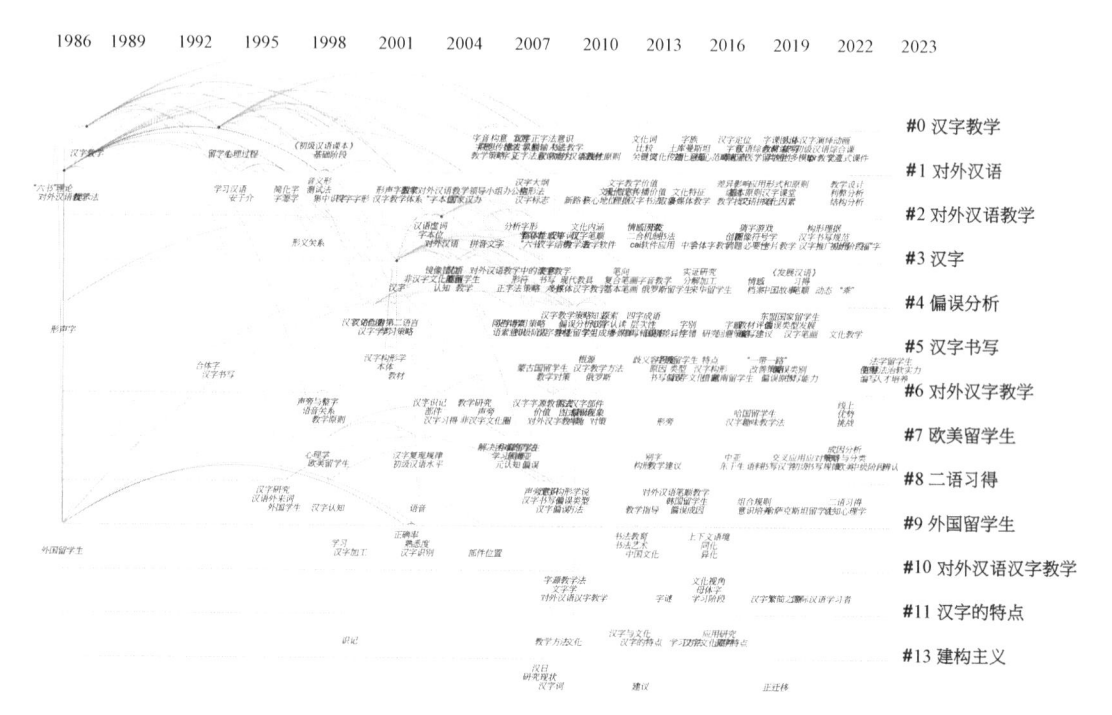

图 6-5　国际中文教育中的汉字教学研究关键词共现时区图谱

6.4　国际中文教育中的汉字教学研究结论和展望

国际中文教育中的汉字教学的研究围绕着"汉字""对外汉语""外国留学生""教学""对策"这些宏观关键词通过连线"二语习得""汉字书写""偏误分析""教学策略""学习策略""研究现状"等关键词展开了中观、微观领域的拓展研究，当前的研究热点集中在国际中文教育中的汉字教学研究、偏误分析、学习策略这三个方面，"教学"

"偏误分析""学习策略"三个关键词是研究的前沿问题。国际中文教育中的汉字教学的研究应在以下方面深入：

一是深化跨学科的国际学生汉字教学研究。一方面通过深入研究语言学、文字学、认知心理学、神经科学和教育学等学科的理论框架，结合语言学的文字结构、认知心理学的学习过程、神经科学的脑部活动，以及教育学的教学策略，建立一个更为综合完善的国际学生汉字教学研究理论体系。另外一方面拓展研究方法，交叉运用多学科的研究方法，通过结合语言学的定量分析、认知心理学的实验手段、神经科学的脑影像技术，以及教育学的教学实践观察，运用人工智能、机器学习等先进技术，分析教师教学与学生学习等数据信息，理解国际学生汉字学习的认知特点、认知过程和加工机制。进一步加强国际学生汉字教学的跨学科合作，为教学实践提供有力的理论支持与实践应用。

二是加强语料库建设。语料库是从真实语言使用中搜集而来的语言样本集合，能够真实反映语言现象，学习者可以通过语料库更全面地了解语言文字的特点，教师可以根据语料库的分析结果制定更贴近实际的教学策略，研究者通过分析语料库中的实际语言数据可以准确地了解语言的使用情况。目前国内的语料库越来越多，利用语料库加强国际学生汉字教学的实践运用也越来越频繁，在这个基础上依然要加强语料库的建设。通过长期开展覆盖不同国家、文化背景、语言环境的大规模国际学生汉字学习实证研究，追踪学生的学习历程和学习进展，广泛收集国际学生学习经验数据，建立更加翔实的数据库。其次，对于错别字标注，怎样实现对错字的分析、统计和使用是个难点，也是目前语料库建设中的趋势和难点（张瑞朋，2012）。今后的研究中要加强自动化技术、语言模型、大数据技术的应用，通过自动化技术，特别是自然语言处理（NLP）和机器学习技术，开发出高效的错别字标注系统；通过训练机器学习模型，自动识别并纠正不同文本中的错误；引入先进的语言模型，以更准确地理解上下文信息；借助大数据技术，分析处理语言数据集，加深对错别字出现规律的理解，提高标注的效率和准确性。另外，加强语料库在国际学生汉字教学中的应用转化。一方面要将语料库与实际的教学实践结合，教师利用语料库掌握学生汉字学习的特点、规律，掌握学生汉字学习偏误，采用更有针对性的教学策略。另外一方面要鼓励教师和学生参与语料库的建设，通过使用和反馈，不断完善语料库的功能，使其更符合实际教学需求。同时还要将语料库与数据库技术相结合进行系统研究，通过对学生汉字学习的数据信息进行系统分析和管理，为教学提供更全面、深入的数据支持。

三是加强国际中文教育中的汉字教材研究。在现有的国际中文汉字教材研究中普遍指出，现有教材的通用性较强但实用性和趣味性相对不足。教材的编写应遵循汉字构造规则、符合中国文化习惯，同时满足国际中文教师的教学需求和国际学生的学习需求。

加强国际中文教材研究，一要系统研究教材体系。深入分析教材内容结构，考察教材的章节设置、单元划分、语言点安排以及整体逻辑结构，确保教材在知识传递和语言技能培养方面的科学性与合理性。加强教材语境融入分析，考察教材中语境的融入程度，评估其在实际语言运用情境中的适应性，以帮助学生在语境中更好地理解汉字，实现知识的实际转化，更有效地掌握汉字。加强教材难易度分析，需要考虑语音、笔画、部件、结构等方面的难易度设置。通过合理设置教材的渐进性，帮助学生逐步掌握汉字知识和书写技能。二要加强不同类型、层次和目的的汉字教材的编写。在初级、中级和高级阶段，学生的学习能力和语言理解水平存在显著差异，要充分考虑不同阶段学生面临的汉字学习困难，通过差异化的内容设置和难度安排以更好满足学生在不同学习阶段的需求。对初学者，应强调基础汉字的学习，注重形、音、义等多方面的综合训练；对中级阶段学生，逐步引入更复杂的汉字结构和常见词汇，加强阅读和书写技能的培养；对高级阶段学生，则可涵盖更深层次的语言运用，包括汉字的文化内涵和专业领域的相关词汇。通过差异化的教学内容设计以增强教材的针对性。三要加强教材配套教学资源的开发。在资源开发过程中，要注意资源类型的多样性，着重运用现代科技手段，开发多模态的教学资源，如教学视频、语音材料和在线互动等；同时也要注重趣味性与互动性的融合，通过设计巧妙的教学模块，充分整合现代科技元素，确保教材内容贴近实际生活场景，以激发学生对于汉字的实际应用能力。

第 7 章　国际中文教育中的词汇教学研究述评

词汇是构建语言能力的基石，在语言学习中扮演着基础和桥梁的关键角色。在第二语言教学中词汇教学占据重要地位。研究词汇和词汇教学对于提高国际中文教学质量至关重要。通过采用 CiteSpace 信息可视化技术，对国内关于国际中文教育中的词汇教学研究的文献进行分析，绘制相关知识图谱，呈现国际中文教育中的词汇教学研究的历史进程和主要研究成果，厘清研究核心领域和热点主题，探究研究的发展趋势，为国际中文教育中的词汇教学深入研究提供参考。

7.1　数据来源和研究方法

通过使用 CNKI 数据库，以"'词汇'（篇名）AND'留学生'（篇名）"以及"'词汇'（篇名）AND'对外汉语'（篇名）"为搜索条件，文献来源选择"期刊文献"，不设时间跨度，检索时间截至 2023 年 8 月 31 日，检索到分布于 1983 年至 2023 年 8 月 31 日的文献数据共 423 篇，筛除不相关文献 2 篇后，选择了 421 篇文献数据作为文献计量分析的依据。通过将上述文献数据导入 CiteSpace 软件，采取以下三个步骤展开研究：①通过 CNKI 数据库自带的分析软件，对文献的年度分布情况进行初始分析，绘制出年度发文走势分析图表；②运用 CiteSpace 对文献数据进行分析，形成科研合作聚类图谱、关键词共现图谱、关键词聚类图谱、关键词共现时区图谱，由此呈现国际中文教育中的词汇教学研究知识体系的概貌，掌握国际中文教育中的词汇教学研究主题、热点和发展脉络；③基于知识图谱分析结果、结合文献研究进一步讨论国际中文教育中的词汇教学研究结论以及未来研究的深化方向。

7.2　国际中文教育中的词汇教学研究知识体系的文献特征分析

7.2.1　国际中文教育中的词汇教学研究的学术论文基本情况

通过使用 CNKI 数据库的精确检索可知，国内关于国际中文教育中的词汇教学研究成果很丰富，1983 年至 2023 年 8 月 31 日的学术论文 421 篇。其主要特点如下：

从研究文献主题数量来看，关于国际学生词汇教学研究的文献有 350 篇，研究涵盖了国际学生词汇教学的多个方面，包括词汇教学的地位、目标、内容、方法等。研究为词汇教学提供了理论支持和实践经验参考。关于国际学生词汇学习偏误研究的文献有 54 篇，研究重点考察了日本、蒙古国、越南等国家的学生群体在学习汉语词汇理性义、词汇色彩义、HSK 考试词汇、时间词汇、重叠式词汇以及成语时产生的偏误，分析偏误类型、偏误产生原因以及相关教学策略。关于国际中文教育词汇教材研究的文献有 17 篇，研究主要考察了国际中文教育教材中的词汇特征，包括词汇量、重现率、不同等级词频、英文释义等。在此基础上，重点深入探讨了教材编写过程中词汇的选择、呈现以及相关的教学问题。综合而言，这些研究为国际中文教育中的词汇教学提供了全面的理论支持和实践经验，有助于制定更有效的词汇教学策略、纠正学习者的偏误，以及优化教材中的词汇设计。这为今后的研究和教学实践提供了参考。

从研究文献年度分布来看，1983 年至 2023 年 8 月 31 日 41 年间年均发文量是 10 篇。第一篇关于国际中文教育中的词汇教学研究的文献出现于 1983 年。1983 年至 2001 年，发文情况较为分散，部分年度零发文，发文总数仅 17 篇。从 2002 年开始发文量逐渐增加，2002 年到 2010 年 9 年内共发文 124 篇，年均发文 13.7 篇，这一时期发文数量维持在相对较高的水平，呈现出逐渐增加的趋势。而 2011 年后发文量呈倍数增长，2011 年到 2023 年 13 年内共发文 280 篇，年均发文 21.5 篇。其中，2011 年至 2012 年发文数量迅速增加，分别是 36 篇和 37 篇，显示了词汇相关研究活动的激增。2013 年至 2018 年发文量呈现出上下波动但发文数量相对稳定。2019 年至 2023 年发文量开始下降，虽然 2021 年度发文有所增加，但增加幅度不大，尤其在 2023 年降至 4 篇，表现出较明显的减少。这反映了该领域研究焦点和热度的变化（图 7-1）。

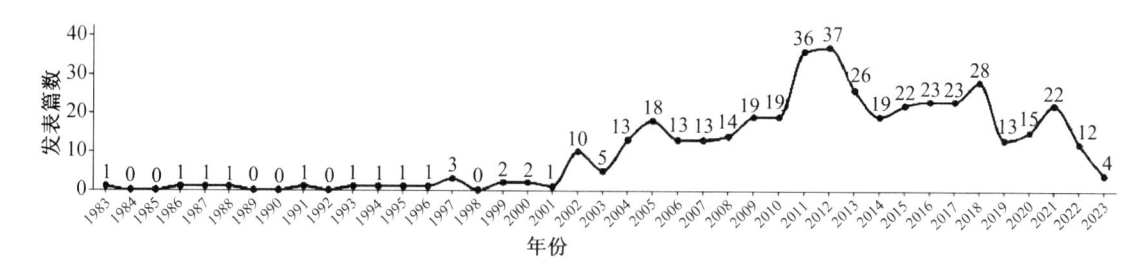

图 7-1 国际中文教育中的词汇教学研究文章发表年度趋势图

7.2.2 国际中文教育中的词汇教学研究的科研合作聚类分析

在国际中文教育中的词汇教学研究领域，高校及其学者是该领域研究的核心力量。从发文数量来看，发文数量最多的作者是金枚、柯慧俐（各 4 篇），孙晓明、李如龙各 3 篇。金枚（2015）关注的是词汇释义的对比方法以及课堂词汇记忆与理解、积累、运用的训练技巧。柯慧俐（2013）研究的是词汇教学中"文化义"词汇、语素法的应用、文化负迁移的影响以及教学策略。孙晓明（2009）探讨的是国际学生任务导向的伴随性词汇学习以及产出性词汇发展模式。李如龙（2004）从英汉词汇对比角度讨论词汇教学，研究了词汇教学的原则以及在整个语言教学中的位置。

从发文机构来看，北京语言大学、沈阳师范大学、四川大学、暨南大学是该领域研究具有代表性的院校机构，北京语言大学发文19篇，沈阳师范大学发文14篇，暨南大学发文12篇，四川大学发文11篇。北京语言大学相关学者主要讨论了国际中文中的文本词汇研究、语义网络的构建以及词汇教学的性质定位、教学方法和教学模式。沈阳师范大学相关学者集中讨论了词汇教学中的语素、释词、文化问题以及相关教学方法和策略。暨南大学相关学者主要研究语素义、词形、词义、句子语境、"文化词汇"的类聚性对词汇教学的影响以及在具体教学和学习中的策略。四川大学相关学者主要研究了语块、词汇感性意义在词汇教学法中的意义与应用，同时还从文化因素、教学原则、教学方法、教学技巧的层面讨论了具体的词汇教学问题。

从研究学者、研究机构的合作程度来看，学术研究的作者合作程度是判断学科研究进展的重要指标，毕竟单一作者的研究成果虽能反映其研究能力，但无法展示学科研究全貌，而良好的科研合作关系有助于学科体系走向成熟。科研合作包括作者合作和机构合作。为了清晰简洁地识别作者和研究机构的学术合作和联络情况，在CiteSpace软件中选择"'author'+'institution'"为节点类型，将机构分布情况和作者分布情况合并展示，绘制了国际中文教育中的词汇教学研究的科研合作知识图谱（图7-2），图谱中连线的密集和粗细程度反映了作者间、机构间科研合作的紧密程度。

图7-2 国际中文教育中的词汇教学研究的科研合作知识图谱

在作者合作方面，国际中文教育中的词汇教学研究形成了以金枚、孙晓明、柯慧俐、方艳、周杰等作者为核心的数个研究群体。在作者和机构合作方面，国际中文教育中的词汇教学研究形成了以作者单位：云南师范大学、昆明锦程教育集团和相关作者：罗晨、刘娟娟、李桂琼、者林组成的一个学术研究群体。根据软件计算结果，国际中文教育中的词汇教学研究科研合作图谱的密度值为 0.0023，低于 0.1 的正常水平，作者、机构节点数是 523，合作连线数是 314，较为短促，连线密度低，反映了国际中文教育中的词汇教学的研究机构和作者之间的合作联系相对分散，独立性较强，整体上反映出一种分散化的特征。

7.2.3 国际中文教育中的词汇教学研究的高频被引文献分布

文献的被引频率可用于评估其学术价值，分析国际中文教育中的词汇教学研究相关高频被引文献可以了解研究人员的兴趣以及掌握该领域的研究热点。通过 CNKI 数据库整理出排名前 10 的高频被引文献，被引情况以及研究内容如下：

该领域研究最高被引文献是厦门大学李如龙（2005）、吴茗合作的《略论对外汉语词汇教学的两个原则》，该文于 2005 年 3 月 25 日发表在《语言教学与研究》。文章通过讨论国际中文词汇教学的两个原则来探讨高效科学的词汇教学路径。文章认为语言学习的基石在于词汇，中文词汇既反映语音结构的变化又构建了各种语法关系，学习词汇会关涉语音、语法的学习，因此词汇会贯穿整个学习过程，词汇教学会关系到国际学生中文水平的整体表现。研究认为词汇教学应遵循区分频度和语素分析两个原则。区分频度原则强调词汇教学应以常用词汇为主，遵循常用先学、常用多学的规律。在具体教学中，根据词语的使用频率，先教高频词，再教低频词。语素分析原则强调词汇教学应以语素为基础，通过分析语素义来理解词义。如果一个语素有多个义项，构词情况比较复杂，必须对其常用度和难易度进行区分，让学生先接触常用易学的语素义。另外，文章还讨论了汉字频度问题，指出汉字教学中应先学常用字，再学次常用字。

厦门大学李如龙（2004）、云南师范大学文学与新闻传播学院杨吉春合作的《对外汉语教学应以词汇教学为中心》于 2004 年 12 月 30 日发表在《暨南大学华文学院学报》。文章通过研究中文词汇的特点，阐述语言认知理论、认知语言学原型理论、认知心理学的记忆原理、汉外对比教学方法，提出国际中文教学应以词汇教学为中心的主张。研究指出词汇是语言的基础和关键，词汇集语音、语义、语法、语用和文化于一体，词汇是以单音节语素为基础，语义基本不发生变化，重现率高，只要掌握了基本语素，对于陌生的合成词便可以自行类推理解。国际中文教学应从以语法为中心转向以词汇为中心。在具体教学中要从常用单音词、基本义、基本字入手，逐渐向复音词、引申义和复合汉字推进。虚词是外国人学习中文的难点，应筛选出最常用的虚词作为教学重点，可采用汉外对比教学法进行中文虚词教学。

中山大学对外汉语教学中心肖贤彬（2002）所作的《对外汉语词汇教学中"语素法"的几个问题》于 2002 年 12 月 20 日发表在《汉语学习》。研究基于语素法在词汇教学中的实践经验，探讨了词汇教学的建议。研究认为语素法在词汇教学中具有调动学生学习主动性、帮助学生避免一部分语法偏误、帮助学生巩固所学词汇的优势，加强学生对中国文化特别是心理特征的感知，但同时也存在一些问题，具体表现在，语素义和词义常有不一致的地方，需要对两者关系进一步解释；同义语素常因语用场合的差异而发生分化，学生难以理解。同时语素法与现行教材也存在矛盾，如：现行教材语法体系只讲词、词组和句子，尚未将语素作为一个层级的语法单位纳入语法教学体系；现行教材有关语素理解方面的训练设计少且系统化不够；现行教材未能盘活已学过的语素，未能充分展示中文语素丰富的构词活力，难以达到温故知新，迅速扩大词汇量的效果。针对上述问题，研究者提出在教学中建议少讲或者不讲语言知识，为学生提供感性材料和例子；设计大量的替换、扩展练习，帮助学生建立"语素"的概念，从而提高猜词能力。

北京育才学校康艳红（2005）、北京师范大学董明合作的《初级对外汉语教材的词汇重现率研究》于 2005 年 11 月 15 日发表在《语言文字应用》。文章基于词频数与习得情况关系的研究结论（研究发现，当某一词语在文章中出现的次数低于 6 次时，仅有半数的受试者能够习得该词；而当词语出现次数达到 6 次或更高时，多达 93% 的受试者可以习得该词语）考察了《实用汉语课本》《汉语初级教程》这两套教材的词汇重现率，研究发现有 50% 以上的词语的词频未达到 6，部分词汇出现次数不足。两套教材的词汇重现间隔（在首次出现后在 5 课内重现）分别达到了 71.19% 和 64.84%，重现率比较高，但也有部分词汇重现率超过 6 课，需要调整。研究认为加强词汇重现率研究对提高学习者的记忆效果和学习效率具有重要意义，研究应在理论和实践两个层面进一步探索词汇重现的最佳状态和最佳方式，以改善教材的词汇重现情况，更好开展词汇教学。

北京语言文化大学汉语学院贾颖（2001）所作的《字本位与对外汉语词汇教学》于 2001 年 9 月 10 日发表在《汉语学习》。文章讨论了词本位理论主导下国际中文词汇教学存在的问题并提出了以字为本位的教学建议。研究指出，字和词是中西语言最大区别，机械搬运西方词本位理论运用在中文词汇教学，忽视了中文独特的语言特点，导致在词汇教学中容易忽视汉字（语素）和构词法的教学，词汇教学地位不高，没有系统的词汇教学。因此，研究认为要尊重中文的语言特点，以字为本位开展词汇教学，而词汇是语言的重要组成部分，要给予词汇教学足够的重视，在教学中要以单音节词为重点，先教基本词汇中的单音节词，同时进行汉字与复合词的教学，以帮助学习者更好理解和掌握中文词汇。

南京大学海外教育学院留学生部李开（2002）所作的《对外汉语教学中的词汇教学与设计》于 2002 年 9 月 25 日发表在《语言教学与研究》。研究以词汇等级大纲中的

1033 个甲级词作为分析对象和分析系统探讨了词性、词义和词类的关系，提出了词汇教学的总体设计思路。研究认为强调语素字和词汇字的不同以及语素和构词法的重要性非常有必要，在语素和构词法的理论指导下进行词汇教学可以防止国际学生出现用翻译法类推中文构词、用外语来翻译中文生词这一类型的错误。在教学中根据词汇系统内在构成的规律性，确定词汇教学的先后次序，提高词汇教学的科学性。

厦门大学中文系苏新春（2006）所作的《对外汉语词汇大纲与两种教材词汇状况的对比研究》于 2006 年 5 月 15 日发表在《语言文字应用》。文章基于对北大版和北语版两个版本的对外汉语教材中词汇情况的分析，对《现代汉语频率词典》和《对外汉语教学词汇大纲》进行对比，讨论这两个版本的教材在词汇收录和分布上的差异以及差异形成的原因。存在差异表现在两套教材都具有高频词少、覆盖力强特点；两套教材共有词语少；两套教材收录《对外汉语教学词汇大纲》词汇数量明显不同；北大版比北语版的用字与用词要少。而两种教材的编写目的、编写原则和取材范围的不同以及词汇计量和词表制作方法的不同是两本教材在词汇收录和分布上存在差异的原因。基于研究发现，研究者提出了解决教材收录和分布词汇问题的对策：重视教材编写的目的和定位，根据不同的目的和定位选择合适的词汇计量和词表制作方法；重视教材编写的历时态势和异同横看，以便能够对教材词汇状况作出客观而细致的描写；重视教材编写的词汇现状差异，以便能够对教材收录和分布词汇时出现的种种问题的对策和方法进行探讨；重视教材编写的词汇计量和词表制作对教材编写的影响，以便能够对教材编写提供有价值的意见和建议。

北京师范大学汉语文化学院张和生（2005）所作的《对外汉语词汇教学研究述评》于 2005 年 12 月 30 日发表在《语言文字应用》。文章综述了近年来国际中文词汇教学的研究进展，研究主要集中在字词认知研究和词汇教学方法两个领域。研究认为字词认知研究突破了以往仅以母语为被试的局限，为国际中文教学研究开拓了新领域，但研究也存在缺乏实验数据证明、观点探讨不充分等不足；在词汇教学方法研究中探讨了教材词汇处理、词汇练习设计、不同类型词汇练习等方面存在的问题并提出相应的教学策略，但研究也存在定性研究多而定量分析少、理论探讨多而应用实验少、教材编写多而在词汇教学方面有特色的少、传统单一学科的研究多而结合现代化教学手段和跨学科的研究少等不足问题。研究认为未来研究应注重实证研究，结合现代化教学手段，拓展研究视角，为词汇教学提供更多有价值的理论和实践支持。

北京师范大学汉语文化学院李彤（2005）所作的《近十年对外汉语词汇教学研究中的三大流派》于 2005 年 12 月 30 日发表在《语言文字应用》。研究评价了目前词汇教学研究领域中的三大流派：词本位、字本位和语素法，认为字本位教学法实质还是语素教学法，建议取消字本位教学法；词本位教学法虽然存在问题，但由于交际过程是建立在词的基础之上，语言教学也应该以词为单位，以此理论指导下开展教学依然可行，但是要吸收词汇语义学研究成果，加强词汇教学重点难点研究。语素法教学也是一种可行的教学方法，但要结合语素的义项分析研究才能取得更好的教学效果。总体而言，建议词汇教学研究吸收词汇语义学等语言理论的研究成果用以指导科学的词汇教学研究。

北京语言大学常敬宇（2003）所作的《汉语词汇的网络性与对外汉语词汇教学》于2003年9月30日发表在《暨南大学华文学院学报》。文章探讨了中文词汇的词形和词义的内部规律，认为中文词汇存在类义联想网络、关系联想网络和联用关系联想网络的网络性特点，国际学生掌握了词汇网络性特点后可以更好认识中文词汇的结构特点和生成规律，深入理解词汇的语义和文化内涵。在具体教学实践中应将词汇的各种网络系统融入教材编写中，要利用词汇的网络性开展词汇教学，要利用词汇的语境进行词汇教学以提高学生习得词汇的效率以及加深对词汇的认识与掌握。

总体来看，国际中文教育中的词汇教学研究中高频被引文献的研究内容可以分为两类：一是国际中文教育中的词汇教学研究。研究集中在词汇教学的研究综述，词汇教学的原则、教学设计、教学内容、教学方法，重点对比讨论了当前三类主要的词汇教学法的优劣以及改进措施；二是国际中文教材中的词汇研究。研究考察了教材中的词汇重现率，对比分析了两套较有影响力的教材中的词汇情况，针对词汇教学和教材编写提出了建议。总体而言，上述研究内容涵盖了中文词汇特点研究以及国际中文教育中的词汇教学原则、教学内容、教学方法、教材等多个层面内容。研究有助于学界更好地了解中文词汇的本质特征、探究针对国际学生开展词汇教学的规律以及方法，这为中文词汇教学领域提供了丰富的理论资源和实践经验，为教育者更好开展词汇教学工作、为学习者更好习得中文词汇提供了全面深入的指导，推动了面向国际学生的中文词汇教学的不断发展和提升。

7.3 国际中文教育中的词汇教学研究热点分析

7.3.1 国际中文教育中的词汇教学研究的关键词共现分析

关键词是研究文献的核心要素，可以反映出文献研究的主题内容。通过绘制关键词共现知识图谱可以掌握关键词出现的频次以及关键词之间的关系，进而掌握该研究领域的热点。以"keyword"为节点类型，通过"pruning sliced networks"算法，使用CiteSpace软件绘制出国际中文教育中的词汇教学研究的关键词共现知识图谱（图7-3），较突出的关键词包括"词汇教学""对外汉语""对外汉语教学""词汇""留学生"等。这些关键词处于整个图谱的中心位置，占据图谱面积最大，表明其在国际中文教育中的词汇教学研究中出现的频率较高，研究热度较高。除此之外，较为显著的关键词还包括"第二语言习得""对外汉语教材""心理词典""词义""同义词"等，说明学界对这些方面也有所关注。

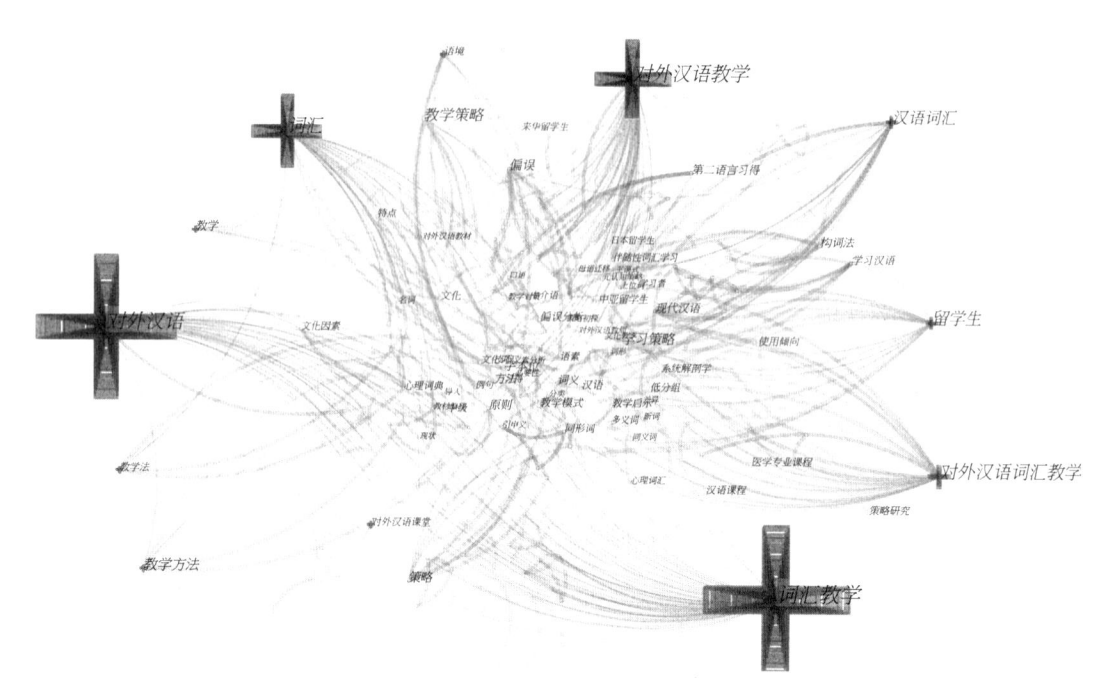

图 7-3　国际中文教育中的词汇教学研究的关键词共现知识图谱

通过 CiteSpace 的词频统计功能梳理国际中文教育中的词汇教学研究词频较高的 20 个关键词（表 7-1），词频越高、中心性越大越能凸显研究热度和重要性，一般来说，中心性大于 0.1 的关键词比较重要，往往词频高的关键词中心性也不会低，在表 7-1 中"词汇教学"频次最高（151 次），表明"词汇教学"研究为该领域核心并在众多研究方向中起着桥梁作用。比较重要的关键词还有"对外汉语"（词频 140 次）、"对外汉语教学"（词频 74 次）、"词汇"（词频 66 次）、"对外汉语词汇教学"（词频 37 次）、"留学生"（词频 25 次）、"汉语词汇"（词频 20 次）、"教学"（词频 18 次）、"教学策略"（词频 14 次）、"教学方法"（词频 14 次）、"字本位"（词频 11 次）、"学习策略"（词频 8 次）说明国际中文教育中的词汇教学研究中与这些关键词相关的研究比较多。

表 7-1　国际中文教育中的词汇教学研究高频、高中心性关键词排序

序号	关键词	频次	中心性	序号	关键词	频次	中心性
1	词汇教学	151	0.00	11	字本位	11	0.00
2	对外汉语	140	0.00	12	学习策略	8	0.00
3	对外汉语教学	74	0.00	13	方法	8	0.00
4	词汇	66	0.00	14	原则	7	0.00
5	对外汉语词汇教学	37	0.00	15	语境	7	0.00
6	留学生	25	0.00	16	构词法	7	0.00
7	汉语词汇	20	0.00	17	偏误分析	7	0.00

续表

序号	关键词	频次	中心性	序号	关键词	频次	中心性
8	教学	18	0.00	18	语素	6	0.00
9	教学策略	14	0.00	19	文化	6	0.00
10	教学方法	14	0.00	20	汉语	6	0.00

7.3.2 国际中文教育中的词汇教学研究的关键词聚类分析

在关键词共现图谱的基础上，通过提取国际中文教育中的词汇教学研究关键词的聚类标签，能够更加深入了解该领域研究的热点。利用 CiteSpace 软件的聚类算法，绘制国际中文教育中的词汇教学研究的关键词聚类图谱（图 7-4），一般认为，聚类模块值（Q 值，modularity）>0.3 意味着聚类有效，聚类平均轮廓值（S 值，weighted mean silhouette）>0.5 意味着聚类合理，当 S>0.7 时说明聚类可信。

图 7-4 的国际中文教育中的词汇教学研究关键词共现图谱 $Q=0.7069$，$S=0.8987$，表明该聚类图有效且具备高信度特征。

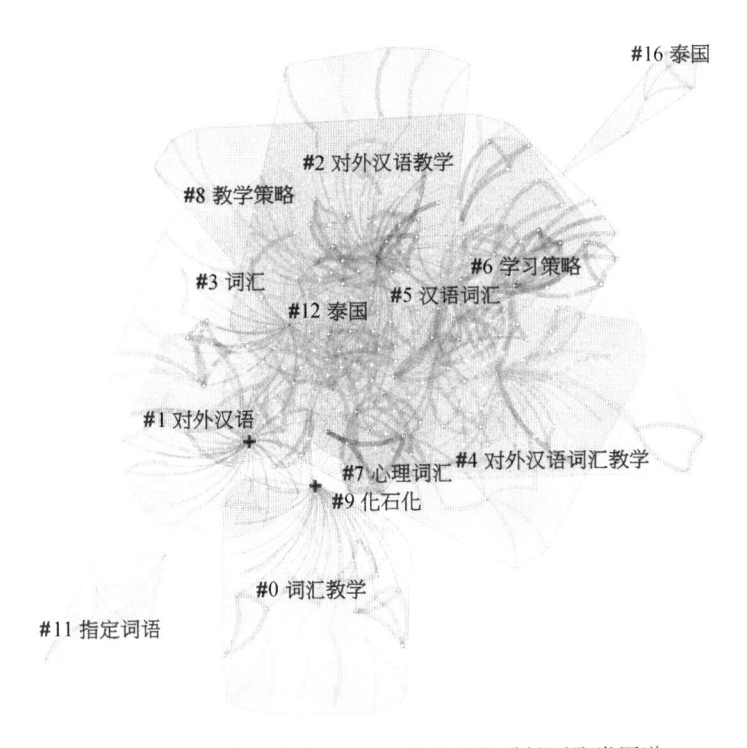

图 7-4 国际中文教育中的词汇教学研究关键词聚类图谱

由图 7-4 可见，国际中文教育中的词汇教学研究关键词共现图谱共形成了 14 个大小不同的显著聚类：#0 词汇教学、#1 对外汉语、#2 对外汉语教学、#3 词汇、#4 对外汉语词汇教学、#5 汉语词汇、#6 学习策略、#7 心理词汇、#8 教学策略、#9 化石化、#10 汉语旅游文本、#11 指定词语、#12 泰国、#16 泰国。聚类序号从#0～#16，序号按数值从小到大排序表明聚类所包含的文献量依次递减，聚类重叠部分代表其联系密切。再利用 CiteSpace 的关键词聚类信息汇总功能，将上述 14 个显著聚类标签下的代表性关键词进行整理得出表 7-2，更能清晰反映各个关键词聚类中的研究内容和要点。

表 7-2 国际中文教育中的词汇教学研究聚类名称及关键词分布

聚类编号	聚类名称	关键词聚类
#0	词汇教学	词汇教学、元认知知识、程序性知识、认知心理学、直接法、字本位理论、词义推测、历史文化内涵、基本原则、《词汇等级大纲》、复习方略、教学方法和模式、形声字、求简思维、平行语料库、对外汉语职前教师、框架语义学、初级汉语教学、参与和争鸣、对比联想、教案、建构主义、词汇教学的系统性、理论基础、偏态性教学行为、教学词汇量、案例分析、区分频度、学习方法、关系联想、教学理念、国别化、图式网络、学理嵌入、字本文、模式、支架式教学、flash 技术、研究、同义近义词辨析、教材生词处理、《对外汉语课堂教学概论》、识记、语素义教学、文化导入、概念图、抛锚式教学、甲级词、交际、泰国、仿拟造词、汉语教学单位、词汇语义学、相似联想、网络化、可视化设计、语义场、分层教学、接近联想、对外汉语写作课
#1	对外汉语	词汇教学、元认知知识、程序性知识、认知心理学、直接法、字本位理论、词义推测、历史文化内涵、基本原则、《词汇等级大纲》、复习方略、教学方法和模式、形声字、求简思维、平行语料库、对外汉语职前教师、框架语义学、初级汉语教学、参与和争鸣、对比联想、教案、建构主义、词汇教学的系统性、理论基础、偏态性教学行为、教学词汇量、案例分析、区分频度、学习方法、关系联想、教学理念、国别化、图式网络、学理嵌入、字本文、模式、支架式教学、flash 技术、研究、同义近义词辨析、教材生词处理、《对外汉语课堂教学概论》、识记、语素义教学、文化导入、概念图、抛锚式教学、甲级词、交际、泰国、仿拟造词、汉语教学单位、词汇语义学、相似联想、网络化、可视化设计、语义场、分层教学、接近联想、对外汉语写作课
#2	对外汉语教学	对外汉语教学、第二语言习得、教学模式、文化词汇、汉语词汇教学、口语课、口语、语素分析、义素分析、韩国留学生、理据性、空缺、词汇复习课、反义词、元认知理论、《对外汉语词汇教学系统性与有效性研究》、英汉对比、词汇词义、中文词汇教学、基层词汇、区别特征、词汇网络、义位、多媒体技术、中华文化、类聚性、同素族、反正、教学思维、新词新语、自主学习、语料库技术、任意性、色彩义、有效性研究、教学实践、词汇语法研究、礼乐、对外汉语文化词汇教学、物态文化层、词义教学、可操作性、最小语言平台、数据驱动学习、"一带一路"、词汇主导法、原型、言语产出、句法功能、任务型教学法、"来"和"去"、最低量基础词汇、不对称、词汇色彩、笔语、易混淆词、配价

第7章 国际中文教育中的词汇教学研究述评

续表

聚类编号	聚类名称	关键词聚类
#3	词汇	词汇、字本位、偏误分析、文化、教学法、心理词典、技巧、习得、词本位、中心、比较、名词、教材编写、教学对策、教学技巧、图式理论、ttr、交流、语素法、成语教学、植物、蒙古国留学生、情境教学法、初级汉语教材、大纲、克拉申理、对策、可视化分析、分析、同形效应、动词、中高级词汇、展示法、启发、多样性、东南亚、核心字、虚词、实验报告、汉语汉字特点、命题网络、猜词、CiteSpace、听力、编码据、指导作用、学习、对外汉语初级阶段、对外汉、互译、汉语教学
#4	对外汉语词汇教学	对外汉语词汇教学、汉语、同义词、同形词、新词语、学习者、教学建议、复合词、引申义、多义词、新词、四字格、《汉语饮食词汇研究》、线上、多模态话语分析理论、等义词、语块教学、感性意义、文化涵义、"说"类词群、ppt、兼类、dragon、外国学生、同形异素、语用推理、认知语言学、外来音译词、打开方式、同素异形词、恐怕、兼容性、四川话、反义词语、短期班、最佳关联、普通话、red、教学策略分析、扩大词汇量、词汇结构意识、外来词、动态性、中级汉语水平学习者、对外、类固定短语、"谁是卧底"、例句设计、关联理论、方言
#5	汉语词汇	汉语词汇、构词法、偏误、对外汉语教材、日本留学生、词义、中亚留学生、元认知策略、母语迁移、词形、中介语、网络性、案例分析"临时"、有效进行、社会策略、成绩、构式观、对日汉语词汇教学、句子语境、对外汉语综合课、上位词、泰国文化、激活、时间词汇、汉语本族语者、英文注释、意义和用法、解释性语境、日语汉字词、留学生汉语教学、僵化、主谓式、推理性语境、语素义、书面表达、写作词汇、借用母语策略、汉字、构式、语素教学、成语、同素词、双语言语产生、反馈
#6	学习策略	留学生、学习策略、现代汉语、伴随性词汇学习、学习汉语、字本义、产出性词汇、系统解剖学、词汇学习、教学启示、输入调整、汉语桥比赛、眼动、汉语课程、双音词、mbbs专业、"互联网+"、医学专业课程、训诂、情景创设、书面语、教材对比、先秦文献语言、低分组、韩国语、汉语口语、商务汉语词汇、使用倾向、搭配关系、查词典、文化背景知识、招生简章、文化教学、对外词汇教学、教学的原则、个体因素、边注、加工深度、理解性词汇、策略研究、建构
#7	心理词汇	教学、语境、语素、差异、心理词汇、对比、例句、传承语素、联想、构词位置、心理语言学、中级口语、教法、构词能力、情景、交际能力、汉外、言语、词义解释、网络词汇、替换法、词汇语境、语言、复音词、英语词汇
#8	教学	教学策略、初级阶段、初级、实证研究、中医汉语、文化思考、认知转喻、东盟留学生、茶文化、文化影响因素、认知心理、国俗词、民俗礼仪词汇、文化误差、人体部位词汇、茶艺课、本义、认知负荷、共时与历时、策略初探、对外汉语教师
#9	教学策略	分类、化石化、尝试和错误、偏误预治、词义系统性、新词教学、必要性、策略、借代词语、有度放射、激活扩散模型

续表

聚类编号	聚类名称	关键词聚类
#10	汉语旅游文本	来华留学生、文本简化、语料库语言学、英译方法、语料库、文本可读性、文化认同、绍兴文化、口语词汇
#11	指定词语	对外汉语课堂、模仿、成段表达、概括、聚合系联、组合系联、指定词语、巩固与应用
#12	泰国	方法、特点、对外文言教学、艺术分析、作用、词汇复习
#16	泰国	语义、联想法、句法、必须、不得不

将高频关键词、关键词聚类图谱与文献结合来看，国际中文教育中的词汇教学研究的研究热点归为以下几方面。

一是关于国际学生词汇教学的研究。这一主题研究的代表性关键词有"词汇教学""元认知知识""对外汉语""教学方法""原则""对外汉语教学""第二语言习得""教学模式""对外汉语词汇教学""字本体""构词法""教学策略""词汇教学的系统性""教学词汇量""词汇词义"等。这一类研究主要探讨了词汇教学的地位、教学原则、教学目标、教学内容和教学方法等方面内容。在词汇教学地位的研究中，学界从理论分析、教学实践、调查试验多个视角展开研究讨论，对于词汇教学在国际中文教学中占据重要地位达成了共识，认为在整个对外汉语教学中，词语教学自始至终都应该放在语言要素教学的中心位置（杨惠元，2003）。诸多学者还提出有必要专门开设词汇课程，但专业课程的设置是一门综合性很强的技术性工作，要统筹兼顾，课程的开设要实现开设的教学条件、学生水平条件等，方能达到课程教学目的，否则事倍功半（亓文香，2015）。研究认为应在高级阶段开设专门词汇课程，在课程教学对象上要有所限定，本科专业的学生应必修该课，非专业学生可选修该课。授课教师需具备一定的专业理论基础和国际中文教学经验。教材与测试试卷要一体化设计，相互配套。对于词汇课程的定位，有学者认为，词汇课程的教学目的是培养学生运用汉语的能力，它不仅是一门特殊的技能训练课程，同时也是一门基本的理论课程（万艺玲，2005），与其他课程具有显著区别。

在词汇教学原则的研究中，有学者提出"语素、字、词结合，在语境、句子中教学，利用词的聚合和组合关系在系统中学习词"（魏艳伶，2006）的教学原则。有学者针对当前词汇教学中"遇词讲词"的松散教学方式，提出词汇教学应遵循"系统性原则"（曾立英，2010），在词汇语义学理论和计算机语言学中的"词网"思路指导下构建词汇语义网及汉语词汇库，以加强词汇教学的系统性和规范性。有学者从层次观念出发提出"区分频度原则和语素分析原则"（李如龙和吴茗，2005）。词汇教学要基于语言层次的把握，理清字、词的层次关系，从词频角度出发，在教学中贯穿由字到词、先教常用的原则,这样的教学有利于学生在较短时间内掌握一定的构词规律,加深学习印象,培养词感。鉴于通过语素分析的方法可以找到构词的理据,有助于词义的理解,因此,通过语素分析推进词汇教学,可以提高学生词汇学习的理解力和自学能力,进而提高词汇学习的效率。有学者结合词义系统讨论了单音词和合成词的教学原则,认为单音词教学要突出形音义系联原则,合成词教学要突出语素分析原则,教师通过生词展示、词语释义、音义系联、词汇组合与扩展、"骑马词"切分、词群复习、汉外对比、词源追溯(周健和廖暑业,2006)等方式进行教学,学生可以依据词义系统"因义求声""因声求义""因义求形",这样可以迅速扩大词汇量,促进词义网络的构建,培养良好的词感。

在词汇教学目标的研究中,有学者认为国际中文教学的目的是培养学生中文交际的语言能力,基于这种教学理念,国际中文教学中的词汇教学目标是帮助学生将词汇知识运用到交际之中(孙晓明,2010)。在具体教学中,不同阶段的教学任务各有侧重。初级阶段的教学以语境学习为主要手段,目的在于使学生更快地掌握较多的词汇,中级阶段的教学任务是集中强化词语教学(陈贤纯,1999),高级阶段的教学要加强学生对词汇知识的系统学习,包括区分同义和近义词、同音和同形词以及掌握多义词等。

在词汇教学内容的研究中,不同学者从语言学理论、认知心理学理论、汉语本体研究、教学实践经验等多个角度提出研究见解。有学者提出词汇教学的重点在于词语的搭配和词语的用法(李大农,2000),以及如何让学生在头脑中构建词语模式(杨雪梅,2012)。有学者指出对外汉语借代词语的教学应该引起重视,在教学中揭示借代词语的造词特点,对于帮助留学生辨析同义词、区分相似现象、了解中国文化十分必要(刘艳平,2009),通过把汉语修辞、词汇、文化要素相结合教授借代词语,帮助学生掌握更多词汇,提高词汇学习能力。学者们对于具体课型中的词汇教学内容也有深入研究,口语课词汇教学的重点是"使用性词汇"(郭宏,2004)的教学。阅读课的词汇训练重点应该是实词而不是虚词,具体的训练方法可以归纳为"辨认、联想、搭配、评价和总结"(刘颂浩,1999)。综合课词汇教学包含"词语的音、形、义,用法,构词的语素的意义,汉语的构词法,词语的语境知识,建立词语网络,词语的文化意义"(刘薇,2015)这七项内容。不同阶段的词汇教学内容也有所不同,在初级阶段,有学者基于学生中文词汇加工方式和中文心理词典建构模式的研究提出要重视构词意识的培养,学习者构词意识的强弱是预测其词汇获得和阅读水平的重要指标,词汇教学要重视培养学生词素意识和词汇结构意识,构词意识的培养应该从基础阶段开始(冯丽萍,2003)。在中高级阶段,词汇教学要扩大学生对语料的接触,引导学生自觉建立起分类词库或者语义场的意识,培养词语自学能力和运用能力(李明,2013)。在高级阶段,语言习得者掌握的汉语词汇的多寡,便成了提高学生交际水平的关键(沈履伟,2002)。要注意加强词汇量的输入,同时也要注意词汇的运用。对于词汇教学量的讨论,有学者提出了"最低量基础词汇"的观点,讨论了对外汉语教学用的最低量基础词汇设计并研制成具有可操作性的以 16 个话题—功能为中心的多方位词汇表，就最低量基础词汇的教学内容进行了探索（史有为，2008）。

在词汇教学方法的研究中，有学者基于词汇理据性的分析，提出"字词直通、字应先行、常用先学""语素分析、语素类推"（于海阔和李如龙，2011）等教学方法。有学者提出"集合式词汇教学法"（胡鸿和褚佩如，1999），将词汇归类进行集合教学，以提高词汇教学的效率，词汇教学可以采取提高生词复现率的方法来促进学生对于词汇的学习。教师在教学安排上要注意指导学生定期复习所学词汇，让所学词汇尽可能在各种课型中复现以增加学生对词汇的熟悉度。有学者根据记忆的规律和汉语词汇的规律提出了词汇复习的 5 种方法"集合复习法、关联复习法、辨析复习法、情景复习法和实用复习法"（王嘉宾和吴海燕，2002）。针对不同教学阶段的教学方法研究，初级阶段的词汇教学方法有"演示描述法、联系扩展法和汉外对应词对比法"（黄振英，1994），高级阶段综合课词汇教学策略有"分层教学、利用语素扩充词汇量、利用多义词义项之间的关联扩充词汇量、进行同义近义词辨析"（柯润兰，2018）。针对不同课型的教学方法研究，初级阶段综合课词汇教学要帮助学生构建汉语词汇网络，可以通过"多种方式输入、不同层次输出、教材分类、通过自身推理"（朱伟娟和谢白羽，2011）的教学方法进行尝试。除此之外，还有语素法、展示法、翻译法、语境释义法、搭配法等。总而言之，教师在教学中要熟练掌握不同的教学方法，但又不拘泥于已有的方法，根据不同阶段、不同国别、不同文化背景的学生情况选用恰当的教学方法展开教学，这样才能收到良好的教学效果。

二是关于国际学生词汇学习策略的研究。这一主题研究的代表性关键词有"学习策略""留学生""现代汉语""伴随性词汇学习""学习汉语""字本义""词汇学习""教学启示""输入调整""训诂""低分组""汉语口语""商务汉语词汇""使用倾向""个体因素""理解性词汇""策略研究""建构"等。这一类研究基于对日、韩等国家学生词汇学习策略使用情况的调研，集中讨论了国际学生在初级、高级等不同的学习阶段词汇学习过程中所采用的策略问题。在学习的过程中，每个学习者都会采取一些学习方法来提高学习效率。这些学习策略的使用在不同语言水平和不同文化背景的学习者身上有不同的表现。初级阶段学生记忆策略的使用频度最高，社交/情感策略则最低（瞿琼学，2015）；高级阶段学生普遍采用补偿策略、社交策略与元认知策略，而认知策略、情感策略和记忆策略是高级阶段留学生较不常用的策略（林羽等，2011）。在元认知策略中使用最多的是预先计划和选择性注意策略。在记忆策略中最常用的是机械重复和通过上下文编码的记忆策略（鄢胜涵，2007）。不同国别学生所使用的学习策略各有特点。欧美学生比日韩学生更多使用机械重复的记忆策略；日韩学生具体使用的学习策略差异不大；日本学生相比于其他非汉语圈的学生更倾向于采用借助母语的策略进行学习，但是由于中日部分词汇在形、义方面并非完全一致，对于那些不了解这些语言规则的学生而言，过度使用借用母语策略容易导致偏误的产生。对中亚学生词汇学习策略研究中发现，使用元认知策略和认知策略对于帮助中亚学生学习汉语的效果突出；中亚来华非学历生使用"元认知策略、认知策略与词汇成绩呈显著性正相关"（符冬梅和易红，2013）。而非洲来华留学生使用频率最高的是元认知策略，最低的是社交/情感策略，而具体的使用频率情况为：元认知策略＞补偿策略＞认知策略＞记忆策略＞社交/情感策略（包涵予，2021）。在众多学习策略中，利用语境学习策略获得学者的特别关注。利用语境学习策略是通过将词汇置于上下文中，学习者可以更好地理解词汇的用法和意义。有学者选择不同汉语水平的外国留学生作为被试，使用眼动仪记录被试的词汇学习过程，研究认为"语境线索能够促进外国留学生阅读时的伴随性词汇学习"（王永胜等，2020），为利用语境学习策略的有效性提供了实验支持。使用语境学习策略的学生在词汇记忆和理解方面表现更好。不同语言水平的学生利用语境学习词汇的方式有明显差异，语言水平高的学生注重通过目标词的词形和语境进行猜测，语言水平较差的学生通过前后的语境信息进行推理。学习策略的选择与使用效果受学习者学习动机、学习风格等因素影响。研究发现，具有强烈学习动机的学生在词汇学习中更倾向于选择主动性和创新性的学习策略。不同的学习风格的学习者会选择和使用不同的词汇学习策略。例如，视觉型学习者更倾向使用图片和视觉工具来辅助学习，而听觉型学习者则更注重语音和听力练习。基于对国际学生词汇学习策略的分析基础，在教学策略中教师应该结合国际学生的文化背景、语言水平和学习特点培养学生使用词汇学习策略的意识。

三是关于国际学生词汇学习偏误的研究。这一主题研究的代表性关键词有"词汇""偏误分析""偏误预治""汉语教学""教学对策""分类""尝试和错误""策略""化石化""词义系统性"等。研究基于对日本、韩国、蒙古国、俄罗斯等国家学生词汇学习偏误的调研分析，深入讨论了国际学生词汇学习偏误的类型、产生原因，提出了相应的教学建议和策略。研究发现，国际学生常见的词汇学习偏误有语义偏误、语法偏误、文化偏误。不同国家学生词语偏误的表现不尽相同，韩国学生常见的词汇偏误有词语误用、词语搭配不当、用词累赘、语用条件不明（刘红英，2004）。东南亚学生常见词汇学习偏误有用词不当、词性误用、双音节词误用、语义偏误、语用偏误（孙丹，2012）。俄罗斯、中亚学生常见的词汇偏误有词性偏误、自造错词、词语搭配不当、代词冗余。而日本学生常在"汉日同形近义词、汉日同形异义词、汉日异形同义词"（严铃，2022）的学习中产生偏误。蒙古国学生常在"近义词、动词、异形同音词、"名+量"偏正式复合词"（李萨如拉，2012）的学习中产生偏误。偏误产生主要受"母语的负迁移、词典释义过于繁琐或电子词典释义不当"（王红侠，2020）"目的语知识、学习策略、学习环境"（汪红梅，2015）"文化因素负迁移"（李利等，2014）等多种因素的影响。在教学对策研究中，有学者提出"偏误预治"（焉德才，2005）的教学策略，就是教师在教学经验、错误分析和语际对比的基础上,将词汇学习偏误句式呈现给学生,引导学生思考其对错,深化学生对词汇用法的理解。在国别化的教学对策研究中,针对日本学生的词汇偏误,学界提出了直接释义法、列举解释法、对比教学法的教学策略,针对中亚学生的词语偏误,学界认为词汇教学的重心是搭配训练和句法功能训练,要重视词语语义背景的教学,将语法教学恰当地融入词汇教学之中,纠正学生用词累赘。另外,在二语学习中,汉语双音词是学习难点同时也是教师极为关注的教学重点。有学者研究了"双音词使用偏误",指出双音词习得的关键在于对词内语义结构的认识与掌握。在教学中要关注语义的剖析,在研究中要关注隐性偏误、民族文化对词语的隐喻及思考方式的影响(朱志平,2004)。

7.3.3 国际中文教育中的词汇教学研究的关键词共现时区分析

在关键词聚类的基础上,通过绘制国际中文教育中的词汇教学研究关键词共现时区图谱(图7-5),从时间角度来分析国际中文教育中的词汇教学研究领域每一个聚类下的关键词演变过程,能够更加清晰地展示该领域研究的脉络演进与变化趋势,从而更深入掌握该领域的主题变化。从研究热度来看,聚类#0 词汇教学、#1 对外汉语、#2 对外汉语教学、#3 词汇、#4 对外汉语词汇教学、#5 汉语词汇、#6 学习策略、#7 心理词汇、#11 指定词语,研究时间跨度比较长,保持较高的研究热度,关键词之间的连线长、密集且横跨多个聚类形成了一个密集但线条清晰的网络结构,这反映出该聚类受到学界广泛而持久的关注。这些关键词之间存在紧密的关联,这些关联不仅体现在一个知识体系中更体现在跨学科领域上的关联,由此形成的网络结构展现出了词汇教学研究的深度和广度。同时,这种关联还具备系统性和有序性,不同时期的关键词之间的关联关系清晰可见,充分展现了词汇教学研究的历史脉络、演进过程以及研究焦点,呈现出该领域研究的内在逻辑和系统性发展,有助于学术界更好地评估以往研究成果,为未来的词汇教学研究提供坚实的理论基础和经验积累。而聚类#8 教学策略、#9 化石化、#10 汉语旅游文本、#12 泰国、#16 泰国的关键词聚类出现的时间较短,形成的连线较为短促和分散,与其他聚类的关联度不高,呈现出相对独立的状态。这种现象反映了这些聚类结构因特定主题或概念在短时间内受到突发性的关注和研究,形成一个相对封闭的知识群体。

从研究趋势来说,聚类#0 词汇教学、#1 对外汉语、#2 对外汉语教学、#3 词汇、#4 对外汉语词汇教学、#5 汉语词汇、#6 学习策略、#7 心理词汇、#11 指定词语的研究时间跨度长、发文量多、研究热度高,可以作为长期研究方向,后期研究应继续加强词汇教学在不同领域的研究,积极构建跨学科的研究框架,促进词汇教学知识的整合和创新。而聚类#8 教学策略、#9 化石化、#10 汉语旅游文本、#12 泰国、#16 泰国这些独立性较强的聚类为相关领域的深入研究提供了有限但集中的视角，同时也突显了学术界对于新兴问题或特定议题的敏感性，今后研究要注意在不同研究领域之间建立连接，推动跨学科领域研究的合作与交流，以促进更全面的知识整合。

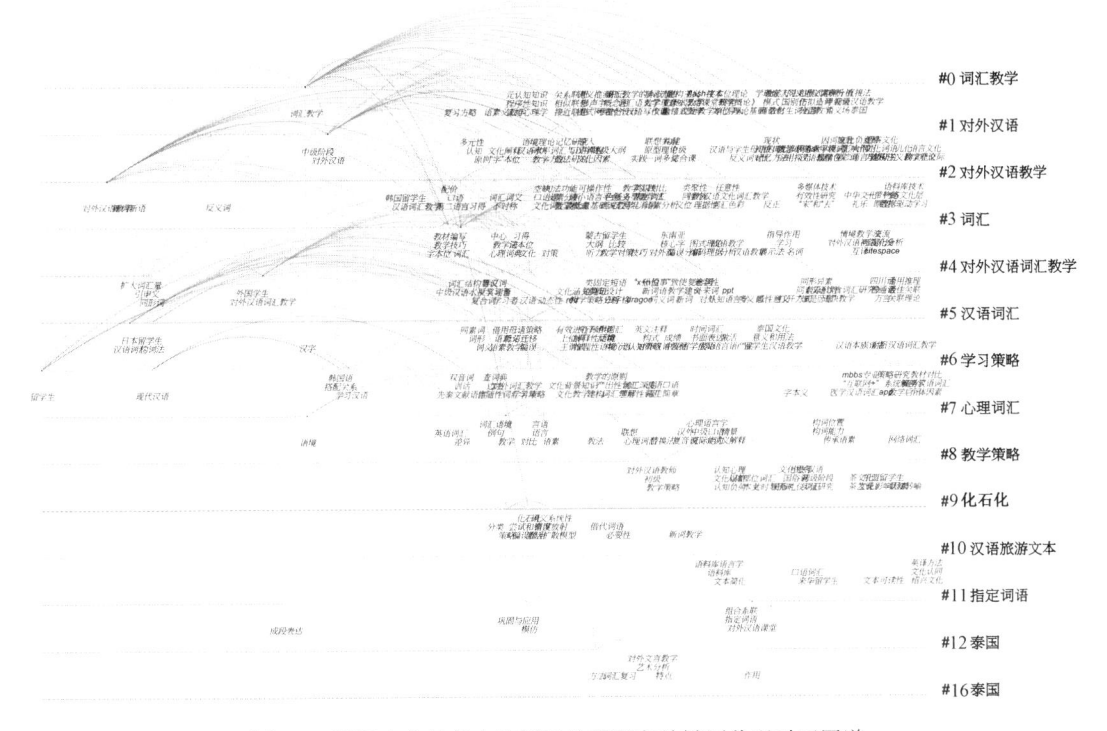

图 7-5　国际中文教育中的词汇教学研究关键词共现时区图谱

7.4　国际中文教育中的词汇教学研究结论和展望

国际中文教育中的词汇教学的研究围绕着"词汇""汉语""教学""策略"这些宏观关键词通过连线"对外汉语""词汇教学""留学生""第二语言习得""偏误""学习策略"等关键词展开了中观、微观领域的拓展研究，当前的研究热点集中在国际中文教育中的词汇教学研究、偏误分析、学习策略四个方面，"教学""偏误分析""学习策略"三个关键词是研究的前沿问题。国际中文教育中的词汇教学的研究应在以下方面深入：

一是加强理论研究成果在词汇教学方面的转化和应用。目前学界从语言学、心理学等角度就国际中文词汇教学展开了相关研究并积极探讨研究成果在教学应用上的转化。在汉语本体研究中，学者展开了训诂、词语理据和构词法等方面的研究，探讨了如何依据汉语词汇特点开展词汇教学。在语言心理研究中，学者研究了心理词汇的表征、认知和比较，心理模型和心理词典的构建问题，尝试理解和解释学习者词汇学习的心理过程，揭示语言习得的认知机制。上述研究都在积极促进各学科理论研究与教学实践的有机结合，但总体而言相关研究还不够深入，有待在以下方面持续加强：一要加强汉语本体研究。一方面要重视汉语自身语言特点的研究，同时加强汉语与其他语言的比较分析，尤其重视汉语词汇在语义、结构和文化蕴含方面的特性，这些部分往往是词汇教学的重点和难点。另外一方面要加强针对国际中文教学的汉语词汇研究，包括词汇量、词汇水平等级划分以及汉语词汇系统的特征等。二要加强心理学理论研究。通过开展大量实证研究，结合眼动追踪、脑成像等现代技术手段，观察学习者在词汇学习中包括记忆、联想、语义处理的心理活动，深化对语言习得心理机制的理解，揭示不同学习者群体的认知差异，以更好地实施针对性、个性化教学。

二是加强国别化词汇教学的研究。当前有关国别化词汇教学的研究越来越引起人们重视，研究内容主要集中在"国别化词表研究和国别化词汇教学研究"（李润生，2017）这两个方面。在国别化词表研究方面，学者们针对日本、韩国、泰国的学习者制定了教学用词表，这些词表都是为了满足特定学习者群体的需求而设计的，词表的设计考虑了学习者的语言背景、学习阶段和学科要求，主要选编了常用词、流行词、国别特色词等词汇，词表可以作为规范的国别化词汇大纲，为教师和学生的教与学提供了系统而有针对性的词汇资源。在国别化词汇教学研究方面，研究对象群体主要集中在日、韩、越、泰或者是母语是英语的学生，有关其他语系学生的词汇教学研究较少，对于汉文化圈学生的词汇教学，学界关注这些国别词汇与汉语之间的异同关系，并探讨有效利用与汉语词汇同形同义的汉字词提高学生学习汉语效率的教学方式。研究同时还强调了要重视那些形式上相似但实际意义上存在差异的词汇，在教学中教师要引导学生注意区分和防止母语负迁移影响；对于母语是英语的学生的词汇教学方面，学界侧重于在词性、词义、构词模式等方面对英汉词汇异同进行深入比较，探讨了英语国家学生在学习汉语词汇时面临的主要问题和困难，并提出了针对性的教学建议，研究有助于改进针对英语国家学生的词汇教学策略。总体看来，有关国别化的词汇教学研究群体主要集中在日、韩、越、泰或者母语是英语的学生，有关其他语系的学生的词汇学习研究就比较少，未来研究要加强对不同语系国别学生的关注。一要加强中文与学生母语这两种语言的对比分析，关注两种语言在音位、构词规则、语法结构、语用上的异同，把握学生在语言习得上的特点，注意母语负迁移影响。二要针对性开展词汇教学的实证研究，结合语言学、认知心理学等多学科理论获取学习者的词汇学习历程与经验，探究其词汇学习的语言加工程序和认知机制，了解他们在汉语词汇学习中所面临的困难，挖掘影响其词汇学习的影响因素，揭示其在汉语词汇学习过程中的特点和规律。三要加强国别化词表的开发，应结合汉外词汇研究成果、实际教学需求和学习者反馈，充分利用大规模语料统计分析方法，科学确定词汇收录和难易度排序，研制更多贴合教学需求、精准科学的国别化词表，以满足多元的词汇教学需求。

三是加强国际中文词汇教学资源开发的研究。当前学界对国际中文词汇教学资源开发的研究主要集中在分析教材中的词汇内容以及辅助词汇教学的词典等工具书的开发研究这两方面。在教材中的词汇教学内容分析方面，研究以现有的对外汉语教材为研究对象，通过定量测查和统计分析的方法讨论教材中的词汇处理问题，在词汇的选择、编排、注释和练习设计等方面提出了建议。在辅助词汇教学的词典等工具书的开发研究方面，近年来陆续出版了一些专门针对外国人学汉语而编写的词典，这些词典有多语种版本，采用图文结合的形式，实用性强，为各种语种的汉语学习者提供了有益的学习工具，相关词典编纂的研究也引起学界的关注，"对外汉语学习词典学"作为一个新兴的研究领域逐渐受到学界重视。教学资源能够为教学活动提供必要的内容支持，在教学过程中起到重要作用。尽管学界已经认识到教学资源的重要性，并已展开相关研究，但总体而言，这方面的研究相对有限，需要进一步加强。一方面是加强教材中的词汇处理研究。教材中的词汇处理会直接影响教学的效果，词汇的选择、编排、注释、练习设计仍然是研究的重点方向。词汇的处理要研究词汇的系统性，汉字和词汇的对应关系，研究词汇大纲，研究不同语言水平等级的词汇量，研究词汇频率，研究词汇使用的场景，研究教材中词汇的组织编排，研究词汇的注释方式，探讨词汇练习的设计形式，选择常用的、典型的词汇，关注词汇是否覆盖了生活、学习、工作、社交等语境，做到所选词汇数量足，覆盖面广，重复率高，编排合理，注释全面，注重语境运用，突出交际运用。另一方面是加强辅助词汇教学的词典等工具书的开发研究。加强辅助词汇教学的词典等工具书的开发研究至关重要。深入研究汉语词汇的特点，揭示汉语词汇的内在规律，为工具书的编写奠定基础。研究国别化学生词汇学习的特点，编写国别化的多语种版本的工具书，以满足不同国别学习者的需求。针对特定行业或场景，编写专项词汇应用手册，以满足学习者在特定行业或场景中的语言学习需求。加强现代技术在开发辅助词汇教学的词典和工具书上的应用，如移动应用、虚拟现实（VR）和增强现实（AR）技术、人工智能（AI）技术，为学习者提供更便捷、更个性化的学习方式，以促进更高效的语言学习。

四是加强语料库建设。语料库是从真实语言使用中搜集而来的语言样本集合，能够真实反映语言现象，学习者可以通过语料库更全面地了解语言文字的特点，教师可以根据语料库的分析结果制定更贴近实际的教学策略，研究者通过分析语料库中的实际语言数据可以准确地了解语言的使用情况。目前国内的语料库越来越多，利用语料库加强国际学生汉字教学的实践运用也越来越频繁，在这个基础上依然要加强语料库的建设。通过长期开展覆盖不同国家、文化背景、语言环境的大规模国际学生汉字学习实证研究，追踪学生的学习历程和学习进展，广泛收集国际学生学习经验数据，建立更加翔实的数据库。其次，标注、统计和分析错别字是目前语料库建设的难点。今后的研究中要加强自动化技术、语言模型、大数据技术的应用，通过自动化技术，特别是自然语言处理（NLP）和机器学习技术，开发出高效的错别字标注系统；通过训练机器学习模型，自动识别并纠正不同文本中的错误；引入先进的语言模型，以更准确地理解上下文信息；借助大数据技术，分析处理语言数据集，加深对错别字出现规律的理解，提高标注的效率和准确性。另外，加强语料库在国际学生汉字教学中的应用转化。一方面要将语料库与实际的教学实践结合，教师利用语料库掌握学生汉字学习的特点、规律、掌握学生汉字学习偏误，采用更有针对性的教学策略。另外一方面要鼓励教师和学生参与语料库的建设，通过使用和反馈，不断完善语料库的功能，使其更符合实际教学需求。同时还要将语料库与数据库技术相结合进行系统研究，通过对学生汉字学习的数据信息进行系统分析和管理，为教学提供更全面、深入的数据支持。

五是加强国际中文教育中的汉字教材研究。现有的国际中文汉字教材研究普遍认为，现有教材的通用性较强但实用性和趣味性相对不足。教材的编写应遵循汉字构造规则、符合中国文化习惯，同时满足国际中文教师的教学需求和国际学生的学习需求。加强国际中文教材研究，一要系统研究教材体系。深入分析教材内容结构，考察教材的章节设置、单元划分、语言点安排以及整体逻辑结构，确保教材在知识传递和语言技能培养方面的科学性与合理性。加强教材语境融入分析，考察教材中语境的融入程度，评估其在实际语言运用情境中的适应性，以帮助学生在语境中更好地理解汉字，实现知识的实际转化，更有效地掌握汉字。加强教材难易度分析，需要考虑语音、笔画、部件、结构等方面的难易度设置。通过合理设置教材的渐进性，帮助学生逐步掌握汉字知识和书写技能。二要加强不同类型、层次和目的的汉字教材的编写。在初级、中级和高级阶段，学生的学习能力和语言理解水平存在显著差异，要充分考虑不同阶段学生面临的汉字学习困难，通过差异化的内容设置和难度安排以更好满足学生在不同学习阶段的需求。对初学者，应强调基础汉字的学习，注重形、音、义等多方面的综合训练；对中级学生，逐步引入更复杂的汉字结构和常见词汇，加强阅读和书写技能的培养；对高级学生，则可涵盖更深层次的语言运用，包括汉字的文化内涵和专业领域的相关词汇。通过差异化的教学内容设计以增强教材的针对性。三要加强教材配套教学资源的开发。在资源开发过程中，要注意资源类型的多样性，着重运用现代科技手段，开发多模态的教学资源，如教学视频、语音材料和在线互动等；同时也要注重趣味性与互动性的融合，通过设计巧妙的教学模块，充分整合现代科技元素，确保教材内容贴近实际生活场景，以激发学生学汉字的实际应用能力。

第 8 章　国际中文教育中的语法教学研究述评

语法是语言的组织规律，为组词造句提供基本规则。语法是第二语言教学中的重要教学内容。研究语法和语法教学对于提高国际中文教学质量至关重要。通过采用 CiteSpace 信息可视化技术，对国内国际中文教育中的语法教学研究的文献进行分析，绘制相关知识图谱，呈现国际中文教育中的语法教学研究的历史进程和主要研究成果，厘清研究核心领域和热点主题，探究研究的发展趋势，为国际中文教育中的语法教学深入研究提供参考。

8.1　数据来源和研究方法

通过使用 CNKI 数据库，以"'语法'（篇名）AND'留学生'（篇名）"以及"'语法'（篇名）AND'对外汉语'（篇名）"为搜索条件，文献来源选择"期刊文献"，不设时间跨度，检索时间截至 2023 年 8 月 31 日，检索到分布于 1984 年至 2023 年 8 月 31 日的文献数据共 237 篇，筛除不相关文献 7 篇后，选择了 230 篇文献数据作为文献计量分析的依据。通过将上述文献数据导入 CiteSpace 软件，采取以下三个步骤展开研究：①通过 CNKI 数据库自带的分析软件，对文献的年度分布情况进行初始分析，绘制出年度发文走势分析图表；②运用 CiteSpace 对文献数据进行分析，形成科研合作聚类图谱、关键词共现图谱、关键词聚类图谱、关键词共现时区图谱，由此呈现国际中文教育中的语法教学研究知识体系的概貌，掌握国际中文教育中的语法教学研究主题、热点和发展脉络；③基于知识图谱分析结果、结合文献研究进一步讨论国际中文教育中的语法教学研究结论以及未来研究的深化方向。

8.2　国际中文教育中的语法教学研究知识体系的文献特征分析

8.2.1　国际中文教育中的语法教学研究的学术论文基本情况

通过使用 CNKI 数据库的精确检索可知，国内关于国际中文教育中的语法教学研究成果比较丰富，1984 年至 2023 年 8 月 31 日的学术论文 230 篇。其主要特点如下：

从研究文献主题数量来看，关于国际中文教育的教学语法体系研究的文献有 92 篇，研究关注语法教学体系的构建，从语言学理论出发讨论教学语法体系建构的原则、框架、条目和应用。关于国际中文教育中的语法教学研究的文献有113篇，研究涵盖了国际中文语法教学的多个方面，包括教学定位、原则、内容、模式、策略、方法等。研究为语法教学提供了理论支持和实践经验参考。关于国际学生语法学习偏误研究的文献有14篇，研究聚焦于不同国家或地区的国际学生语言学习中的语法偏误问题。研究对象涵盖了老挝、印尼、韩国等国家的学生群体，通过对语篇、语序、交际能力、作文、高频语法等方面的分析，深入研究他们中文习得过程中存在的语法偏误。关于国际中文教育教材中的语法问题研究的文献有11篇。研究主要讨论了国际中文教育教材中的语法教学部分中的语法体系的构建、语法教学内容的筛选、语法项目的排序、语法篇章练习中存在的问题等。综合来看，关于国际中文教育中语法教学的研究涉及多个方面，包括教学语法体系研究、教学研究、语法偏误、教材中的语法教学问题研究。

从研究文献年度分布来看，1984年至2023年8月31日40年间年均发文量是5.7篇。这个数值反映了从1984年到2023年的研究文献产出的平均水平。第一篇关于国际中文教育中的语法教学研究的文献出现于1984年。1984年至2004年21年间共发文48篇，年均发文2.3篇，这一阶段属于低发文阶段，5个年份零发文，虽然从1989年开始发文量有所增长，而在另一些年份则有所减少，在整个时间范围内，发文数量呈现上下波动，但没有明显的稳定趋势，反映了该领域在这段时间内的相对较低的学术活动水平。2005年至2023年19年间共发文182篇，年度发文9.5篇，这一阶段发文量呈现明显增加，表明在这个时期内该领域的研究活动得到了明显的推动。从2005年到2011年，发文量呈现逐年增长的趋势，从10篇增加到16篇；在2011年之后，发文量相对稳定，在8到15篇之间波动，整体维持在相对较高的水平，这反映了学术界在这个时期内对该领域的持续关注。2011年是发文量的高峰，为16篇。2019年之后发文量持续下降，这受到全球卫生环境、学者研究兴趣的变化等因素影响。总体而言，通过对40年间的发文情况进行详细分析，可以看到该领域研究在不同时期内经历了发展、低谷、增长和相对稳定的阶段，表现出学术界对该领域相对稳定的研究兴趣（图8-1）。

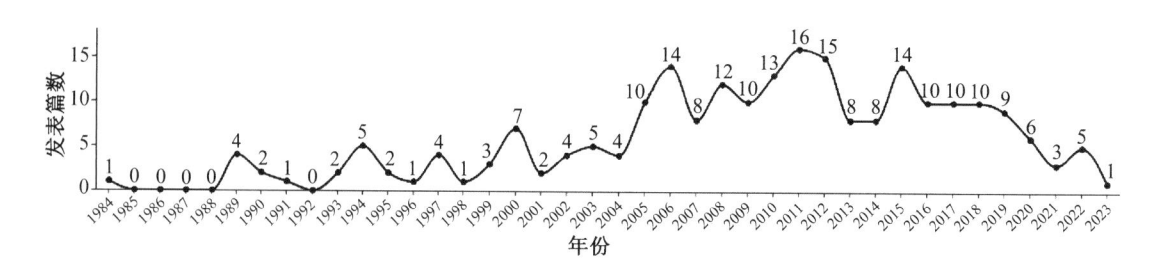

图8-1 国际中文教育中的语法教学研究文章发表年度趋势图

8.2.2 国际中文教育中的语法教学研究的科研合作聚类分析

在国际中文教育中的语法教学研究领域，高校及其学者是该领域研究的核心力量。从发文数量来看，发文数量最多的作者是孙德金（6篇），李泉4篇，杨德峰和吕文华各3篇。孙德金（2006）关注的是国际中文教学中的语法体系、语法规范以及教学内容等问题。李泉（2003）系统评价和探讨了国际中文中的语法教学结构、方法和语法体系的构建。杨德峰（2012）和吕文华（1994）都是从教材的角度讨论了国际中文语法教学体系并集中讨论了语法教材存在的问题以及应对策略。

从发文机构来看，北京语言大学、沈阳师范大学、北京大学是该领域研究具有代表性的院校机构，北京语言大学发文17篇，沈阳师范大学和北京大学各发文11篇。北京语言大学相关学者从历史、理论以及教材的角度探讨了国际中文中的语法体系、语法研究框架并从教学内容、教学方法、教学模式、教学原则的层面讨论了具体的语法教学问题。沈阳师范大学相关学者集中讨论了国际中文中的语法规则和词汇特点、语法体系的构建以及语法研究，同时还针对语法教学讨论了存在问题、教学方法、教学技巧以及翻转课堂模式的具体应用。北京大学相关学者开展了三方面的研究：一是国际中文中的语法研究，包含语法体系和口语教学语法大纲的建构、词汇语法研究；二是语法和语篇语法教学研究；三是语法教材存在问题以及改进建议研究。

从研究学者、研究机构的合作程度来看，学术研究的作者合作程度是判断学科研究进展的重要指标，毕竟单一作者的研究成果虽能反映其研究能力，但无法展示学科研究全貌，而良好的科研合作关系有助于学科体系走向成熟。科研合作包括作者合作和机构合作。为了清晰简洁地识别作者和研究机构的学术合作和联络情况，在CiteSpace软件中选择"'author'+'institution'"为节点类型，将机构分布情况和作者分布情况合并展示，绘制了国际中文教育中的语法教学研究的科研合作知识图谱（图8-2），图谱中连线的密集和粗细程度反映了作者间、机构间科研合作的紧密程度。在作者合作方面，国际中文教育中的语法教学研究形成了以孙德金、李先银、吕文华、李泉、杨德峰等作者为核心的数个研究群体。在作者和机构合作方面，国际中文教育中的语法教学研究形成了以作者单位：北京语言大学对外汉语研究中心、北京语言大学速成学院、和相关作者：孙德金、李先银组成的一个名称为"#0 建构"的学术研究群体。他们着眼于国际中文教学语法体系的规范和完善、语法理论的运用以及语法教学的模式，关注语法理论框架的建构以及具体的教学实践与方法，形成了一系列深入的思考和研究。这个组合聚类的意义在于通过整合不同作者相关领域的研究，形成了一个多维度、全面深入的语法教学研究体系，研究成果为语法教学提供更丰富的理论支持和实践指导，有助于推动国际中文教学研究的进展。根据软件计算结果，国际中文教育中的语法教学研究科研合作图谱的密度值为 0.036，低于 0.1 的正常水平，作者、机构节点数是 390，合作连线数是 272，较为短促，连线密度低，反映了国际中文教育中的语法教学的研究机构和作者之间的合作联系相对分散，独立性较强，整体上反映出一种分散化的特征。

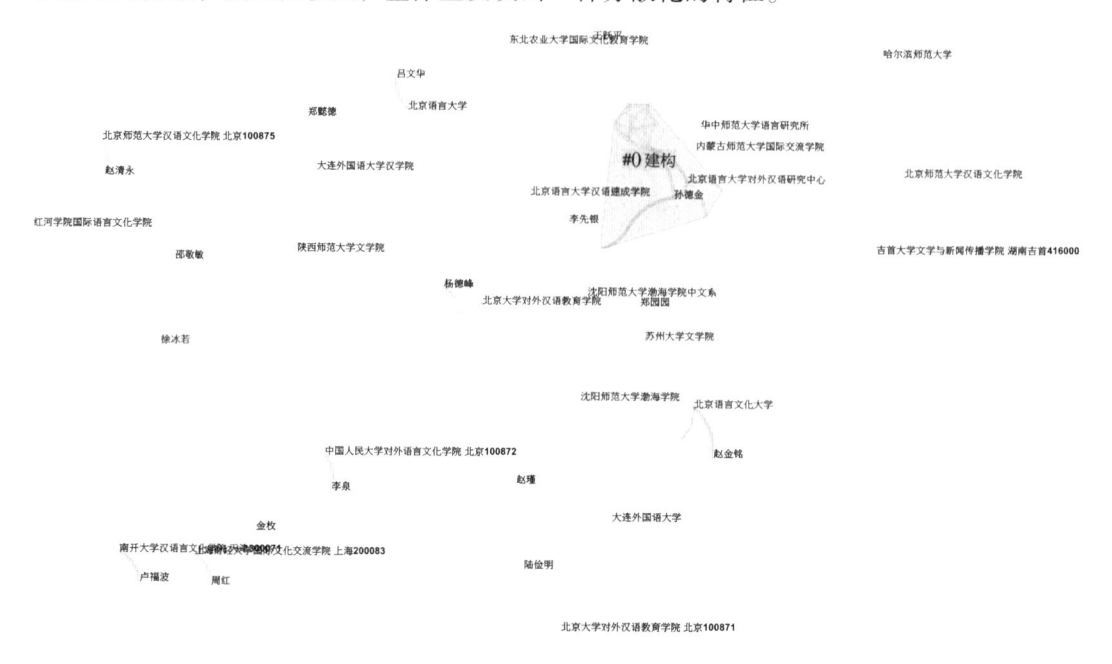

图 8-2　国际中文教育中的语法教学研究的科研合作知识图谱

8.2.3　国际中文教育中的语法教学研究的高频被引文献分布

文献的被引频率可用于评估其学术价值，分析国际中文教育中的语法教学研究相关高频被引文献可以了解研究人员的兴趣以及掌握该领域的研究热点。通过 CNKI 数据库整理出排名前 10 的高频被引文献，被引情况以及研究内容如下：

该领域研究最高被引文献是北京语言大学吕文华（2002）所作的《对外汉语教材语法项目排序的原则及策略》，该文于 2002 年 12 月 15 日发表在《世界汉语教学》。文章探讨了国际中文教材中的语法项目排序的原则和策略。研究分析了影响语法项目编排的因素；提出了基于循序渐进认知规律的排序方法，认为可以按照结构、语义、用法区分难易度，并以此为基础对语法项目进行排序；提出了在量上控制和在难点处理上的语法项目编排策略；同时还提出了遵循从易到难、就简避繁、难易相间、化整为零、先分散后集中、明线与暗线结合的语法教学方法和策略。

北京大学中文系陆俭明（2000）所作的《"对外汉语教学"中的语法教学》于 2000

年9月10日发表在《语言教学与研究》。研究主要讨论了国际中文语法教学的定位、内容以及方法。研究认为在学习的初级阶段主要抓好语音教学、汉字教学和词汇教学而不是语法教学，着重教学生准确理解和表达汉语。语法教学内容应根据学生水平和需求适当调整，注重培养学生的口语和写作能力，重点教汉语本身、与母语的异同、学生学习过程中的语法偏误。语法教学要采用点拨教学法，不同阶段的教法各有特点，在初级阶段要坚持随机教学，到一定阶段要加入总结性的、针对性地教学以巩固所学的基础语法。研究同时强调教师应具有发现问题、分析问题、解决问题的能力，以掌握学生的学习问题，更好提高教学效果。

北京语言大学汉语速成学院杨惠元（2003）所作的《强化词语教学，淡化句法教学——也谈对外汉语教学中的语法教学》于2003年1月25日发表在《语言教学与研究》。文章在陆俭明所作的《"对外汉语教学"中的语法教学》的基础上，从解释主张、阐述原因、具体实施三个层面阐述在国际中文语法教学中应该强化词语教学，淡化句法教学的问题。研究认为由于成人已具有一定认知基础，可以通过掌握二语语言规律快速学习语言，因此语法学习在成人学习二语中非常重要。语法学习不仅在句法层面，更要重视语素、词语等方面学习。语言主要由词语组成，从中文语言特点来看，词汇学习存在很多难点，因此要重视词汇教学，扩大学生词汇量。在句法教学中只教最基本的句型，不必过细强调句法规则。在具体教学中应从总体设计入手、以教材编写为依据、以课堂教学为中心、以语言测试为指挥棒这四方面来强化词语教学，淡化句法教学。

北京语言文化大学赵金铭（1996）所作的《对外汉语语法教学的三个阶段及其教学主旨》于1996年9月15日发表在《世界汉语教学》。研究讨论了国际中文语法教学的三个阶段，在初级阶段教学重点应放在教授形式语法和基本句型上，同时配以简明而合适的语义解释，需要将基本句式和各种词语的用法及条件交代清楚，以使学习者能够辨别正误。中级阶段的教学应侧重语义语法，强调句中成分的语义关系及语义搭配，使学习者能够区分语言形式之间的异同。高级阶段注重的是语用功能语法的教学，着重语用的选择和词语的应用，以培养学习者辨别语言形式的高级能力。高级阶段的教学强调语义理解与表达，并不仅仅局限于语言形式的应用还要关注应用的得体性。总体而言，整个教学过程应照顾到内部有机衔接和整体的融会贯通，这种渐进的教学方法有助于在不同阶段培养学习者不同层次的语法能力。

北京语言文化大学汉语学院杨寄洲（2000）所作的《对外汉语教学初级阶段语法项目的排序问题》于2000年9月10日发表在《语言教学与研究》。研究讨论了初级对外汉语语法项目的排序问题，提出在初级阶段以助词"了"为分界线，"了"前与"了"后的语法项目关系是相互依存与制约，从简入深。这样编排语法大纲不仅符合循序渐进的教学原则，也确保了以此编写的教材的科学性，避免了教学的无序和混乱。

中国人民大学对外语言文化学院李泉（2003）所作的《基于语体的对外汉语教学语法体系构建》于2003年6月15日发表在《汉语学习》。研究基于近20年（1980年至2007年）以来国际中文语法教学的发展状况的研究，探讨国际中文教学语法体系的建构问题。研究认为现有教学语法体系以传授语法知识为主要内容，缺乏语体意识，该体系应该进行进一步的修订，以适应教学需求。研究指出，教学语法体系应包含共核语法、口语语法和书面语语法三部分。共核语法是核心，包括基本的虚词词类、短语形式、基本句式、句子成分、主要的句类等。口语语法和书面语语法分别用于口头和书面交际，包含现有语法大纲中的口语语法成分和未提及的口语语法及惯用表达形式。由这三者内容构成的教学语法体系可以增强语法教学的语体观念，提高学习者中文语体的运用能力，这对于语法教学质量大有益处。

南开大学汉语言文化学院卢福波（2003）所作的《对外汉语教学语法的层级划分与项目排序问题》于2003年4月15日发表在《汉语学习》。研究探讨了国际中文教学语法的层级划分、项目排序的原则和方法问题，提出了国际中文教学语法应遵循的基本原则：实用原则、简化原则、类比原则、解释原则和偏误分析原则。研究对国际中文教学语法层级界定应遵循循序渐进原则、复式递升原则、距离适度原则。在具体教学中，语法教学可分为分散式和集中式，初级阶段应避免过于复杂，从易到难、从简到繁，要注意将复式递升的语法教学与学生的学习水平相结合，合理安排好教学顺序，以提高语法教学的效果。

中国人民大学对外语言文化学院李泉（2006）所作的《对外汉语教学语法研究述评》于2006年4月5日发表在《世界汉语教学》。文章对近20年国际中文语法教学现状进行述评，研究对象涵盖教学语法、语法体系、语法偏误、语法问题等方面。研究认为教学语法应体现国际中文作为第二语言的性质和特征，对比研究和教材中的语法问题研究相对薄弱，语法研究中的个案研究成果相对丰富，需单列出来加以系统整理。目前已有研究已取得一定研究成果，需在以下方面深化和拓展：一是结合教学需要，对语法的难点和重点进行梳理，集中力量进行深入研究；二是加强中高级阶段的教学语法研究，特别是篇章语法的深入探讨；三是加强口语语法和书面语语法的研究，以更好地满足不同语境下的教学需求；四是加强对"零碎"语法现象的研究，以全面理解语法体系；五是加强教学参考语法的研究；六是加强适合教学需要的中文理论语法的研究成果的梳理，依托这些理论成果进一步推动教学语法研究的进一步深化和丰富。

北京语言文化大学赵金铭（2002）所作的《对外汉语教学语法与语法教学》在2002

年2月15日发表于《语言文字应用》。研究讨论了国际中文教学语法和语法教学的概念、定位、内容和相关的教学问题。研究认为，教学语法是一种学校语法，它对语言现象的描写和对规律、用法的说明，主要为了便于教学。语法是第二语言教学的重要部分，在教学中需要具有一部详细描写中文语法规则和用法的教学参考语法来指导教学工作，针对目前采用的教学参考语法体系需要重新修订，但具体如何修订需要学界深入研究。而语法教学的目的是解决学习者的语言能力问题，是贯穿在语言教学过程中的语法，是独立的教学过程。在具体教学中教材应选取哪些具体的语法教学条目以及这些条目的编排顺序都关涉到教学质量，业内对此已达成共识，研究认为选择"必须学的""最重要的""最基本的""比较简单的"语法项目入教材。在教学中要根据不同的教学对象、学习目的、学习阶段、技能训练等因素来灵活选择教学方法。

中国人民大学对外语言文化学院李泉（2007）所作的《对外汉语语法教学研究综观》于2007年11月15日发表在《语言文字应用》。研究基于近20年来国际中文语法教学研究的现状，讨论相关教学策略、教学方法、教学模式、教学实例展示、难易度研究、习得研究等情况。研究认为，在语法策略方面学界深入研究了宏观意义上的语法教学原则、观念、思路，认为目前有关语法研究的共性和分歧在形成汉语语法教学大纲、编写教材、进行课堂教学方面都具有启发和借鉴价值，还对语法教学观念的更新和丰富产生了重要影响。研究总结了语法教学的一般方法、具体方法以及方法分类。研究发现语法习得顺序呈现出一定的等级差别。研究认为对语法教学的理论探讨较多，实例展示不多，但实例展示更有应用价值。基于此，研究者认为要关注国际中文教学发展的新形势，在总结和评估现有的语法教学模式的基础上探索新模式；要加强语法习得难度和习得顺序的研究；加强语法教学基本问题研究；按照口语课、书面语课不同课型探索语法教学；结合教学实例探索语法教学的方式方法；加强面向海外的中文语法教学模式的调研和评估。

总体来看，国际中文教育中的语法教学研究中高频被引文献的研究内容可以分为两类：一是有关国际中文语法教学的研究综述。通过回顾相关研究的整体发展，对国际中文语法教学研究进行评述，总结和评估已有研究成果，为进一步研究的领域和深化方向提供建议；二是有关国际中文语法的教学研究。这类研究集中讨论了语法教学的基本问题：语法教学和教学语法的概念、内容、关系；集中讨论教学语法体系的构建、层级划分、项目排序以及语法教学的阶段、教学主旨和相应的教学方法。总体而言，上述研究关注了国际中文语法教学的多个方面，研究总结了当前学界有关语法教学的相关研究并针对性提出了改进建议，研究有助于构建系统化的语法教学体系，推动国际中文教学语法研究的深化和发展。

8.3 国际中文教育中的语法教学研究热点分析

8.3.1 国际中文教育中的语法教学研究的关键词共现分析

关键词是研究文献的核心要素，可以反映出文献研究的主题内容。通过绘制关键词共现知识图谱可以掌握关键词出现的频次以及关键词之间的关系，进而掌握该研究领域的热点。以"keyword"为节点类型，通过"pruning sliced networks"算法，使用 CiteSpace 软件绘制出国际中文教育中的语法教学研究的关键词共现知识图谱（图 8-3），较突出的关键词包括"对外汉语教学""对外汉语""语法教学""语法""教学语法"等。这些关键词处于整个图谱的中心位置，占据图谱面积最大，表明其在国际中文教育中的语法教学研究中出现的频率较高，研究热度较高。除此之外，较为显著的关键词还包括"语法项目""对外汉语教学语法体系""普遍语法""语序""词汇"等，说明学界对这些方面也有所关注。

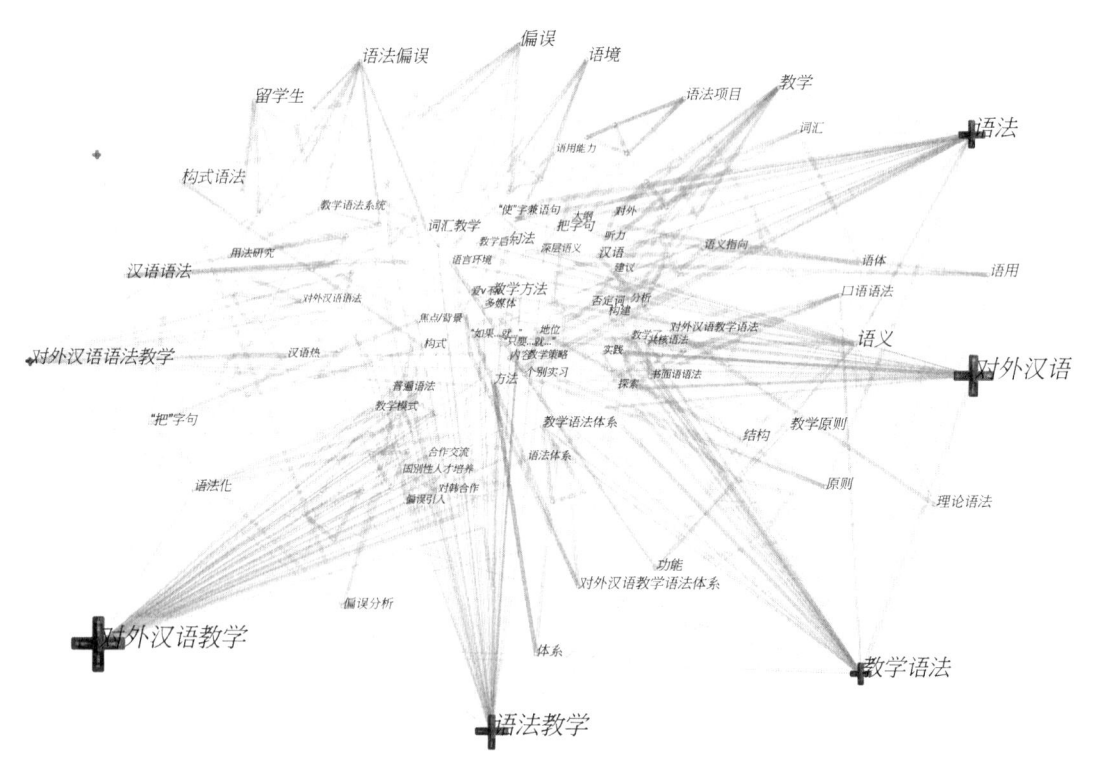

图 8-3 国际中文教育中的语法教学研究的关键词共现知识图谱

通过 CiteSpace 的词频统计功能梳理国际中文教育中的语法教学研究词频较高的 20 个关键词（表 8-1），词频越高、中心性越大越能凸显研究热度和重要性，一般来说，中心性大于 0.1 的关键词比较重要，往往词频高的关键词中心性也不会低，在表 8-1 中"对外汉语教学"频次最高（54 次），且中心性比较突出（0.4），表明"对外汉语教学"研究为该领域核心并在众多研究方向中起着桥梁作用。比较重要的关键词还有对外汉语（词频 40 次、中心性 0.3）语法教学（词频 37 次、中心性 0.34）语法（词频 31 次、中心性 0.26）教学语法（词频 22 次、中心性 0.25）教学（词频 12 次、中心性 0.04）对外汉语语法教学（词频 10 次、中心性 0.12）汉语语法（词频 9 次、中心性 0.05）说明国际中文教育中的语法教学研究中与这些关键词相关的研究比较多。

表 8-1 国际中文教育中的语法教学研究高频、高中心性关键词排序

序号	关键词	频次	中心性	序号	关键词	频次	中心性
1	对外汉语教学	54	0.4	11	语法偏误	6	0.09
2	对外汉语	40	0.3	12	语境	6	0.05
3	语法教学	37	0.34	13	留学生	6	0.08
4	语法	31	0.26	14	构式语法	5	0.02
5	教学语法	22	0.25	15	教学原则	4	0.01
6	教学	12	0.04	16	理论语法	4	0.04
7	对外汉语语法教学	10	0.12	17	语用	4	0.05
8	汉语语法	9	0.05	18	研究	4	0.00
9	语义	9	0.06	19	教学方法	4	0.01
10	偏误	7	0.11	20	汉语教学	4	0.01

8.3.2 国际中文教育中的语法教学研究的关键词聚类分析

在关键词共现图谱的基础上，通过提取国际中文教育中的语法教学研究关键词的聚类标签，能够更加深入了解该领域研究的热点。利用 CiteSpace 软件的聚类算法，绘制国际中文教育中的语法教学研究的关键词聚类图谱（图 8-4），一般认为，聚类模块值（Q 值，modularity）>0.3 意味着聚类有效，聚类平均轮廓值（S 值，weighted mean silhouette）>0.5 意味着聚类合理，当 S >0.7 时说明聚类可信。

图 8-4 的国际中文教育中的语法教学研究关键词共现图谱 $Q=0.7207$，$S=0.9201$，表明该聚类图有效且具备高信度特征。

图 8-4　国际中文教育中的语法教学研究关键词聚类图谱

由图 8-4 可见，国际中文教育中的语法教学研究关键词共现图谱共形成了 13 个大小不同的显著聚类：#0 建构、#1 语法教学、#2 对外汉语、#3 偏误、#4 语法、#5 语法偏误、#6 对外汉语教学语法体系、#7 文化要素、#8 教学、#9 语义指向、#18 文化要素、#19 文化要素、#27 文化要素。聚类序号从#0～#27，序号按数值从小到大排序表明聚类所包含的文献量依次递减，聚类重叠部分代表其联系密切。再利用 CiteSpace 的关键词聚类信息汇总功能，将上述 13 个显著聚类标签下的代表性关键词进行整理得出表 8-2，更能清晰反映各个关键词聚类中的研究内容和要点。

表 8-2　国际中文教育中的语法教学研究聚类名称及关键词分布

聚类编号	聚类名称	关键词聚类
#0	建构	对外汉语教学、普遍语法、语法化、语法体系、排序、汉语交际文化、句法教学、翻译、合作交流、大纲/体系、复习、汉英语法、尽管、差异、词语教学、汉语 L2 教学、"所"字、国别性人才培养、对韩合作、词汇语法研究、汉语教师、语法系统、可操作性、历史现状、语法点、偏误引入、"有 v（过）"现象、相似性理论、理据性、个体哲学、互动语言学、可及性假说、范畴学理论、语法规则、毕竟、功能认知语言学、正确使用相对率、方言、影响、简直、词汇特点、"反而"语法项、历史和现状、"有+VP"句式

续表

聚类编号	聚类名称	关键词聚类
#1	语法教学	语法教学、语境、研究、教学模式、教学设计、语用能力、多媒体、系统、个性、显性隐性、应用、语块、教学技能、任务教学法、方法—后方法转型时期、语法课、语法规范、教学反思、基于规则的系统、交际法、纯理功能、汉语国际推广、语法知识课、认知结构、归纳演绎、修辞张力、三个平面、空语类、教学质量、情境、表达、课堂提问、心理过程、交际、中高级阶段、言语交际、系统性、典型示例、影视资源、语用失误、基于范例的系统
#2	对外汉语	对外汉语、教学语法、方法、体系、教学语法体系、构建、口语语法、形容词、专家语法、口语教学、书面语语法、共核语法、对比分析、习得规律、新形势、信息、教学了、对外汉语教学语法体系研究、古文使动影射、"领说"、句子观、互动、词类、焦点、实践、疑问句、语法体系的理论基础、句重音、建构、性质、形容词动词化、学生语法、语段教学、本土化、探索、成果、停顿、语法大纲、书系、汉语语体
#3	偏误	对外汉语语法教学、偏误、教学对策、汉语热、双向互动、句法、"是"字句、母语迁移、汉语本体语法、ug模式、时态标记、语义范畴、搭配、语言学理论、对外汉语专门语法课、英汉语法对比、语法本体研究、老挝留学生、语法编写、交际能力、语法教学的基本原则、指称、词语、杂糅、汉语水平考试（HSK）、技巧、汉语教材、特点
#4	语法	语法、语义、教学原则、结构、语体、原则、功能、词汇、主语、教材、韩国语教育、内容、策略、情境教学法、大纲、易混虚词、语言环境、分歧、地位、听力、教学启示、主题、对外汉语初级阶段、语篇、个别实习、"只要…就…""如果…就…"
#5	语法偏误	语法偏误、职业教育、偏误类型、写作能力、教学建议、用法研究、语法隐喻、语法习得、教学语法系统、心理、惯用语、文化学、成因分析、思维、偏误原因、对外汉语教材、"一带一路"、功能语法、能愿动词、母语负迁移、印尼留学生、纠偏、留学生、词汇教学、学科创建、汉语语法学
#6	对外汉语教学语法体系	理论语法、语法项目、对外汉语教学语法体系、对外汉语教学语法、把字句、"使"字兼语句、难易度、意念范畴、深层语义、研究综述、排序原则、演化、意念大纲、被动句、语义语用规则、修辞结构、教学语法体系建立标准、认知规律、教学语法体系特点
#7	文化要素	汉语语法、构式语法、教学方法、汉语教学、语序、"把"字句、构式、偏误分析、文化要素、师生互动、汉文化、补语、空语类理论、教学目的、外国留学生、复杂句式、焦点/背景、教学理念
#8	教学	教学、汉语、对策、对外、否定词、语法翻译法、教学策略、对比、项目排序、层级、分析、建议、汉外、比较研究、语言、运用
#9	语义指向	语用、语义指向、情境教学、语法指向、认知、"吃+n"、概念隐喻

续表

聚类编号	聚类名称	关键词聚类
#18	文化要素	语法意义、"已经"、语法形式、完成态
#19	文化要素	对外汉语语法、蒙古国留学生、HSK 考试、语法术语
#27	文化要素	轻重音、轻声、儿化

将高频关键词、关键词聚类图谱与文献结合来看,国际中文教育中的语法教学研究的研究热点归为以下几方面。

一是关于国际中文教育的教学语法体系研究。这一主题研究的代表性关键词有"体系""教学语法体系""语法体系""大纲/体系""对外汉语教学""对外汉语教学语法""对外汉语教学语法体系""构建""普遍语法""语法化""深层语义""演化""语法项目""理论语法""共核语法"等。研究回顾了国际中文教学中的教学语法体系的创建与研究历史,研究分析了现有各类语法大纲中的语法内容,指出了存在的主要问题:现有大纲主要是共核语法的内容,口语语法和书面语语法内容比较少,大纲缺乏语体意识,没有体现语法成分和语法形式的语用特征(李泉,2003),教材中的语法体系理论基础太陈旧,体系描写缺乏针对性,基本上是教中国人的体系,没有突出外国人学习汉语的特点和难点。语法点的选取、分类、分级及解说上存在诸多问题,缺乏教学可操作性。针对这些问题,有学者主张在传统语法理论的基础上修改语法体系,从设计理念、框架、原则、内容、条目、特点等层面提出修订建议。在设计理念方面的讨论中,学者认为语法体系要有顶层设计,要从大纲的科学性、规范性、系统性和实用性等方面进行规划,要对研制方法和角度全面定位及思考,以确保大纲顶层规划的实施和落实。在框架方面的讨论中,学者基于不同的理论基础提出建议,如从交际的角度提出的"研究人在思维过程中想'说什么'和'怎么说'按照从内容到形式这一模式编织语法系统"(卞觉非,1992);如一种新型的三位一体的二语教学语法体系——"三一语法",其结构包含句子的形式结构、结构的功能作用、功能的典型语境(冯胜利和施春宏,2011);如在互动语言学理论指导下的"基于使用的语法理念在语法内容上坚持'大语法观',在语法体系的编制上提出'以行为/活动为纲'的组织模式"(李先银,2020)的语法体系建构思路。在原则方面的讨论中,研究认为确定教学语法体系内容时应遵循"实用原则、简化原则、类比原则、解释原则、偏误分析原则"(卢福波,2003)。在内容方面的讨论中,基于语体角度认为语法体系应包括"共核语法、口语语法和书面语语法"(李泉,2003)

三个部分；基于"大语法观"认为语法体系应包含虚词、格式（构式）、句型，韵律手段、多模态手段、篇章/话语语法、语体语法、语用策略等内容。在语法条目方面的讨论中，学者集中讨论了语法项目的选择、描写、排序的问题。在选择方面选择常用的语法项目、有针对性的语法项目、典型的以及交际中必不可少的语法项目（吕文华，2015）。在具体操作中有学者提出了以便于操作为原则，在初级阶段的语法教学中以句型为单位进行排序（杨寄洲，2000），将助词"了"作为分界线，将教学语法项目分为"了"前和"了"后两部分。在描写方面要准确、具体、到位，经得起语言实践的检验。在排序方面，难易度是语法项目分级和排序的主要科学依据。一些语法项目的讲授先后顺序并不影响知识的衔接。但仍需建立一个有原则性的排序框架来确定语法教学内容的范围和序列。在特点方面的讨论中，学者认为语法体系应当内容取向详尽化、理论基础多元化、建构方式多样化、发展方向国别化、体系研究长期化。

二是关于国际中文教育中的语法教学研究。这一主题研究的代表性关键词有"语法教学""教学""汉语""语境""教学模式""教学设计""教学策略""对比""语用能力""建议""教学技能""任务教学法""教学反思""语法知识课""语法规范""教学质量""课堂提问""语法翻译法""中高级阶段""认知结构"等。这一类研究基于具体的教学实践与案例研究，聚焦在语法规范、语法教学理论与方法等方面研究。研究内容涉及语法教学定位、教学内容、教学方法等方面内容。在教学定位中，研究认为语法教学的目的不是传授语法知识，而是为培养学习者语言交际能力服务（李晓琪和章欣，2010），其根本任务是在最短的时间内帮助学习者最快地掌握所学语言的语法规则，进而帮助学习者正确有效地运用这些规则，形成语言能力（孙德金，2006）。在教学内容上，研究认为语法教学可划分为初、中、高三个阶段，初级阶段讲授形式语法，中级阶段侧重讲授语义语法，高级阶段侧重讲授功能语法，整个语法教学的阶段内容与目标重点可以归纳为如下过程：形式语法（辨正误）—语义语法（辨异同）—语用功能语法（辨高下）（赵金铭，1996）。教学内容不仅限于语言的结构形式及其规则的教学，语法教学内容还应包括语言形式的表义功能、语言形式运用的条件和限制、乃至语言形式使用方面的文化规约（李泉，2007）。在教学方法方面，可以归为一般教学方法和具体的教学方法，一般教学方法有演绎法、归纳法、类比法，具体的教学方法有随机教学、点拨式教学法（陆俭明，2000）、任务式教学法、应用多媒体创设语境教学法（汝淑媛，2011）、图式法（文健，2013）等。在教学具体操作层面，研究认为语法规则的教学要融入实际语言运用中去（王永德，2001），教学时要讲清楚词的含义、用法以及使用的办法，才能有效解决学生在使用中遇到的实际问题。研究还讨论了语法点难易度、语法习得等方面内容。整体而言，这些研究为加强国际中文语法教学提供了全面的理论支持和实践指导，为今后的研究和教学实践提供了有益的参考。

三是关于国际学生语法学习偏误研究。这一主题研究的代表性关键词有"对外汉语语法教学""偏误""语法偏误""偏误类型""教学对策""汉语本体语法""用法研究""教学建议""语法习得""教学语法系统""偏误原因"等。这一类研究基于检索动态语料库、问卷调查等方式考察了老挝、印尼、韩国等国家的学生群体在语法学习中存在的偏误问题。研究关注于语篇中的语法衔接手段、人称指称、指示指称、词语指称、句式指称等方面的偏误。研究发现不同国家的国际学生普遍存在语法偏误，偏误类型主要有句法偏误、语义偏误、语用偏误、冗余偏误等。句法偏误类型有错序、遗漏、误代、误加、杂糅等。语义偏误类型有虚词搭配错误，实词搭配、实词虚词搭配错误。语用偏误类型有特殊句式偏误、体貌时态标记错误（周静和祝爱红，2006）。冗余偏误类型有重复、多余。研究认为母语的负迁移、目的语规则的泛化、语境诱发和教材误导（吴建伟，2019）等是偏误形成的原因。针对这些问题，研究提出了精讲多练、重视文化学习、分国别教学的教学建议。总的来说，研究为解决国际学生语法偏误问题和提高国际中文教学效果提供了有价值的理论和实践指导。

8.3.3 国际中文教育中的语法教学研究的关键词共现时区分析

在关键词聚类的基础上，通过绘制国际中文教育中的语法教学研究关键词共现时区图谱（图8-5），从时间角度来分析国际中文教育中的语法教学研究领域每一个聚类下的关键词演变过程，能够更加清晰地展示该领域研究的脉络演进与变化趋势，从而更深入掌握该领域的主题变化。

从研究热度来看，聚类#0 建构、#1 语法教学、#2 对外汉语、#3 偏误、#4 语法的研究开始时间很早，且研究时长跨度很长，一直保持着较高的研究热度，聚类之间的关键词很密集且关键词间的连线很长，这表明这些聚类之间存在着密切的关联，这些关联体现在关键词连线间的交叉点，这些交叉点代表的是不同聚类之间研究交叠的部分，体现的是，研究主题的复杂和多样，这种交叠有助于拓展研究领域的边界，推动学科交叉的发展。

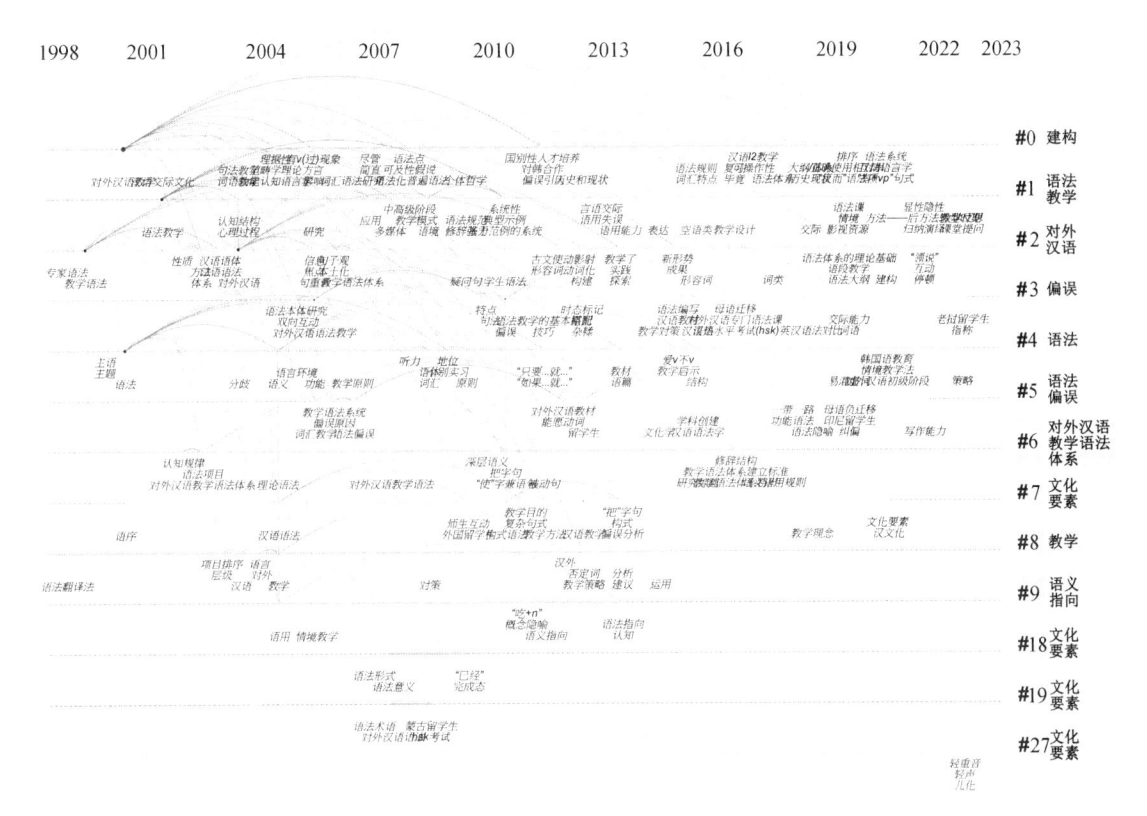

图 8-5 国际中文教育中的语法教学研究关键词共现时区图谱

同时，这些聚类的很多关键词的连线横跨了整个研究时区，这表明这些关键词获得了学界的持续关注，同时也反映了这些研究主题在不同历史时期的演变和发展。而聚类#5 语法偏误、#6 对外汉语教学语法体系、#7 文化要素、#8 教学、#9 语义指向，相比于上面的聚类而言，研究起始时间和持续时间都要短一些，其关键词之间的连线也要相对要稀疏，这表明在这些主题中关键词之间的关联性相对较弱。聚类#18 文化要素、#19 文化要素、#27 文化要素的研究起始时间很短，仅在某个时段中出现，关键词比较少且连线短促，呈现独立状态，这表明这三个聚类结构没有与其他主题形成交叉联系，只是在某个特定时期引起了学者的研究兴趣。从研究趋势来说，聚类#0 建构、#1 语法教学、#2 对外汉语、#3 偏误、#4 语法展示出了一些长期存在且具有较高研究热度的主题，这些领域一直是学术界关注的焦点，可以在未来研究中进一步拓展研究问题，整合新的理论和方法，以适应学科发展的需要。而聚类#5 语法偏误、#6 对外汉语教学语法体系、#7 文化要素、#8 教学、#9 语义指向的研究起始时间短且关键词之间的连线相对稀疏，在未来研究中可以通过跨学科研究，致力于构建更为系统和丰富的理论框架，以深刻理解语法偏误、对外汉语教学语法体系、文化要素、教学、语义指向等方面的内在关系。而聚类#18 文化要素、#19 文化要素、#27 文化要素这样的独立聚类结构，在未来的研究可以扩展研究范围、建立更为全面的理论框架,将文化要素与其他相关领域连接起来,这有助于形成更综合的研究视角,提高研究的理论深度和广度,为语法研究提供更多维度的理解。

8.4 国际中文教育中的语法教学研究结论和展望

国际中文教育中的语法教学的研究围绕着"汉语""教学""语法教学""对外汉语语法教学""体系""构建""建议"这些宏观关键词通过连线"对外汉语教学语法""教学语法系统""对外汉语教学语法体系""教学对策""语法习得""语法偏误"等关键词展开了中观、微观领域的拓展研究,当前的研究热点集中在教学语法体系、教学、偏误三个方面,"教学语法体系""语法教学""语法偏误"三个关键词是研究的前沿问题。国际中文教育中的语法教学的研究应在以下方面深入:

加强国际中文教育的教学语法体系研究。教学语法体系的研究旨在建立一个系统而完整的语法教学框架,以便更好地满足学习者的语言学习需求。这方面的研究有待在以下方面加强。一要加强语体研究。语法体系问题有赖于语法本体研究的深化(丁崇明,2006),研究语法本体是开展语法教学的前提,从事对外汉语语法教学首先就要经历这种在深入研究汉语语法本体的前提下反复咀嚼和内化的过程,使所教内容科学地浅化和简化,这是建立和体现对外汉语语法教学体系的第一步,也是最重要的一步(卢福波,2002)。培养学生运用目的语语体的能力是第二语言教学的根本目标,因此,加强基于国际中文教学的语体研究非常重要也非常必要。二要加强语法项目难易度的研究。语法项目分级和排序的科学依据主要是难易度。目前的研究多数是原则和方法的探讨,尚未落实到制定出一份可供参考的语法项目难易度表。这是一项极有价值的基础研究工作(吕文华,2019)。通过科技手段建立语法项目数据库,结合常用词、句型频率统计等基础研究成果,构建中外语法对比研究语料库、中介语语料库、外国人学汉语偏误分析语料库、常用语法项目的句法、语义、语用知识库、最低限度词表、语法项目难易度表、语法项目排序表。选择适当的技术平台和构建数据库结构,并通过现代 Web 开发技术建立对用户友好的应用程序,实现数据输入、查询和可视化功能。这一系统性科技手段的应用将为语法项目难易度研究提供全方位、高效的支持。三要加强教学语体体系理论研究。语法体系研究应紧密结合实际教学需求,直接为教材编写和课堂教学提供解决问题的指导。要加强面向国际中文教学语体范围和内容的研究,加强遴选语法项目标准的研究。四要加强教材在优选语法项目中的操作研究。选择进入教材的语法项目需要认真考量，选哪些，怎么选依然值得深入研究。要综合语法体系、学生水平和教学实际，基于语法体系的系统性和完整性，挑选广泛使用且常见的语法项目，讨论是否删除一些罕见或非典型的内容，并通过优化排序确保选择的语法项目层次具有合理性和适应性，以便于语法教学更具有针对性和实用性。这些方面需要进一步深入研究。五要加强语法研究成果向教学实践转化的研究。将研究成果融入教学的转化内容、方式和路径，通过化繁为简的方式在研究和教学之间架起一座转化的桥梁，让研究结果为我所用，如内容转化：提炼语法本体研究关键规则，将其简化为易于学生理解、易于教师教学的内容；如载体转化：将转化内容编入教材，制作为多模态的教学资源，多形式呈现语法知识，构建起研究成果和教学之间的紧密联系，实现研究成果的最大化应用。

加强国际中文教育中的语法教学研究。鉴于目前已有的研究基础，未来在语法教学研究方面需要加强以下几个方面。一是研究视角的转变，从学生"学"的角度加强语法教学研究。有研究者指出当前教学"正逐步由'教'向'学'转变"，这需要在今后继续加强"学"方面的研究，重点关注学生认知特点、学习动机和学习策略以及这些因素对语法学习的影响；其次要关注学生母语语法对中文语法学习的影响，以更好地理解学生可能出现的语法偏误，有针对性地进行教学；最后，要研究如何更好激发学生的学习兴趣，培养其学习策略，使其在学习中更具主动性和创造性。二是要加强语法教学中的跨文化交际融合教学研究。语法规则往往反映了一种语言背后的文化思维方式，从文化角度去理解语言和语言规则有助于帮助学习者更好地运用语法规律进行交际交流。教师要加强研究如何在教学中更好地引导学生理解语法规则背后的文化内涵，以避免机械记忆。其次，真实的跨文化交际场景有助于学生感知语法在文化中的呈现与变化。教师要在知识点选择、跨文化场景营造、交际项目设计、技术手段呈现、交际策略使用等方面加强研究，以创设跨文化交际场景，将语法与文化元素有机结合，帮助学生掌握语法知识，使学生能够更深入地理解语法规则在具体语境中的变化和运用，同时培养学生的跨文化交际能力，使其在真实语境中能够更好地运用所学的语法知识。

加强国际学生语法学习偏误研究。基于现有的研究基础，今后的语法偏误研究要从以下方面加强：一是加强国别化学生的语法偏误研究。国际学生的语法偏误存在共性问题也存在个性问题，个性问题很大程度上表现出来的就是国别的差异性问题。要加强国别化语法偏误研究，开展广泛的国别化调查，收集和分析不同国家学生的语法偏误数据，研究其偏误的共性和差异性，基于研究结果制定个性化的教学计划，使其更符合学生的实际需要；二是拓宽研究内容和领域。以往偏误研究主要集中在虚词的研究，要加强有关实词，尤其是动词、形容词等方面的偏误研究。另外以往的研究主要限于词、句子和句式的分析，而对语篇和语用偏误的关注较少，应该将语法形式偏误、语义和语用偏误统一起来，从语篇语境中进行更全面系统的研究。这有助于避免仅凭孤立句子分析偏误可能导致的相矛盾的结果；三是要加强跨学科研究与实践。语法偏误研究应该融入跨学科的观点，包括语言学、教育学、认知科学等领域的研究方法和理论。通过跨学科的合作，可以更全面地理解语法偏误产生的原因，并提供更有效的教学策略。同时，将研究成果更紧密地与实际教学结合，不断优化教学方法和课程设计。

第9章 孔子学院研究述评

随着中国综合国力逐渐增强，中国与他国之间的交往日益频繁，"中文热"也随之兴起，作为中国语言文化的传播推广平台——孔子学院应运而生。自2004年第一家孔子学院在韩国落成以来，经过十几年的发展，孔子学院已在全球遍地开花，截至2022年12月31日，全球共有492所孔子学院和819个孔子课堂，分布在160个国家和地区。孔子学院已经成为传播中国语言文化、促进中外文明交流互鉴的重要平台。通过采用CiteSpace信息可视化技术，对国内孔子学院相关研究的文献进行分析，绘制相关知识图谱，呈现孔子学院相关研究的历史进程和主要研究成果，厘清研究核心领域和热点主题，探究研究的发展趋势，为孔子学院的深入研究提供参考。

9.1 数据来源和研究方法

通过使用CNKI数据库，以"孔子学院（篇名）"为搜索条件，文献来源选择"期刊文献"，不设时间跨度，检索时间截至2023年8月31日，检索到分布于2004年至2023年8月31日的文献数据共1687篇，筛除不相关文献571篇后，选择了1116篇文献数据作为文献计量分析的依据。通过将上述文献数据导入CiteSpace软件，采取以下三个步骤展开研究：①通过CNKI数据库自带的分析软件，对文献的年度分布情况进行初始分析，绘制出年度发文走势分析图表；②运用CiteSpace对文献数据进行分析，形成科研合作聚类图谱、关键词共现图谱、关键词聚类图谱、关键词共现时区图谱，由此呈现孔子学院研究知识体系的概貌，掌握孔子学院研究主题、热点和发展脉络；③基于知识图谱分析结果、结合文献研究进一步讨论孔子学院研究结论以及未来研究的深化方向。

9.2 孔子学院研究知识体系的文献特征分析

9.2.1 孔子学院研究的学术论文基本情况

通过使用CNKI数据库的精确检索可知，国内孔子学院研究成果相当丰富。2004年至 2023 年 8 月 31 日的学术论文 1116 篇。其主要特点如下：

从研究文献主题数量来看，关于孔子学院功能、影响力研究的文献有 87 篇，关于孔子学院管理研究的文献有 31 篇，关于孔子学院发展研究的文献有 308 篇，关于孔子学院"三教"研究的文献有 317 篇，关于孔子学院传播研究的文献有 244 篇，关于孔子学院对中国出口贸易影响研究的文献有 43 篇，关于孔子学院形象研究的文献有 66 篇，关于孔子学院评价研究的文献有 17 篇，关于孔子学院合法性问题研究的文献有 3 篇。这些研究文献充分覆盖了孔子学院的定位、功能、管理、发展、教师、教学、教法、传播、形象等多个方面。总体而言，这些文献对孔子学院进行了深入的探讨和分析，呈现出多元化的研究趋势。

从研究文献年度分布来看，2006 年至 2023 年 8 月 31 日 18 年间年均发文量是 62 篇。第一篇关于孔子学院研究的文献出现于 2006 年。2006 年至 2009 年发文量逐渐增加，从 2 篇增至 35 篇，呈现出初期的增长态势。2010 年至 2014 年发文量呈现了显著的增长趋势，尤其在 2014 年达到了 105 篇，这一急剧上升的趋势反映了学者们对孔子学院研究的热切关注。值得注意的是，2014 年正值孔子学院建立 10 周年，这一里程碑事件成为学术界关注的焦点。学者们在这个特殊时刻对孔子学院的过去发展、取得的成绩、面临的困难、应对的挑战以及未来发展进行了深入研究，这一时期的研究产出为孔子学院的发展提供了丰富的理论支持和实践指导。在 2015 年至 2018 年这一时期，孔子学院相关研究的发文量相对稳定，维持在 100 篇左右，呈现出相对平稳的研究活跃度。在 2019 年发文量出现显著增长，高达 109 篇（图 9-1）。

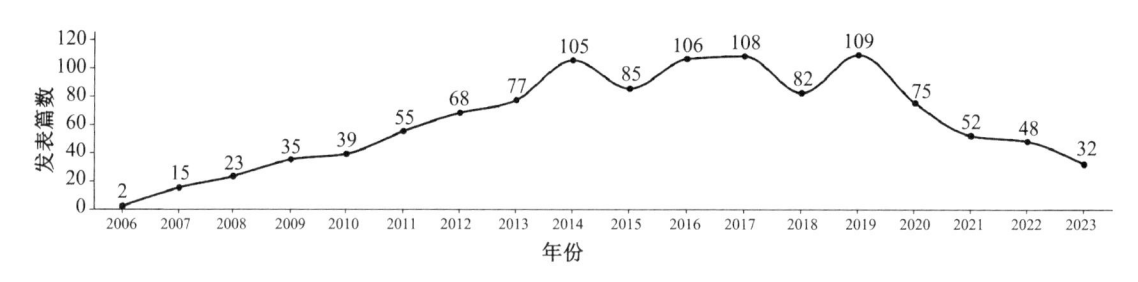

图 9-1 孔子学院研究文章发表年度趋势图

这一增长趋势源于学界对于新时代、新形势下在国际中文教育视域中孔子学院的发展进行了深入的思考和研究。2019 年 12 月召开的国际中文教育大会上会议专家学者共同呼吁借鉴国外语言推广机构的经验成立基金会运作孔子学院，2020 年教育部成立中外语言交流合作中心、中外语言交流合作中心与部分高校和企业共同发起成立中国国际中文教育基金会，孔子学院转隶对相关业务进行调整，这一系列重大举措促进了孔子学院进一步适应国际中文教育事业的发展需求，为学界提供了更多关于孔子学院未来发展的新思路和方向，激发了学者们的研究热情，相关研究在这一时期呈现出新的活跃度。当然，2020 年至 2023 年发文量分别为 75 篇、52 篇、48 篇和 32 篇，发文量有所下降，这主要是受到疫情、国际关系等外部环境变化的影响，导致相关学术研究的相对减缓。综合分析 2006 年至 2023 年的发文量数据，可以观察到孔子学院相关研究的时序特征呈现出不同的波动和增长趋势，这个时序特征反映了学界对孔子学院研究的持续态势以及在特定时期对孔子学院的转型和可持续发展保持着高度兴趣与密切关注。

9.2.2 孔子学院研究的科研合作聚类分析

在孔子学院项目研究领域，高校及其学者是该领域研究的核心力量。从发文数量来看，发文数量最多的作者是安然（11 篇），宁继鸣、李宝贵、林航各 10 篇，扈启亮、吴瑛各 9 篇。安然（2017）的研究关注了孔子学院的组织架构、跨文化传播。在组织架构方面探讨了孔子学院建设的组织架构和组织关系，揭示其运作机制；在跨文化传播方面探讨了传播的模式、评估维度以及话语体系，并提出相关传播策略。宁继鸣（2012）从空间布局、资源配置的角度讨论了孔子学院的文化功能和社会价值以及项目创新发展，重点研究了孔子学院开展的品牌项目的扩散机制和质量影响机制，致力于揭示孔子学院在品牌项目层面的管理机制、资源配置、完善和创新。李宝贵（2017）关注了孔子学院建设的理念演进、实践成效以及发展路向，通过与国外语言推广机构对比探讨孔子学院的建设理念，通过研究国别化孔子学院的教学活动讨论孔子学院的教材与课程建设，研究还关注了时代背景变迁下的孔子学院转型发展的路径探析。林航（2019）基于数据和实证探讨了孔子学院在国家进出口服务和贸易方面的作用，在出口方面重点关注了茶叶、白酒、中药材、教育服务、对外工程承办、文化产品、非遗产品等领域，在进口方面重点关注了来华留学、来华文化旅游等领域，研究聚焦探讨其进出口的模式、影响机理以及实证检验。扈启亮（2014）重点关注了非洲孔子学院建设现状、问题、对策以及前景展望，重点讨论了非洲孔子学院的国际中文教育志愿者服务情况以及汉语教学的模式。吴瑛（2012）基于理论探讨、实践调查的角度集中研究了孔子学院的文化传播问题，重点讨论了孔子学院文化传播的现状、效果与策略。

从发文机构来看，浙江师范大学、山东大学、中国人民大学、北京语言大学是该领域研究具有代表性的院校机构，浙江师范大学发文量 32 篇、山东大学和中国人民大学各发文 29 篇、北京语言大学发文量 26 篇。浙江师范大学相关学者基于国别化、区域化的孔子学院发展现状，从孔子学院的布局、功能、文化传播、课程建设、语言教学、师资培养、奖学金项目等层面探讨了孔子学院的发展模式和发展策略。山东大学相关学者主要从价值实现、文化传播、品牌项目建设、法律体系建构的角度讨论了孔子学院建设的价值意义、资源配置与实施路径。中国人民大学相关学者从国际舆论环境、文化身份、传播机制、品牌项目建设、教育效果等方面讨论了孔子学院在跨文化传播、公共外交、人文交流方面的积极作用与发展策略。北京语言大学相关学者重点研究了孔子学院的汉语教学、文化活动，在文化传播、教材开发、教学资源建设方面提出了相关建议。

从研究学者、研究机构的合作程度来看，学术研究的作者合作程度是判断学科研究进展的重要指标，毕竟单一作者的研究成果虽能反映其研究能力，但无法展示学科研究全貌，而良好的科研合作关系有助于学科体系走向成熟。科研合作包括作者合作和机构合作。为了清晰简洁地识别作者和研究机构的学术合作和联络情况，在 CiteSpace 软件中选择"'author'+'institution'"为节点类型，将机构分布情况和作者分布情况合并展示，绘制了孔子学院项目研究的科研合作知识图谱（图9-2），图谱中连线的密集和粗细程度反映了作者间、机构间科研合作的紧密程度。

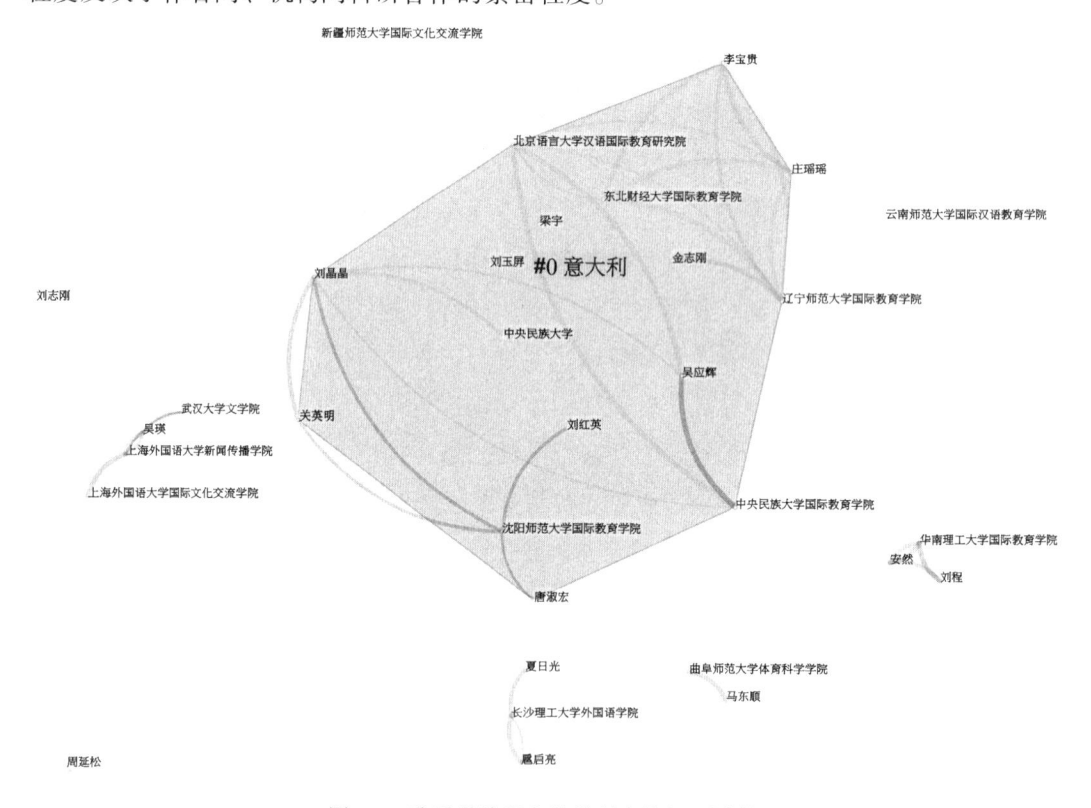

图 9-2 孔子学院研究的科研合作知识图谱

在作者合作方面，孔子学院研究形成了以李宝贵、吴瑛、安然、刘程等作者为核心的数个研究群体。在作者和机构合作方面，孔子学院研究形成了以作者单位：沈阳师范大学国际教育学院、北京语言大学汉语国际教育研究院、东北财经大学国际教育学院、中央民族大学、中央民族大学国际教育学院、辽宁师范大学国际教育学院和相关作者：李宝贵、庄瑶瑶、吴应辉、金志刚、刘晶晶、唐淑宏、梁宇、关英明、刘玉屏、刘红英组成的一个学术研究群体，他们围绕着名为"#0 意大利"的聚类展开共同研究。根据软件计算结果，孔子学院研究科研合作图谱的密度值为 0.0027，低于 0.1 的正常水平，作者、机构节点数是 453，合作连线数是 279，较为短促，连线密度低，反映了孔子学院研究的研究机构和作者之间的合作联系相对分散，独立性较强，整体上反映出一种分散化的特征。

9.2.3 孔子学院研究的高频被引文献分布

文献的被引频率可用于评估其学术价值，分析孔子学院研究相关高频被引文献可以了解研究人员的兴趣以及掌握该领域的研究热点。通过 CNKI 数据库整理出排名前 10 的高频被引文献，被引情况以及研究内容如下：

该领域研究最高频次被引文献是上海外国语大学新闻传播学院、上海外国语大学中国国际舆情研究中心吴瑛（2009）所作的《对孔子学院中国文化传播战略的反思》，该文于 2009 年 7 月 10 日发表在《学术论坛》。文章讨论了孔子学院在中国文化传播中的战略问题。在传播内容方面，要突显中国儒家思想中具有世界价值和现代意义的要素，例如仁、德、和等，将儒家思想与现代社会联系起来，塑造全球性思想体系，并需要平衡文化认同与批判之间的关系；在传播环境方面，将面临英语文化霸权以及西方国家意识形态思维的挑战。为了应对困难和挑战，建议孔子学院可以借鉴国际语言文化推广机构的管理机制和传播策略；在传播策略方面，提出了"走出去"和"引进来"的双向传播战略，除了在西方文化主导的国际环境中传播中国文化，还要吸引外国学生，尤其是青少年，通过孔子学院促进中外交流，提升中国文化的国际影响力。在效果评估方面，要密切监测传播效果，从语言传播和文化传播两个角度对孔子学院的影响进行评估。

浙江师范大学国际文化与教育学院徐丽华（2008）所作的《孔子学院的发展现状、问题及趋势》于 2008 年 9 月 15 日发表在《浙江师范大学学报（社会科学版）》。文章肯定了孔子学院在促进国际中文教育发展、多元文化交流、构建和谐世界的积极作用；分析了当前孔子学院发展的现状，在深入了解所在国的文化和教育情况基础上，积极融入当地社会并根据不同地区需求推出了覆盖各个年龄层次和教育阶段的各种中文课程，同时还举办多样化的文化活动服务不同社会群体，满足当地人们的多方面需求；讨论了孔子学院发展过程中存在的问题和面临的挑战，包括资金、场地、人员等方面的投入不足，师资匮乏，需要妥善处理与合作院校原有中文课程和中文专业院系之间的关系，需要有效开展市场运作，吸引当地政府、社区和大企业的支持；提出了孔子学院以中文教学为重，积极融入国民教育体系中，注重培养师资，完善教材，举办有影响力的文化活动，推进学术研究，建立广泛的合作关系，科学有序开展组织管理工作等建议。

韩国高丽大学公共行政学系陈刚华（2008）所作的《从文化传播角度看孔子学院的意义》于2008年7月10日发表在《学术论坛》。文章以孔子学院的《章程》和《海外设置指南》为基础，以文化传播理论为研究方法，借鉴"歌德学院"的办学宗旨和成功经验，研究孔子学院在政治、经济、文化等领域对中国和全球产生的影响。研究指出孔子学院兼具了语言和文化传播的两种性质，在自觉和非自觉的情况下利用人际媒介、印刷媒介、电子媒介进行信息传播。孔子学院具备社会沟通、社会调控、社会继承等文化传播功能，孔子学院在向世界传播中国文化的同时也促使自身文化得以发展和成熟。这种文化成长是在与外来文化不断碰撞的过程中逐步形成的。这种双向文化传播有利于社会和谐的产生，有利于增强中国政府在国际事务中的话语权，有助于为中国特色社会主义事业的建设提供服务。

上海外国语大学中国国际舆情研究中心、上海外国语大学新闻学院吴瑛（2012）所作的《中国文化对外传播效果研究——对5国16所孔子学院的调查》于2012年4月15日发表在《浙江社会科学》。作者运用传播学、认知心理学、社会学的研究路径，通过问卷调查、深度访谈的方法，从物质文化、行为文化、精神文化三个层面对美国、日本、俄罗斯、泰国、黎巴嫩5个国家16所孔子学院展开调研，研究孔子学院的汉语和中国文化传播效果，通过不同国家、文化形态下的传播效果比较、不同汉语水平和个人背景学员的传播效果比较、不同办学模式和教学方法下的传播效果比较，寻求孔子学院推广汉语和传播中国文化的最佳途径。在传播策略中首先强调推广易受外国人欢迎的物质文化，行为文化传播需考虑接受度，精神文化传播应侧重理解和交流。

复旦大学国际文化交流学院宛新政（2009）所作的《孔子学院与海外汉语师资的本土化建设》于2009年1月15日发表在《云南师范大学学报（对外汉语教学与研究版）》。文章指出随着对外汉语教学逐渐向全方位的中文国际传播转变，仅仅依赖国内派遣的教师来推广中文国际化已无法满足发展的要求，强化本土化师资建设和建立本土化的中文师资培养体系已成为中文国际传播发展的必然路径，这种做法有助于应对"中文热"中普遍存在的师资不足问题，促进中文教学国别化，同时也是确保中文国际传播可持续发展的重要保障。孔子学院可以充分发挥国内承办院校的资源优势，通过提供多样化模式和不同层次的培训、探索本土化的教学方法、鼓励支持教材本土化建设、加强与当地教育资源的沟通和合作的方式，推进本土汉语教师的培训和培养。

北京外国语大学国际交流学院张西平（2007）所作的《简论孔子学院的软实力功能》于2007年7月5日发表在《世界汉语教学》。文章探讨了软实力的内涵，并强调了孔子学院如何发挥其软实力。文章认为孔子学院在全球布局上要紧密围绕国家的和平发展战略以及在全球舞台上的战略定位，巧妙谋划孔子学院软实力的拓展，为其在全球范围内的布局注入更多的有序性。孔子学院在建立时应避免纯粹的功利性语言推广，思考更广泛的发展路径，要合理运用市场运作方式和手段，明确界定范围和限度，确保不过度依赖市场，不追求经济盈利，避免偏离其作为软实力形式的基本原则。孔子学院在工作中要立足于语言教学，注重文化传播，同时也要超越语言教学，展开文化外交。孔子学院在运作形式上要借鉴国外语言文化推广机构的成功经验探索更成熟的运作方式，以使其更加高效、灵活，为中国的软实力发展提供更成熟的经验。

外交学院英语系吴晓萍（2011）所作的《中国形象的提升：来自孔子学院教学的启示——基于麻省大学波士顿分校和布莱恩特大学孔子学院问卷的实证分析》于2011年2月25日发表在《外交评论（外交学院学报）》。文章通过问卷调查的方式对麻省大学波士顿分校和布莱恩特大学孔子学院的"星谈"暑期班展开调研，从中文教学、中国文化认知、中国形象的变化和孔子学院声誉四个方面考察孔子学院的教学活动对于提升中国影响力和国家形象所起的作用。研究发现，在中文教学方面，中文教学受欢迎且学生并不认为中文难学，中文教学的成果在于教师作用的充分发挥而不是学生的主观感受，因此，应当加快国际中文教师的职业化和本土化建设，培养优秀的中文师资；在中国文化认知方面，学生对中国文化的认同度显著增加，关注焦点仍然集中在传统层面，未能充分关注当代中国，因此，交流中加强当代中国的现代化和国际化进程介绍，交流中主张采用民间交流的方式尽量淡化政府和官方色彩；在中国形象变化方面，对"中国"的整体评价好于对"中国民众"的整体评价，对"中国民众"的整体评价又好于对"中国政府"的整体评价。因此，交流中应尽量避免或弱化官方色彩，尽可能从民众的角度出发，这样更容易得到外国一般民众的接受。在孔子学院声誉方面，肯定孔子学院的教学活动，但孔子学院的市场营销不足，因此，孔子学院在不断提高教学质量的同时还要利用当地媒体宣传、举办文化活动、通过学生和家长的经历分享等方式开展市场营销来建立良好声誉并扩大其影响力。

中央民族大学国际教育学院吴应辉（2010）所作的《孔子学院经营模式类型与可持续发展》于2010年2月20日发表在《中国高教研究》。文章认为孔子学院是中文国际传播的重要载体和平台，在汉语国际传播实践中扮演着重要的示范和引领角色。确保孔子学院的生存和可持续发展是一个关键问题，作者从孔子学院经营模式的这一角度讨论了该问题，他认为当前孔子学院的经营模式有汉办项目型、基金捐助型和产业经营型三种。汉办项目型孔子学院完全由汉办总部资助开展。产业经营型孔子学院有明确的市场经营理念，其教学项目和文化推广活动以市场需求为导向，收取活动费用。基金捐助型孔子学院的经费来源由汉办总部资助、日常经营收入、募集捐赠的基金维持。不同经营类型的孔子学院的产生与其所在国家的国情紧密相关,西方少数发达国家和非洲地区容易产生汉办项目型孔子学院,中文热的周边国家和部分发达国家容易产生产业经营型孔子学院,美国等发达国家容易产生基金捐赠型孔子学院。从长远发展来看,汉办项目型、基金捐助型孔子学院都不是长久的经营模式,"产业经营+基金捐助+汉办项目"才是最佳模式,产业经营、基金捐助和汉办项目的结合是一种多元化的经营模式,有助于为孔子学院提供更广泛的资金来源和发展机会。

美国德州圣安东尼奥大学孔子学院、对外经济贸易大学国际商务汉语教学与资源基地连大祥(2012)所作的《孔子学院对中国出口贸易及对外直接投资的影响》于2012年1月16日发表在《中国人民大学学报》。文章从引力模型的角度探讨了孔子学院在不同国家对中国贸易和投资方面的影响。文章认为,孔子学院作为中文教育和文化交流的载体,在促进中国对外贸易和对外直接投资方面扮演着重要的角色,它促进了发展中国家的出口和投资增长,由于发展中国家原本对中国了解甚少,孔子学院的建立提供了解中国的机会,降低了交易成本,促进了市场的开发,为商业合作提供了平台和机遇;在与发达国家的贸易和投资方面影响较微弱,发达国家已经对中国有相当程度的了解,所以孔子学院的影响需要更长的时间来体现;在对外直接投资方面影响显著,孔子学院也为商业人士提供了市场洞察和文化交流的机会,这种教育和商业交流的互动减少了贸易和对外直接投资的成本,从而促进了中国与其他国家的经济合作;研究强调了中文教育和文化交流对于降低贸易和投资成本的重要性,同时也提供了理解孔子学院在国际经济合作中的作用的思路和建议。

辽宁师范大学国际教育学院李宝贵(2017)、刘家宁合作的《"一带一路"战略背景下孔子学院跨文化传播面临的机遇与挑战》于2017年1月5日发表在《新疆师范大学学报(哲学社会科学版)》。文章利用SWOT分析法探讨了孔子学院的优势、短板以及面临的机遇和挑战,同时提出了"一带一路"背景下的跨文化传播策略。文章认为孔子学院在全球范围内的布局初步形成,为跨文化传播奠定了基础;中国综合国力的增强成为孔子学院未来发展的强大引擎;海外华侨华人的支持为孔子学院的可持续发展提供了有力保障,这是孔子学院发展的优势,但在布局上仍存在盲点,需要进行优化和调整;师资数量不足,素质有待提高;本土师资缺乏,教材建设进展缓慢;经费来源单一,发展后劲力不足;文化自信不足,传播动力不足;传播途径单一,需要创新。当前经济全球化和文化多元化,新的经济和文化生态为孔子学院的跨文化传播提供了机遇;国家发展的新政策和理念为孔子学院提供了新的发展动力;"一带一路"倡议为孔子学院提供了新的跨文化传播契机,同时也带来了挑战:全球局势不稳定可能影响孔子学院的国际合作和交流;全球经济复苏乏力,文化软实力竞争加剧,可能影响孔子学院的发展。基于上述分析，作者提出针对"一带一路"，调整全球布局；顺应当地需求，推进本土化进程；拓展资金渠道，实现产业化发展；增强文化自信，提升跨文化传播力；创新传播策略，国际化表达中国故事的跨文化传播策略。

总体来看，孔子学院研究中高频被引文献的研究内容可以分为四类：一是孔子学院的现状、存在问题、面临挑战以及未来发展趋势的研究。研究从孔子学院全球布局、发展定位、资金投入、组织架构、师资队伍、发展模式等方面讨论了其发展现状，研究指出资金和师资的匮乏是孔子学院发展面临的突出问题。针对未来发展，学者提出了"产业经营+基金捐助+汉办项目"的发展模式，并提出积极推动中文教育融入所在国国民体系、培养师资、加强文化活动等促进孔子学院发展的建议措施；二是孔子学院的文化传播研究。研究重点分析了孔子学院开展的文化活动，从文化传播的角度探讨了孔子学院在构建中国国家形象、构建中国文化软实力，提升国家国际影响力方面的重要意义和作用。研究认为孔子学院通过开展语言教学和文化活动，向世界各地的学生提供学习汉语的机会和深入了解中国的窗口，这种跨文化的教育与交流增进了世界对中国的认识和了解，在国际社会中塑造了中国积极正面的形象，对提升中国的国际形象和影响力产生了积极影响；三是孔子学院本土师资建设的研究。研究指出当前师资不足是掣肘孔子学院发展的根本性问题之一，培养本土师资是促进孔子学院可持续发展的根本。研究分析了孔子学院本土师资的现状、存在问题并提出培养本土师资的措施建议。研究认为强化本土师资的培养有助于解决全球范围内的中文教师不足的问题，能够推动中文教学更好地适应各国的特色和需求，推动中文教学更好融入所在国教育体系；四是孔子学院对国际贸易和投资影响的研究。研究指出孔子学院在国际贸易和投资方面发挥了积极作用，特别是在发展中国家中产生了显著的影响。孔子学院为当地企业和个体提供了解中国市场的机会，降低了跨文化交流的障碍，降低了交易成本，刺激了对中国商品和投资的需求，提供了商业合作的平台，创造了更广泛的商业机会，为双方建立了更加紧密的经济联系，推动了这些国家的出口和投资的增长。然而，孔子学院在发达国家和对外直接投资方面影响相对较弱，但仍具有潜在长期影响。总体而言，上述研究表明孔子学院在全球舞台上发挥着极为重要的作用，其影响不仅局限于教育领域，还涵盖了文化传播、经济合作等多个领域，为跨文化交流和合作构建了坚实桥梁。面对多样的环境和背景，孔子学院一直在积极实践和不断探索，其核心使命是推动中文语言和中国文化的国际传播，深化不同文化之间的相互理解，强化中国在国际舞台上的地位与影响力。研究有助于学界更好地了解孔子学院的职能、使命以及作用，这对于加强孔子学院中文教育、文化传播，促进其高质量可持续发展具有积极意义。

9.3 孔子学院研究热点分析

9.3.1 孔子学院研究的关键词共现分析

关键词是研究文献的核心要素,可以反映出文献研究的主题内容。通过绘制关键词共现知识图谱可以掌握关键词出现的频次以及关键词之间的关系,进而掌握该研究领域的热点。以"keyword"为节点类型,通过"pruning sliced networks"算法,使用 CiteSpace 软件绘制出孔子学院研究的关键词共现知识图谱(图9-3),较突出的关键词包括"孔子学院""文化传播""汉语教学""跨文化传播""武术"等。

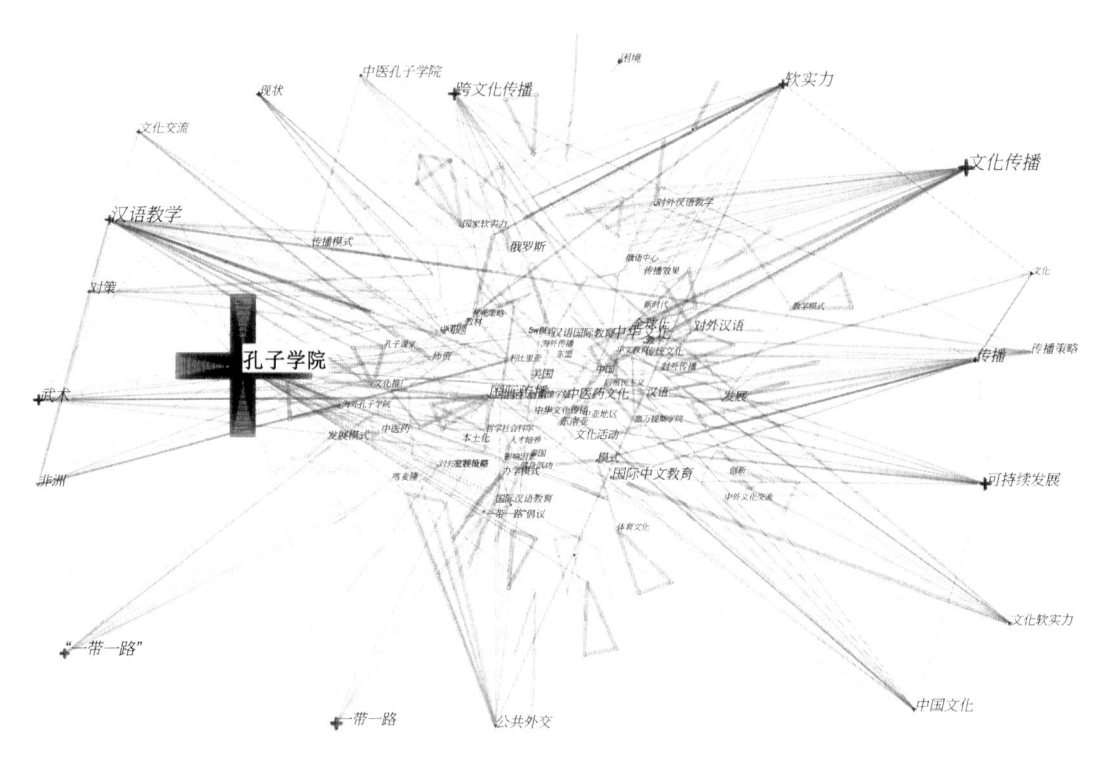

图 9-3 孔子学院研究的关键词共现知识图谱

这些关键词处于整个图谱的中心位置,占据图谱面积最大,表明其在孔子学院研究中出现的频率较高,研究热度较高。除此之外,较为显著的关键词还包括"国际中文教育""困境""模式""传播策略""中医药文化"等,说明学界对这些方面也有所关注。

通过 CiteSpace 的词频统计功能梳理孔子学院研究词频较高的 20 个关键词(表9-1),词频越高、中心性越大越能凸显研究热度和重要性,一般来说,中心性大于0.1的关键词比较重要，往往词频高的关键词中心性也不会低，在表9-1中"孔子学院"频次最高（787次），表明"孔子学院"研究为该领域核心并在众多研究方向中起着桥梁作用。比较重要的关键词还有"文化传播"（词频60次）、"汉语教学"（词频42次）、"跨文化传播"（词频35次）、"武术"（词频34次）、"软实力"（词频33次）、"一带一路"（词频32次），说明孔子学院与这些关键词相关的研究比较多。

表 9-1 孔子学院研究高频、高中心性关键词排序

序号	关键词	频次	中心性	序号	关键词	频次	中心性
1	孔子学院	787	0.00	11	国际传播	23	0.00
2	文化传播	60	0.00	12	中华文化	21	0.00
3	汉语教学	42	0.00	13	传播	18	0.00
4	跨文化传播	35	0.00	14	非洲	18	0.00
5	武术	34	0.00	15	文化交流	17	0.00
6	软实力	33	0.00	16	公共外交	17	0.00
7	一带一路	32	0.00	17	文化软实力	17	0.00
8	可持续发展	31	0.00	18	对策	16	0.00
9	中国文化	26	0.00	19	中医孔子学院	16	0.00
10	"一带一路"	26	0.00	20	现状	13	0.00

9.3.2 孔子学院研究的关键词聚类分析

在关键词共现图谱的基础上，通过提取孔子学院研究关键词的聚类标签，能够更加深入了解该领域研究的热点。利用 CiteSpace 软件的聚类算法，绘制孔子学院研究的关键词聚类图谱（图9-4），一般认为，聚类模块值（Q值，modularity）>0.3 意味着聚类有效，聚类平均轮廓值（S值，weighted mean silhouette）>0.5 意味着聚类合理，当$S>0.7$时说明聚类可信。

图 9-4 中标注的聚类:

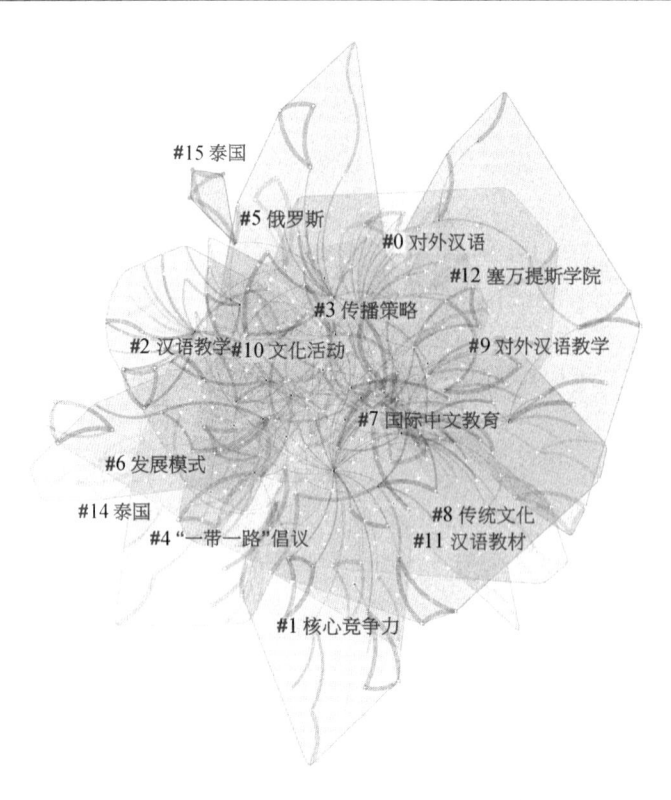

- #15 泰国
- #5 俄罗斯
- #0 对外汉语
- #12 塞万提斯学院
- #3 传播策略
- #2 汉语教学
- #10 文化活动
- #9 对外汉语教学
- #7 国际中文教育
- #6 发展模式
- #14 泰国
- #8 传统文化
- #4 "一带一路"倡议
- #11 汉语教材
- #1 核心竞争力

图 9-4　孔子学院研究关键词聚类图谱

图 9-4 的孔子学院研究关键词共现图谱 $Q=0.6696$，$S=0.8911$，表明该聚类图有效且具备高信度特征。由图 9-4 可见，孔子学院研究关键词共现图谱共形成了 15 个大小不同的显著聚类：#0 对外汉语、#1 核心竞争力、#2 汉语教学、#3 传播策略、#4 "一带一路"倡议、#5 俄罗斯、#6 发展模式、#7 国际中文教育、#8 传统文化、#9 对外汉语教学、#10 文化活动、#11 汉语教材、#12 塞万提斯学院、#14 泰国、#15 泰国。聚类序号从#0~#15，序号按数值从小到大排序表明聚类所包含的文献量依次递减，聚类重叠部分代表其联系密切。再利用 CiteSpace 的关键词聚类信息汇总功能，将上述 15 个显著聚类标签下的代表性关键词进行整理得出表 9-2，更能清晰反映各个关键词聚类中的研究内容和要点。

表 9-2　孔子学院研究聚类名称及关键词分布

聚类编号	聚类名称	关键词聚类
#0	对外汉语	文化传播、困境、对外汉语、教学、中国、优化策略、对外传播、新时代、东盟、法语联盟、传播效果、中外人文交流、乌兹别克斯坦、网络孔子学院、印度尼西亚、传播学、价值内涵、"在场"理论、全球多语种媒体、传播网络、上海合作组织、boppps 教学模式、半官方机构、人文交流机制、借鉴经验、公众号、中国戏曲、世宗学堂、单字调、偏误、中国文化"走出去"、儒学、人文交流合作、中国文化形象、交流路径、国学、教学计划设计、中国海外孔子学、文化意蕴、传播者、农业文明

续表

聚类编号	聚类名称	关键词聚类
#1	核心竞争力	孔子学院、国际汉语教育、人才培养、内涵式发展、对外文化交流、swot分析、文化距离、意大利、态度、跨文化学习能力、引力模型、新闻报道、民族传统体育、成就、建议、拉丁美洲、品牌传播、体育传播、推广、核心竞争力、cdio理论、cis战略、交流、任务、中国对外传播、中医药院校、教育、中文专业、发展前景、agil图式、性质、利益相关者、制度化、师资问题、pest分析法、合作、专业化发展、介入系统、分层策略、体育教育、体育史
#2	汉语教学	汉语教学、非洲、对策、现状、问题、师资、利比里亚、肯尼亚、文化推广、俄罗斯孔子学院、孔子课堂、教材、可行性、培养模式、前景、达累斯萨拉姆大学孔子学院、特点、教师专业发展、二语教学模式、印尼、"本土化"、优势、mooc、传统茶文化、全球公共产品、供求模型、国内研究、汉语师资与教材、"慕课"微视频、伊朗、不足、办学方向、TAG孔子学院、冲突心理、中华文化国际传播、中产阶级、外语专业学生、HSKK、汉语需求、HSK三级
#3	传播策略	跨文化传播、中华文化、文化软实力、中医孔子学院、传播策略、汉语国际教育、传播模式、作用、中华文化传播、中医药国际化、媒介形象、汉学研究、5W模式、华夏文化、柬埔寨皇家科学院孔子学院、发展现状、传播理念、多文明世界、公共形象、抖音短视频、他者形象、世界分布、传播内容、共情、全球治理、传播战略、中国民族舞蹈、专门用途汉语教师、国家汉办、中医药大学、传播困境、"本土化"原则、分析与对策研究、中国武术、勿洞孔子学院、中国影视、汉办、70-20-10法则、中国音乐
#4	"一带一路"倡议	"一带一路"、文化交流、中医药文化、"一带一路"倡议、中亚、发展策略、对外直接投资、办学模式、策略、中国形象、高校国际化、人文交流、倍差法、分布、《孔子学院》"中医+"思维、传播途径、公众外交、出版实践、传播能力、俄罗斯梁赞国立大学、中文教育、倾向得分匹配、企业合作、喀麦隆孔子学院、办学途径、出口贸易、摩洛哥孔子学院、倡议、文化地理学
#5	俄罗斯	软实力、公共外交、俄罗斯、功能、文化价值、语言文化、汉语学习、发展中国家、中国传统艺术、中国外交、文化差异、中文热、中国国家形象、国家实力、中非教育共同体、卫生外交、中日关系、价值分析、中美关系、文化发展策略、中国特色、文化自觉、"儒学热"、公共舆论、文化动因、人民外交、儒家文化、仁爱、效果、中俄关系
#6	发展模式	武术、国际传播、国家形象、中医药、发展模式、传播路径、文化自信、武术文化、审视、途径、AMO、健身、互动式、传播方案、关联性、对外影响力、中国故事、中医特色孔院、传播对策、孔子学院模式、体验课堂、"试点文化孔子学院"、体育交流、传播宗旨、发展过程、佩奇大学、匈牙利
#7	国际中文教育	"一带一路"、国际中文教育、海外孔子学院、人类命运共同体、中亚地区、出路、线上教学、汉语国际传播、国际中文教学、家访、中文阅读推广、作用定位、奥什国立大学孔子学院、东南亚国家、CiteSpace可视化分析、建构主义、公共价值、发展动因、中匈关系、国际疫情常态化、中非教育合作、中文国际传播、冈比亚大学、伊尔库茨克、图书馆"走出去"、主要特点

续表

聚类编号	聚类名称	关键词聚类
#8	传统文化	传播、文化、模式、健身气功、传统文化、中国软实力、体育文化、综述、CiteSpace、中华武术、武术特色、传统武术、启示、乒乓文化、伦理、太极文化、"一院多点"、关键话题、国际教育、契机、东学西渐、中国乒乓球学院、对外推广
#9	对外汉语教学	发展、汉语、对外汉语教学、汉语推广、创新、教学模式、展望、研究、口语教学、创新决策、挑战与机遇、喀布尔大学、学员需求、南太地区、伽达默尔、二语习得、CBI教学理念、多样性、创新扩散理论、河北省、教学特色、教育国际化
#10	文化活动	中国文化、文化活动、美国、歌德学院、中医文化、海外传播、泰国、本土化、政治文化、哲学社会科学、数据库、"走出去"、交流平台、中国文化中心、中外语言文化交流、国家文化软实力、多元投入、中文比赛、加勒比地区、中药材出口
#11	汉语教材	可持续发展、影响因素、东南亚、中外文化交流、华文教育、非洲孔子学院、汉语教师、汉语教材、三维魔方体系、中华传统文化、伊斯兰教国家、华文学校、使用现状、战略设想、动因、中华文明传播、办学质量、发展历程
#12	塞万提斯学院	全球化、俄语中心、塞万提斯学院、后殖民主义、内涵式发展思考、交流失衡、和谐文化交流、办学理念、"俄罗斯世界"基金、国家认同
#14	泰国	喀麦隆、冰岛、厄立特里亚、中国文化活动
#15	泰国	国家软实力、国际话语权、公关外交、国家形象建构

将高频关键词、关键词聚类图谱与文献结合来看，孔子学院研究的研究热点归为以下几方面。

一是孔子学院发展研究。这一主题研究的代表性关键词有"孔子学院""一带一路""可持续发展""内涵式发展""对外文化交流""发展历程""办学理念""影响因素""软实力""公共外交""发展动因""发展模式""发展过程""发展策略""制度化""本土化""东盟"等。研究深入剖析孔子学院的发展历程，总结其取得成绩，探讨发展过程中存在问题，探索发展规律，提出发展建议。研究认为孔子学院在全球传播推广中国语言和文化，承担着语言教学、学术交流合作、外交桥梁等多项功能，对内推动了传统文化的发展，对外搭建起宣传中国文化的平台（李松林和刘伟，2010），是当今中国"走出去"的重要符号（张西平，2007）。考察2004年至2014年孔子学院发展历程发现，孔子学院发展迅猛，分布范围广泛，办学模式多样，办学成效显著。孔子学院总部对孔子学院的准确定位，以及对其功能性质准确而客观的认识是孔子学院发展取得显著成效的重要原因（刘旭，2015）。在孔子学院转型发展中，有学者指出孔子学院转型发展的实现路向：发展理念由高速发展向高质量发展转型；办学功能由单一的语言教学功能向多元服务功能转型；管理模式由粗放式管理向精细化管理转型；文化传播方式由单向推广、强势传播向双向交流、柔性传播转型（李宝贵，2018）。通过对接本土化需求，尊重文化多样性，弥合文化差异；创新发展模式，呈现其民间公益教育机构新形象；着眼多主体诉求，制定长期性规划，实现内涵式可持续发展（袁玉芝和李清煜，2021）。在国别与区域的孔子学院发展研究中，学界研究了发达国家、发展中国家、"一带一路"沿线国家孔子学院的发展情况。研究发现，发展中国家和发达国家孔子学院的发展模式存在较大差异，发展中国家主要以教学融入型为主，社区服务型和学术交流型为辅；发达国家的服务模式则呈多样化的发展趋势（田小红和李军，2015）。"一带一路"倡议为孔子学院的发展带来了新机遇，推动了孔子学院规模的进一步扩大，但同时孔子学院也面临着数量分布不均匀、合作机构和承办机构均较单一，运行机制不完善等问题（刘宝存和张永军，2019），后续的发展需在拓展职能，丰富发展模式，完善运行模式等方面改进。东盟孔子学院的建设发展平稳，办学效果好，涌现出一批先进孔子学院，后期的发展需要结合东盟各国不同地区的市场和社会需求，整合中方合作大学的学科优势和对口资源，创新孔子学院办学方向（赖林冬，2017）。中亚孔子学院发展定位不明晰、运营模式上缺乏可持续性，需调整定位，整合资源，加强服务功能，探索特色化经营模式，实现可持续发展（梁焱和焦健，2011）。美国孔子学院经历了初始期、发展期、高峰期、下滑期（刘玉屏和路义旭，2023）四个时期，受政治、经济、教育、签证政策和负面舆论等因素影响，目前孔子学院在美国的发展遭遇很大阻碍。要从产生的冲突与矛盾中进行自我反思，找出自身客观存在的问题并加以解决，再从"技术化"的层面解决好各种冲突与矛盾（周芸，2012），美国孔子学院的发展前景依然值得期待。印尼孔子学院同样存在发展定位不明晰、运行模式缺乏可持续性等问题，在后续发展中各孔子学院应结合自身特点明确办学定位，确定发展方向，积极探讨多种资金来源的发展模式，同时各孔子学院应加强项目工作的协同与配合，加强资源整合，由点及面形成办学合力（李启辉和姜兴山，2015）。菲律宾孔子学院积极与政府合作，融入并服务社区发展，推动中文教育融入大学教育体系，并自主筹措办学经费，已形成了较为成熟的发展模式。从菲律宾孔子学院的发展经验来看，孔子学院的发展应致力于汉语言本科专业建设、建立独立自主的招生渠道、将其人文情怀融入大学共同体、服务"一带一路"创新创业、加强文化内涵建设，拓宽服务大学学术研究视域（赖林冬，2018）。南非孔子学院积极融入当地，主动服务并推动中南两国教育交流与合作，成效显著，在后续发展中须因地制宜，走多元化发展路径（牛长松，2017）。

二是孔子学院文化传播研究。这一主题研究的代表性关键词有"跨文化传播""中华文化""文化软实力""传播策略""传播模式""媒介形象""5W模式""传播理念""公共形象""他者形象""传播内容""传播战略""中医药国际化""传播困境"等。研究关注孔子学院在不同国家地区的文化传播实践，重点讨论了孔子学院在文化传播中取得的成果、面临的困境与挑战以及应对的策略。研究认为孔子学院的文化传播具有重大意义，传播是自身文化的一次发展成熟的过程，有利于提高中国的软实力，增加中国政府在国际上的话语权，也有利于政府在推行各种政策时能得到国际社会的更多理解和支持，最终达到为我国建设中国特色社会主义事业服务的目的。陈刚华（2008）研究关注了武术、中医、戏曲、影视、少数民族文化等在泰国、英国、美国等国家的传播状况，研究运用文献资料法、实地考察法、逻辑分析法、专家访谈法分析了传播现状，指出存在问题，提出优化传播的建议措施。研究均认为武术、中医等作为中华优秀传统文化的代表，丰富了孔子学院文化传播的内容；孔子学院作为中国对外文化传播的优质平台，为中国传统文化的国际化传播开辟了新的途径。研究发现孔子学院的传播内容缺乏统一的标准和规划（肖萌，2018），孔子学院文化传播"人才缺失、未形成传播体系"（王巾轩，2019）的问题突出，孔子学院传播影响的评估研究比较欠缺，孔子学院文化传播标准、传播内容、传播师资、传播方式、传播效果评估都需要进一步优化，具体建议包括建设行业传播标准，提升传播的标准与规范，以推动行业整体水平的提高。优选教学和传播内容，加强"三教"建设，培养优秀师资，提高教学质量，保障教学资源供给。优化传播途径，整合大众传播、组织传播、人际传播等多种传播渠道（吴瑛，2009），将语言学习与文化传播相结合，文化体验与文化展演相结合，形成更为完整的传播体系。重视品牌塑造，形成品牌效应，提升孔子学院在国际文化传播中的影响力和认可度。科学开展传播效果评估，聚焦汉语传播和文化传播两方面内容，考察由基础层级→传导层级→结果层级所对应的跨文化认知能力、跨文化适应能力、文化展示能力、媒介传播能力、跨文化冲突管理能力等五个维度和相应指标及整个传播过程（安然和何国华，2017），提高孔子学院文化传播效能。

三是孔子学院"三教"问题研究。"三教"是指教师、教材与教法。这一主题研究的代表性关键词有"国际中文教育""汉语教学""国际中文教学""对外汉语教学""师资""教学模式""教材""现状""培养模式""教师专业发展""二语教学模式""线上教学""教学特色""学员需求""二语习得""CBI教学理念""汉语教师""汉语教材""办学质量"等。教师、教材、教法问题其实是语言教学的永恒主题（崔希亮，2010），它直接影响到教学的整体质量。学界从不同角度研究了孔子学院的"三教"问题。

在教师层面，研究探讨了泰国、西班牙、德国、美国、俄罗斯等国家孔子学院的教师现状。研究对象包括孔子学院三种类型的教师：公派教师、本土教师和汉语教师志者。研究内容集中在教师专业素质、职业能力建设以及培训和培养方面。研究指出，当前孔子学院汉语教师数量不足、缺少专职师资队伍、传统培养模式存在缺陷，以及汉语教师志愿者选拔标准低和课堂教学能力欠缺等问题突出（陈艺和余子侠，2016），直接影响到孔子学院教学质量。有学者认为教育文化素养和中国传统文化素养是孔子学院教师最重要的文化素养。文化素养是基本素养，包括教师的学识水平、知识视野等科学素养，文学修养、精神文化等人文素养以及人生价值取向等。中国传统文化素养主要体现在了解和学习中国底层和深层文化（即中国传统文化）上（季红琴，2015）。有学者讨论了孔子学院教师的专业成长问题，认为孔子学院教师的专业成长分为"方向调整阶段、工作起始阶段、改进提高阶段、专业熟练阶段和专家塑造阶段"五个阶段，并针对这五个阶段制定了"五步系列系统培训模式"（李惠文和庞晖，2018）。有学者从教师教学本土化的角度提出孔子学院教师培训建议，针对孔子学院的教师应该开展目标国教学环境的仿真式培训、目标国本土汉语教材使用能力的训练、教学方法本土化能力的培训、跨课型教学能力的培训以及教学语言本土化能力的提升（吕明，2014）。孔子学院本土教师是孔子学院可持续发展的重要支撑力量。培养目标不够清晰、培养结构不够合理、培训内容中教学理论与教学实践两部分的占比不合理、培训资源过于分散不够集中等问题较为突出。针对此问题，在本土教师培训中要均衡培养结构，丰富培养层次；延伸培养路径和方式，完善培养机制；整合多方资源，加强培养保障（吴坚，2014）来完善孔子学院本土汉语教师的培养。汉语教师志愿者是孔子学院师资的重要组成部分。志愿者教师学术背景各异，语言沟通存在障碍，服务期限较短，大部分志愿者缺乏对外汉语教学实践经验，部分志愿者工作态度不认真是当前孔子学院志愿者存在的突出问题。因此，探讨志愿者教师的培养和培训是孔子学院教师研究中的重要课题。研究认为志愿者培训工作要加强培训与考核，加强指导与帮助，加强反思与调整（夏日光和赵辉，2012）。同时，孔子学院也要对志愿者教师进行培养指导，包括对其生活的具体关心、工作氛围的精心营造、不同实习阶段的有效指导、研究生论文开题和写作的指导及督促（王建喜，2014），帮助他们顺利完成从学生到教师的角色转变，并培养出合格的汉语国际教育人才。

在教材层面，缺少合适的教材、教材不适用于当地教学是孔子学院教材方面比较突出的问题。在"有没有"的问题上，缺少用当地语言出版的中国文化图书，缺少为当地学习者量体编制的汉语教科书和教辅读物（李佳和胡晓慧，2013）是孔子学院面临的共同问题。在"好不好"的问题上，课文难度突增、教材信息缺乏衔接性、教材内容缺乏实用性、汉字教学内容缺乏系统性（刘晶晶和关英明，2012）是教材编写与运用中存在的几个关键问题。教材的编写需综合考虑教材内容、编撰体例、练习设计、生词对译与注释、插图、相关教师用书和学生手册等配套教学资源等问题。教材编写要适应不同国家、地区和民族的需要，根据学习者的母语、年龄和学习目的进行差异化编写。教材内容要贴近海外学生的生活实际，注重实用性和普及性，并突出重点和地区差异性，提高教材的针对性和适用性。另外，要加大海外国民教育体系内汉语教学资源建设，落实"汉语+"教学资源开发，多举措促进汉语教学资源研发提质增效，持续加强孔子学院数字化建设，分层推进汉语教学资源市场化，构建"汉语教学资源建设共同体"（梁宇，2021）。

在教法层面，目前孔子学院的汉语教学类型多样并具有一定的教学规模，在孔子学院的助力下，汉语教学大多已纳入所在国国民教育体系。但是在具体教学中还存在教育目的和教学目标模糊，缺乏有效的课堂管理（时间管理、秩序管理、中介语管理），缺乏教学评价的分析（龙藜，2016）等问题，针对教学中存在的问题，不同学者从不同角度展开研究，提出了针对性建议。研究认为孔子学院要立足大学，深入发掘大学汉语教学的空间（解植永，2017），要结合自身特色，因地制宜，发展特色项目，打造精品课程。在教学中应采用灵活多样的汉语教学安排，来吸引学生，并留住学生（赵金铭，2014）。在教学模式探索中，孔子学院要考虑其开办在国外的特点，构建出适合全体孔子学院的且理论性和整体性强的教学模式。在整体教学模式下进行分地区、分国别的研究，使不同地区的教学模式带上地方色彩，以避免"水土不服"（刘荣等，2014）。同时要将云计算、大数据、物联网、移动互联网、AR、VR、人工智能等新技术引入孔子学院的教学中，改革教学模式，科学规划全球汉语的远程教育（雷莉，2014），增强学生的学习兴趣和参与度，为学生提供更加优质的教学服务和学习体验。

四是孔子学院对中国出口贸易影响的研究。这一主题研究的代表性关键词有"一带一路""'一带一路'倡议""对外直接投资""倍差法""倾向得分匹配""企业合作""人文交流""出口贸易""经贸效果""文化贸易"等。研究聚焦孔子学院在国际交流、文化推广和经济合作等方面对中国出口贸易的影响，基于实证研究深入探讨了孔子学院在文化产品出口、中医文化传播、对外直接投资以及高等教育出口等方面的作用和效果。研究认为孔子学院助力中国企业"走出去"效果显著，有学者基于2006～2016年"一带一路"沿线国别数据，考察文化交流对中国企业跨国并购的影响效应发现，孔子学院通过加强友好访问，推进文化交流活动，提高各国对中国好感度等中介作用机制，对中国企业海外并购产生积极影响（李青等，2020）。在以2013～2018年中国在"一带一路"沿线国家企业并购面板数据的研究中，同样显示孔子学院和来华留学教育对中国企业海外并购具有积极促进作用，主要原因在于孔子学院和来华留学教育的发展有助于提升"一带一路"沿线国家人力资本水平，缩小国家文化差异以及推动双边友好关系的建立，进而促进中国企业海外并购（陈武元等，2020）。在文化产品出口方面，通过分析

2004~2017年中国对60个国家的核心文化产品出口数据发现，孔子学院的设立促进了中国文化产品出口，并在一定程度上减轻文化距离对文化产品出口的抑制效应（顾江和任文龙，2019）。也有学者分析2007~2013年中国与30个贸易伙伴国家的面板数据实证检验了孔子学院的建立对中国与设立国间的核心文化产品贸易发展存在显著的促进作用，这一作用在亚洲国家比在非亚洲国家更为明显（安亚伦等，2016）。在中药材出口方面，基于2004~2015年40个样本国面板数据资料分析孔子学院对中药材出口的经贸效应来讨论中医文化海外传播的实际效果，研究表明孔子学院的设立促进了中医文化的海外传播，但其促进效果有待增强（林航和原珂，2019）。在中医文化的传播方面，发展中国家孔子学院的传播效果优于发达国家，中医精神文化的传播则面临很大障碍。在教育出口方面，孔子学院已成为推动我国教育出口贸易发展的重要力量。研究表明贸易伙伴国孔子学院数量与中国教育出口呈显著正向关系（苗莉青和陈聪，2015），重视留学生教育服务产业，打造核心竞争力，积极推进孔子学院的建设是改变我国教育服务贸易发展长期逆差的重要举措。在对外投资方面，以孔子学院为代表的文化输出显著推动了对外直接投资，这种投资推动效应具有明显的"国家类别差异、洲际差异、时滞性及广度边际性"等特征（谢孟军等，2017）。另外，基于2004~2014年中国A股非金融类上市企业数据的研究也发现孔子学院对中国企业到"一带一路"沿线国家的直接投资具有促进作用（陈胤默等，2017）。

9.3.3 孔子学院研究的关键词共现时区分析

在关键词聚类的基础上，通过绘制孔子学院研究关键词共现时区图谱（图9-5），从时间角度来分析孔子学院研究领域每一个聚类下的关键词演变过程，能够更加清晰地展示该领域研究的脉络演进与变化趋势，从而更深入掌握该领域的主题变化。

从研究热度来看，聚类#1核心竞争力、#3传播策略、#4"一带一路"倡议、#5俄罗斯、#7国际中文教育、#8传统文化、#9对外汉语教学、#11汉语教材一直以来都保持较高的研究热度，相关方面的研究成果较多，至今依旧受到学界关注，其高度的研究活跃度反映了这些聚类在孔子学院研究中具有持久的重要性，突显了这些聚类在推动孔子学院研究中起到关键作用，引领着研究的发展方向。而聚类#6发展模式从2010年开始表现出较强的研究热度并持续至今，聚类#0对外汉语、#1核心竞争力、#10文化活动的研究热度自2011年后稍有减弱，聚类#12塞万提斯学院在2010年~2019年之间表现出较高的研究热度。

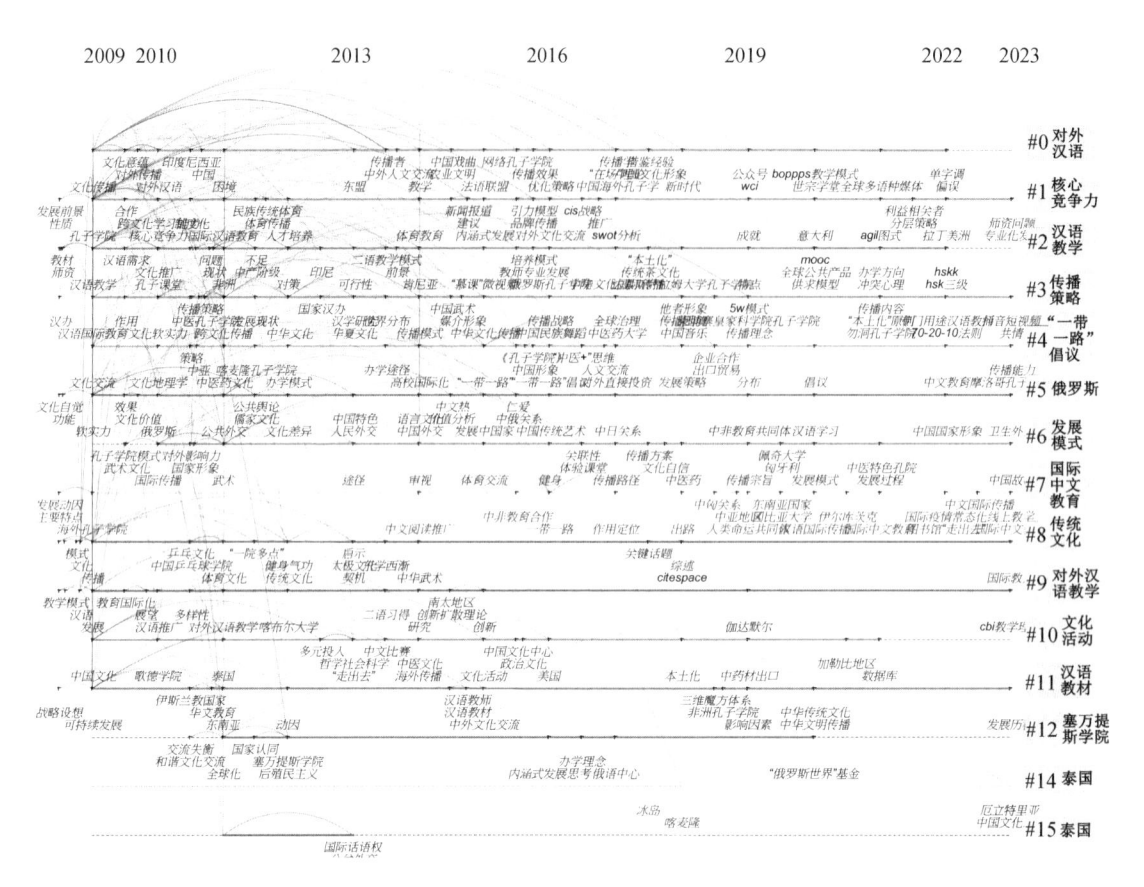

图 9-5 孔子学院研究关键词共现时区图谱

上述聚类呈现出连线纷繁交错、网络密集的特征，描绘出一个高度复杂且相互关联的知识图谱。聚类之间的关键词连线长且具有多重交叉的特点，反映了它们之间紧密的关联性，这种密集连接的结构表明这些聚类在多个层面上都存在着共同的研究主题或是相似的研究方向，聚类之间的关键词存在着丰富的内在关系，它们既是独立研究的焦点，又是其他研究领域的桥梁，这种交叉和关联为深入挖掘和拓展研究提供了机会。与其他聚类相比，聚类#14 泰国、#15 泰国的关键词展现出较为短促的连线和相对较小的关联度，呈现出相对独立的特征，说明这两个聚类是在特定时间段内由某个特定主题或概念的临时性集合所驱动成为一个短期内的研究热点或者是特定事件的关注焦点，其研究方向以及关联性相对较为临时，与其他聚类并未建立起长期稳定的联系。

从研究趋势来说，聚类#0 对外汉语、#1 核心竞争力、#2 汉语教学、#3 传播策略、#4 "一带一路"倡议、#5 俄罗斯、#6 发展模式、#7 国际中文教育、#8 传统文化、#9 对外汉语教学、#10 文化活动、#11 汉语教材、#12 塞万提斯学院的研究时间跨度长并积累了大量的研究成果，充分反映了这些主题在孔子学院研究中的重要性，这些成果为孔子学院的深入研究提供了扎实和稳定的基础，值得针对这些聚类的研究主题深入挖掘和研究，为孔子学院的发展提供更为深刻的见解。而聚类#14 泰国、#15 泰国这种短期性集合的聚类为研究提供了追踪特定主题或事件的契机，需要关注这两个聚类的动态变化，了解它们的发展轨迹、研究动因以及与整体知识结构的关联性。

9.4 孔子学院研究结论和展望

孔子学院的研究围绕着"孔子学院""现状""发展""教学""传播"这些宏观关键词通过连线"国际中文教育""跨文化传播""发展策略""一带一路""文化活动"等关键词展开了中观、微观领域的拓展研究，当前的研究热点集中在发展现状、国际中文教学、文化传播、出口贸易投资四个方面，"可持续发展""跨文化传播""国际中文教学""经贸效果"四个关键词是研究的前沿问题。孔子学院的研究应在以下方面深入：

一是加强孔子学院内涵式发展研究。经过 19 年的发展，孔子学院已经从数量增长转向质量提升的内涵式发展，提质增效、可持续发展、高质量发展是孔子学院发展的主要目标和任务。孔子学院的发展受制于政治、经济、社会、文化、教育等多重因素影响。百年未有之大变局和错综复杂的国际环境既给孔子学院带来了机遇也带来了挑战。面对新的机遇和挑战，需要深入研究孔子学院转型发展的内在逻辑，切实解决实际面临的问题。一方面要深入研究孔子学院长久以来的老问题，如跨文化冲突、运行模式陈旧、缺乏持久发展能力等。要研究这些老问题在新环境和新条件下发生了什么新变化；另一方面需要深入研究发展中的新问题，尤其是 2020 年孔子学院总部更名为"教育部中外语言交流合作中心"后，孔子学院由中国国际中文教育基金会全面负责运行，转隶后事关孔子学院生存发展的诸多问题，如管理体制机制、师资培养、资源建设、资金筹措、项目开发等许多问题均需要在新情况和新环境中深入研究。一是要坚持孔子学院的发展不能脱离其作为语言教育的本质，应始终坚持以教育为中心，以文化交流为辅助，把握好发展方向和战略定位，科学规划、有序推进。二是要积极适应时代发展需求，不断拓展新的发展空间，积极探索新的发展模式和途径，如开展线上教育、推动中外合作办学等。同时，要注重与其他国家和地区的语言教育机构建立合作关系，共同推动语言教育和文化交流事业的发展。三是要继续加强师资队伍建设、创新教学方法、加快教学资源建设，提高教学质量和水平。四是要主动融入当地社会，共同开展语言教育和文化交流活动，增进相互了解和友谊。五是要注重与当地企业和行业协会的合作，为企业提供语言培训和文化交流服务，推动中外经济合作和贸易往来。孔子学院应继续发挥其在语言教育和文化交流领域的独特优势和作用，为推动中外友好关系和文化交流事业的发展作出更大的贡献。

二是加强孔子学院评价体系研究。加强孔子学院评价体系研究是推动孔子学院高质量发展的重要举措。通过建立科学的评价体系研究和注重评价结果应用,可以更好地引导孔子学院的发展方向,衡量孔子学院的发展质量和水平。目前已有学者开展这方面的研究,有学者从思路、教学、项目、运营、影响、奖惩(詹春燕和李曼娜,2014)这六个方面讨论了孔子学院评估指标体系的构建。有学者基于对多个孔子学院个体情况的考察,构建了包括"10个一级指标、52个二级指标"(吴应辉,2011)的孔子学院评估指标体系。在此基础上,后续要继续开展孔子学院评价体系的研发与应用工作。一是建立科学的评价指标体系。根据孔子学院的办学特点和实际情况,建立一套科学、合理、可操作的评价指标体系,从教学、管理、服务等方面全面衡量孔子学院的发展水平。同时,要根据不同类型、不同层次、不同国家、不同地区的孔子学院的实际发展情况,灵活调整评价指标,使评价体系更具有弹性和灵活的空间,让评价工作更符合实际情况。二是加强孔子学院评价体系运用实践研究。要将已开发的评价体系实际应用于孔子学院的考核中,通过实践运用深入了解评价体系的优缺点,持续优化并不断完善孔子学院评价体系,确保评价结果更加准确、客观。同时,应借鉴国际教育评价的先进理念和方法,提高评价的科学性和客观性,还应注重与国际教育评价标准接轨,提高评价体系的国际认可度。三是加强孔子学院评价结果的应用。将评价结果作为指导、改进、监管孔子学院工作的重要依据,针对发现的问题和不足,制定相应的改进措施,以提升孔子学院的办学质量和水平。同时,应将评价结果与资源配置、奖励机制等相结合,发挥评价的激励和导向作用,以激励孔子学院不断提高自身办学质量。

三是加强孔子学院经营模式的研究。孔子学院的经营管理是决定其生存和发展的关键因素。目前,孔子学院经费主要来源于国家投入、外方合作单位投入和社会捐赠。孔子学院一直以来备受争议的问题之一是其依赖国家投入的财政背景,尤其是与其他语言文化推广机构相比,国家的资金支持与孔子学院肩负的使命不匹配成为孔子学院被质疑和批评的主要原因之一,此外,外方合作单位经费投入不稳定,获得的社会捐赠相对较少。有学者在总结了当前孔子学院主要的经营模式后提出"产业经营+基金捐助+汉办项目"(吴应辉,2010)是孔子学院最佳的经营模式。为了解决这些问题,后续需加强孔子学院经营方式的优化研究。一是加强对经济发展落后国家的孔子学院的经费投入,以支持其建设和发展的需要。二是孔子学院可以通过出售教材教辅资料、开展汉语短期培训、汉语测试和考级等方式增加自营收入。三是孔子学院应积极争取当地政府和企业的支持,引入产业合作模式,通过合作项目、资金支持等方式拓展资金来源渠道,吸引海内外企业以及其他社会力量参与孔子学院的建设和发展。四是要健全社会资本引入机制,研究和论证如何引入社会资本、引入的比例、合作形式,在不违背孔子学院设立宗旨的前提下,采取恰当的方式并建立完善的管理制度。总之,通过多方努力、支持与合作,多方筹集孔子学院的发展资金,实现经费来源多元化,才能实现孔子学院的可持续发展。

第 10 章 "汉语桥"项目研究述评

"汉语桥"于 2002 年开始举办，项目已运行多年，并随着国际中文教育事业的发展不断增设新的项目内容。目前"汉语桥"项目包含有"汉语桥"中文比赛、"汉语桥"外国学生夏令营、"汉语桥"校长访华团、"汉语桥"线上团组、"汉语桥"俱乐部、"汉语桥"海外资助项目、"中文星"项目七部分内容。"汉语桥"中文比赛目前包含"汉语桥"世界大学生中文比赛、世界中学生中文比赛、世界小学生中文秀、全球外国人汉语大会四项活动。中文比赛主要考察选手在中国语言、文化和国情等方面的综合语言文化能力。全球外国人汉语大会目前涵盖了配音秀、故事会和书画展这三个主题。"汉语桥"中文比赛自 2002 年开赛以来，累计吸引 160 多个国家 150 多万名青少年参加海外预赛，7000 多名优秀选手应邀来华参加决赛，每年全球观众达上亿人次，为世界各国中文学习者提供展示中文水平、交流学习经验和检验学习成果的平台，已成为世界各国中文学习者广泛关注并积极踊跃参与的国际赛事，被誉为全球中文的"奥林匹克"。"汉语桥"外国学生夏令营是专为来自各国的大、中学生设计的中国语言文化学习体验项目。通过参与中文学习和文化体验，积极促进夏令营学员深入了解和体验中国语言文化，加强中外学生交流，增进彼此友谊，激发参营学员学习中文的热情。"汉语桥"校长访华团是为各国大中小学校长、教育官员、学校中文项目负责人以及对中文学习项目有需求的各界人士举办的来华参访项目。通过参加中国语言文化讲座和教育座谈会，参访中国当地学校，与中国教育工作者交流，为有志于创建或推进中文学习项目的机构提供支持，推动中外学校语言交流伙伴关系的建立，加深各界人士对中国语言文化的理解。"汉语桥"线上团组是为全球中文爱好者设计的线上中国语言文化体验项目，项目依托"汉语桥"团组在线体验平台开展实时授课、视频课程和线上活动，加深中外青少年对彼此语言文化的认识和理解，促进中外语言教育交流与合作。"汉语桥"俱乐部是面向"汉语桥"活动成员及中文爱好者设立的俱乐部，通过设立俱乐部站点、搭建"汉语桥"俱乐部 APP、开展"中文之星"等活动为俱乐部成员提供线上、线下语言学习、经验分享、交流联络、活动参与以及实习就业等信息资讯和服务支持。"汉语桥"海外资助项目旨在为海外中文教育和中外语言文化交流项目，如语言推广、学术研究、"汉语桥"比赛海外预赛等提供资金支持。"中文星"项目旨在通过举办线上线下的国际中文教育活动，帮助海外新时代人群了解中国，并为其提供展示中文能力的平台，激发其中文学习兴趣，促进世界爱好中文的青少年之间的语言文化交流。

作为重要的国际中文教育品牌，"汉语桥"项目在全球范围内推动了中文教育和文化传播，促进了中外文化的交流与融合，为世界各国学习者提供了更多学习中文和了解体验中国的机会。正如许嘉璐所言："牢固打造'汉语桥'品牌，向世界推广汉语，弘扬中华文化，让汉语成为连接中国与世界的文化之桥、心灵之桥、思想之桥（都艳，2009），增进世界各国对中国的了解和友谊，促进世界和平与发展。"如何持续提升"汉语桥"项目品牌在国际中文教育领域的影响力和竞争力，吸引更多的中文学习者并满足他们多样化的学习需求，需要学界展开深入研究。通过采用CiteSpace信息可视化技术，对国内"汉语桥"项目相关研究的文献进行分析，绘制相关知识图谱，呈现"汉语桥"项目相关研究的历史进程和主要研究成果，厘清研究核心领域和热点主题，探究研究的发展趋势，为"汉语桥"项目的深入研究提供参考。

10.1　数据来源和研究方法

通过使用CNKI数据库，以"汉语桥（篇名）"为搜索条件，文献来源选择"期刊文献"，不设时间跨度，检索时间截至2023年8月31日，检索到分布于2003年至2023年8月31日的文献数据共152篇，筛除不相关文献79篇后，选择了73篇文献数据作为文献计量分析的依据。通过将上述文献数据导入CiteSpace软件，采取以下三个步骤展开研究：①通过CNKI数据库自带的分析软件，对文献的年度分布情况进行初始分析，绘制出年度发文走势分析图表；②运用CiteSpace对文献数据进行分析，形成科研合作聚类图谱、关键词共现图谱、关键词聚类图谱、关键词共现时区图谱，由此呈现"汉语桥"项目研究知识体系的概貌，掌握"汉语桥"项目研究主题、热点和发展脉络；③基于知识图谱分析结果、结合文献研究进一步讨论"汉语桥"项目研究结论以及未来研究的深化方向。

10.2　"汉语桥"项目研究知识体系的文献特征分析

10.2.1　"汉语桥"项目研究的学术论文基本情况

通过使用CNKI数据库的精确检索可知，"汉语桥"项目研究成果不多。2007年至2023年8月31日的学术论文仅73篇。其主要特点如下：

从研究文献主题数量来看，关于"汉语桥"团组项目研究的文献有4篇，关于"汉语桥"中文比赛的国际中文教学研究的文献有29篇，关于"汉语桥"中文比赛的对外传播研究的文献有40篇。文献集中在"汉语桥"团组和"汉语桥"中文比赛这两项内容，而"汉语桥"中文比赛相关研究中从教学和传播的两个视角展开研究，整体而言，关于"汉语桥"中文比赛的研究占据整个"汉语桥"项目研究的主体地位。

从研究文献年度分布来看，2007年至2023年8月31日17年间年均发文量是4.2篇。第一篇关于"汉语桥"项目研究的文献出现于2007年，2007年至2011年间的文献数量很少，5年仅发文3篇，年均发文量不足1篇，2009年、2010年零发文，这一阶段文献数量维持在较低水平，没有明显的增长趋势。至2012年开始文献数量逐步增加，2012年、2015年和2022年为发文高峰期，发文均为7篇及以上，2022年发文最多达13篇，而2014年、2021年和2023年为发文低谷期，发文均在4篇及以下，低于该阶段的年均发文量。总体而言，2012年至2023年年均发文量为5.7篇，该阶段发文量相较于前一阶段出现显著增长，进入研究的稳步发展时期，虽然个别年份文献数量呈现出一定的波动，但浮动幅度相对较小，表现出相对稳定的趋势，持续保持着一定的研究热度（图10-1）。

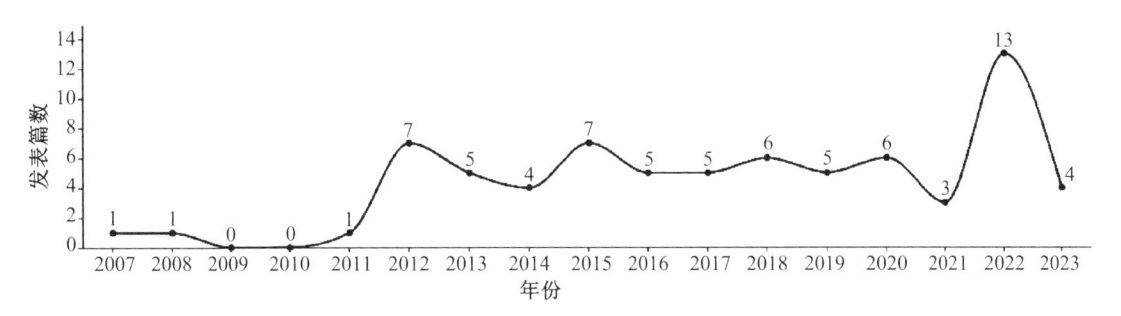

图 10-1 "汉语桥"项目研究文章发表年度趋势图

10.2.2 "汉语桥"项目研究的科研合作聚类分析

在"汉语桥"项目研究领域，高校及其学者是该领域研究的核心力量。从发文数量来看，发文数量最多的作者是袁凌（4篇），其次是李冰（3篇），刘纪新、王伟鑫、杨子扬各2篇，其他作者均1篇。袁凌（2019）、李冰（2016）主要关注"汉语桥"世界大学生中文比赛，重点讨论基于比赛的中华文化传播、中国文化软实力的构建和国家形象塑造问题。刘纪新（2013）、王伟鑫（2015）从比赛的角度讨论国际中文教育中语言教学与文化教学等问题。杨子扬（2019）主要从文化类节目的角度探索中华文化的对外传播以及中国形象的塑造。

从发文机构来看，云南师范大学、湖南卫视、湖南女子学院、河南理工大学、湖南大众传媒职业技术学院是该领域研究具有代表性的院校机构，五所机构发文量均为5篇。云南师范大学相关学者从知识结构、文化内涵、学习策略等方面讨论了"汉语桥"中文比赛中的汉语知识体系的构建，文化内容的设计以及学习策略的运用。湖南卫视相关学者主要从电视节目制作的角度探讨"汉语桥"中文比赛的内容、形制、受众等方面的创新以及影响。湖南女子学院相关学者从文化传播的角度讨论了"汉语桥"中文比赛的形式与内容并从中国文化资源的挖掘、中国形象的塑造两个方面提出了"汉语桥"中文比赛的发展策略。河南理工大学相关学者通过分析"汉语桥"中文比赛来讨论面向国际学生开展古诗词教学、词汇教学以及听力教学的教学方法和策略。湖南大众传媒职业技术学院相关学者对"汉语桥"的研究集中在中文比赛和线上团组两个方面，在中文比赛中讨论了基于赛事的高职文化人才的培养，在线上团组中从课堂设计、授课方式、教学内容、项目评估等方面讨论了基于"汉语桥"冬令营线上团组项目开展的国际学生中文教学。

从研究学者、研究机构的合作程度来看，学术研究的作者合作程度是判断学科研究进展的重要指标，毕竟单一作者的研究成果虽能反映其研究能力，但无法展示学科研究全貌，而良好的科研合作关系有助于学科体系走向成熟。科研合作包括作者合作和机构合作。为了清晰简洁地识别作者和研究机构的学术合作和联络情况，在 CiteSpace 软件中选择"'author'+'institution'"为节点类型，将机构分布情况和作者分布情况合并展示，绘制了"汉语桥"项目研究的科研合作知识图谱（图 10-2），图谱中连线的密集和粗细程度反映了作者间、机构间科研合作的紧密程度。

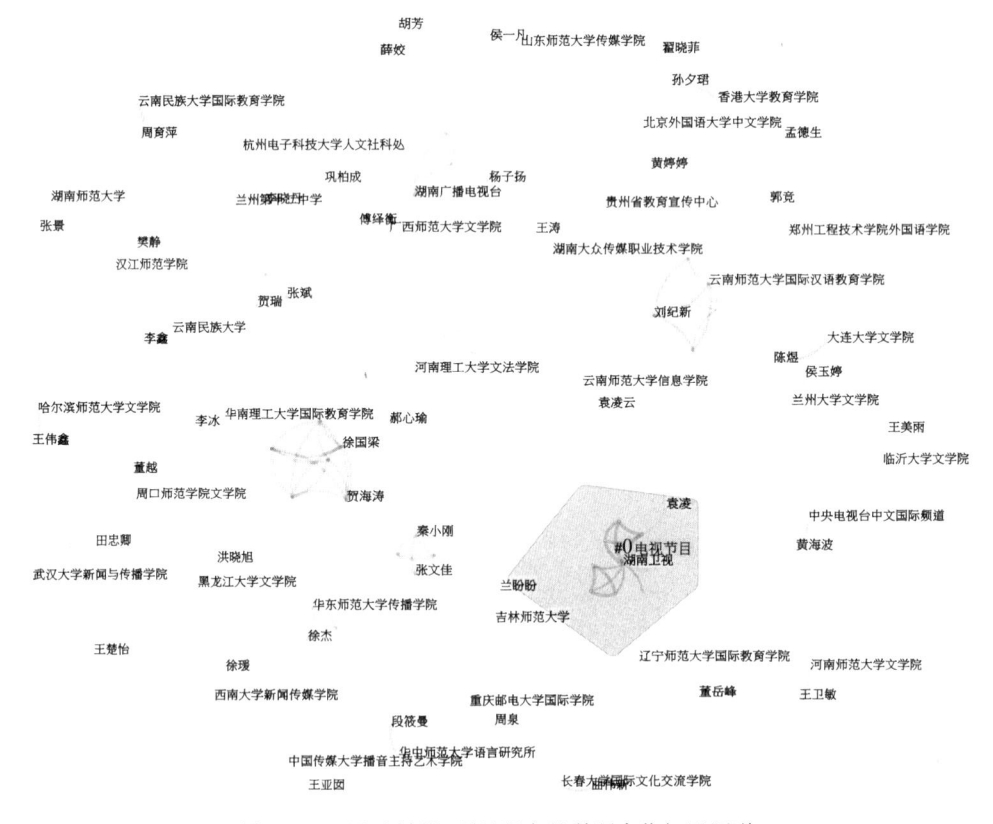

图 10-2　"汉语桥"项目研究的科研合作知识图谱

在作者合作方面，"汉语桥"项目研究形成了以刘纪新、袁凌、李冰、赵文玲、杨子扬等作者为核心的数个研究群体，但是尚未形成群体间相互交流、紧密联系的学术共同体。

在作者和机构合作方面，"汉语桥"项目研究形成了以作者单位：湖南卫视、吉林师范大学和相关作者：袁凌、兰盼盼组成的一个学术研究群体；结合关键词的重要程度和出现频次，形成的这个作者机构分布聚类命名为"电视节目"。由此可见：目前"汉语桥"项目研究聚焦在"汉语桥"中文比赛这一项目内容，并非"汉语桥"项目的全部项目内容。研究主要从新闻传媒这个学科领域、电视节目这个视角展开讨论，研究焦点集中在"汉语桥"中文比赛所呈现的文化传播叙事方式、艺术表达和文化内涵。根据软件计算结果，"汉语桥"项目研究科研合作图谱的密度值为 0.015，低于 0.1 的正常水平，作者、机构节点数是 126，合作连线数是 119，较为短促，连线密度低，反映了"汉语桥"项目研究的科研合作联系松散、研究机构和作者分散化、独立化的特征。

10.2.3 "汉语桥"项目研究的高频被引文献分布

文献的被引频率可用于评估其学术价值，分析"汉语桥"项目研究相关高频被引文献可以了解研究人员的兴趣以及掌握该领域的研究热点。通过 CNKI 数据库整理出排名前 10 的高频被引文献，被引情况以及研究内容如下：

该领域研究最高频次被引文献是云南民族大学国际教育学院周育萍（2013）所作的《对外汉语教学中的文化渗透——"汉语桥"在华留学生大赛文化试题引发的思考》，该文于 2013 年 4 月 20 日发表在《兰州教育学院学报》。文章认为语言既是文化的传承工具，也是文化不可或缺的组成部分。学习一门语言，实质上就是融入了承载于其中的文化。中文作为中国文化的瑰宝，蕴含了深刻的文化元素，中国文化深层次渗透于中文之中。国际中文教学不仅仅是语言教育更是一种文化教育。学习者若不能准确把握中文的文化内涵以及相关的社会习惯，便难以真正掌握中文的精髓，也难以在交际活动中准确地运用中文。作者在研究中关注了 CCTV 汉语之星——"汉语桥"在华留学生汉语大赛，比赛中留学生产生的语言错误反映出参赛选手中国文化知识的欠缺，需引起教育者们重视文化渗透教育，并提出了在国际中文教育中开展文化渗透教育应树立文化渗透的自觉理念，应遵循循序渐进、适可而止、把握主流、随机融合的原则，根据内容选取文化渗透渠道，加强人文内涵的文化渗透，增强教师个人文化修养等教学策略。

长春大学国际文化交流学院曲伟新（2012）所作的《对外汉语听力教学模式新探——从"汉语桥"在华留学生汉语大赛的比赛环节引出的思考》于 2012 年 3 月 26 日发表在《长春教育学院学报》。文章认为，国际中文教学中强化听力和口语训练已成为师生的普遍共识。作者基于自身多年听说课教学经验以及"汉语桥"大赛指导教师的指导经验，借鉴"汉语桥"比赛中"弦外之音""电影新配音"的比赛设计思路，探讨高级汉语视听说教学模式，提出发挥影视作品的优势，从优秀的影视作品中广泛选取教学材料，让学生得以在真实或模拟真实情境中体验和学习语言的建议；构建学习者为中心的教学模式，将任务教学法引入视听课，在每个学习阶段巧妙设计任务，通过一系列有序的任务，让学生围绕目标逐渐理解语言并能在实际交际中灵活运用，这一过程层层递进，既有初级内容，又涵盖高级层次，形成了循环的学习路径，确保任务能够引导学生逐步深入，完成特定任务并积累学习经验进而提高学习效果。

香港大学教育学院孙夕珺（2015）所作的《"汉语桥"世界大学生中文比赛的偏误现象分析》于 2015 年 3 月 15 日发表在《云梦学刊》。文章以 2009 年至 2013 年五届"汉语桥"世界大学生中文比赛为研究对象，选择来自第八届至第十三届"汉语桥"比赛的复赛和决赛中的主题演讲、语言类才艺展示、辩论赛、文化体验环节和临场回答问题的比赛环节中的语料，选择选手多发生偏误的语言点进行总结归纳，采用实践与理论相结合、定量统计和定性分析相结合、个性与共性相结合的研究方法，研究中文二语学习者在口语上的偏误，在词汇上的偏误主要有近义词误用、关联词误用或缺失、不及物动词误用这三类，在句法上的偏误主要有语序不当、成分缺失、补语句型偏误这三类。产生语言偏误的原因众多，包括目标语的规则、母语对学习的影响、训练造成的迁移效应以及学习者所采用的学习策略和交际策略。以上因素都可能在不同的程度引发语言偏误的出现。针对偏误的出现，在国际中文教学中要注意母语影响，要加强语感培养、要重视文化教学。

哈尔滨师范大学文学院王伟鑫（2015）所作的《谈"汉语桥"比赛对文化教学的启示——以第十二届、第十三届"汉语桥"比赛为例》于 2015 年 6 月 22 日发表在《语文教学通讯·D 刊（学术刊）》。文章以第十二届和第十三届"汉语桥"比赛的复赛和决赛为研究对象，探析比赛中展现出来的影响学生语言学习的积极因素，探讨"汉语桥"比赛对国际中文教学的启发影响，作者认为在文化教学中融入语言文化符号元素，激发学生学习中华文化的兴趣，通过对语言文化符号的学习增进对中华文化的认识理解；通过设置真实语言实践任务，让学生通过语言实践来锻炼中文运用能力和文化适应能力；安排体验学习民间文化艺术，走访感知传统节日、地方风俗习惯等文化实践活动，促使学生将对中华文化的认知与对语言知识的理解融合并应用于实际；通过对比中西方文化差异，帮助学生认识彼此的文化特色，引导学生主动排除文化干扰，创造融洽并能够让彼此接受的沟通氛围，以更好地理解和应用中文。

云南师范大学国际汉语教育学院刘纪新（2012）、赵文玲合作的《论"汉语桥"在华留学生汉语比赛的文化内涵——以央视总决赛为例》于 2012 年 9 月 20 日发表在《湖南城市学院学报》。作者考察了第一届到第四届"汉语桥"在华留学生汉语大赛的总决赛中的比赛和表演内容，认为比赛和表演项目都蕴含着丰富的文化内涵，展现了中国传统文化、中国现代文化、相拼接在一起的中外文化。在中国传统文化部分主要展示了古典文学和传统艺术如中华戏曲、中华武术；中国现代文化部分主要展示了现代文学、现代歌曲；中外文化拼接部分将世界各地、各国经典的艺术作品与中国的经典艺术作品融合在一起创作出中外歌曲联唱、融合舞蹈、融合小品等节目；三部分文化中中国传统文化占比最高，中国现代文化相对较少，中外文化融合的比例逐渐上升，体现了文化的多样性和包容性、突显了弘扬中国传统文化、展示民族特色的特点，整体体现了"汉语桥"比赛内容和形式的丰富与创意，展现了比赛呈现的文化特点以及发展趋势。

北京大学中文系陆俭明（2007）所作的《建设友谊之桥——汉语桥，为建设和谐国际社会贡献力量》于2007年9月15日发表在《云南师范大学学报（对外汉语教学与研究版）》。作者讨论了国际中文教育的学科属性，认为国际中文教育其基础在于汉语言文字教学，但同时也牵涉到多个其他学科领域，是一个交叉型学科。这表明中文教学不仅仅是语言教学本身，还需要综合其他学科的知识和方法来支持和丰富教学过程，以确保学习者能够全面地理解和运用中文。文章指出中文在全球范围内的传播，这种趋势反映了中国在综合国力和国际地位上的提升以及国际形势的发展。通过推广中文教学使中文走向世界，旨在构建一座通向中国的友谊桥梁，促进中华文化与全球多元文化的交流与融合。这种努力有助于和谐国际社会的建设。在"中文热"持续升温的背景下，作者呼吁应坚定上述观点，以便在处理中文教学各方面工作时能够保持冷静和科学的思考态度。

国防科学技术大学人文与社科学院贺海涛（2014）、湖南大众传媒职业技术学院国际汉语言文化传播基地徐国梁、欧阳旭、周觅合作的《"汉语桥"世界大学生中文比赛海外传播影响力研究》于2014年1月20日发表在《东南传播》。作者认为"汉语桥"世界大学生中文比赛在宣传中国国家形象和增强中文国际影响力中具有重要价值。研究"汉语桥"世界大学生中文比赛在海外的传播影响力具有重要意义。作者分析了与网络传播影响力相关的研究，指出当前通用的传播影响力考察方法：Alexa网站排名法尽管可以大致反映网络传播影响力，但其表现并不够直观和精确。作者提出了更精细地度量网络传播影响力的计算方法，并提出了提高"汉语桥"比赛海外传播影响力的措施建议。

华中师范大学语言研究所段筱曼（2013）所作的《留学生汉语能愿动词偏误分析——以〈汉语桥〉和〈世界大不同〉口语语料库为研究中心》于2013年8月15日发表在《黄冈师范学院学报》。文章指出对于留学生而言，学习中文并非一件容易的事情，尤其是在口语方面，掌握能愿动词更是具有挑战性的任务。文章以《汉语桥—在华留学生汉语大赛》和《世界大不同》这两个节目中历届、历期在华国际学生的口语为主要研究对象，采用 ROST WordParser 5.8、Wordfrenqency parse v1.0、EXCEL、SPSS 等分析工具，将在华国际学生口语中的能愿动词偏误进行归类分析，探讨引起国际学生学习汉语能愿动词产生偏误的因素，并提出了改进的措施建议。

大连大学文学院陈煜（2012）所作的《"汉语桥"世界大学生中文比赛选手的培训与指导》于 2012 年 12 月 15 日发表在《继续教育研究》。文章指出虽然"汉语桥"比赛在全球范围内很受欢迎，但是在选手选拔和培养方面的研究却非常有限，同时孔子学院公派教师和志愿者关于比赛的指导工作也缺乏相关培养经验。针对"汉语桥"选手选拔和培养的系统性研究和专业培训的不足的问题，作者结合自己培训选手的体会和心得讨论了"汉语桥"世界大学生中文比赛选手的训练和培养的策略：在发音训练中，要重视学生的发音训练，通过提供标准的范例和多样化的朗读练习，帮助学生在比赛中获得更好的发音表现，同时提升他们对中文语音的理解和掌握水平。在演讲训练中，要在内容表达的基础上，注重情感、肢体语言、自然动作等方面的表现，以及通过生动的细节和清晰的逻辑来感动和吸引听众。在互动和展示环节，在网络互动和展示自我时，强调外在包装需要与内在的真情实意相结合，只有在这些方面都兼具优势才能在网络互动中取得持久的成功。在比赛过程中，要综合考虑运气、机遇、准备和表现等因素的重要性。自信心、实力可以在比赛中起到关键作用。选手需要保持自信，指导教师需要引导、鼓励，并在必要时给予指导和建议，以帮助选手克服难题并在比赛中表现出色。同时，作者强调在中文教师们的光荣感、责任感、使命感以及无私奉献的精神支持下，通过他们的不懈努力和奉献，使得"汉语桥"比赛成为了一个促进全球汉语学习者之间交流、增进友谊、展现中文和中国文化魅力的平台。他们的精神贡献在推动国际中文教育的持续发展和全球中文交流的繁荣方面起到了关键作用。

南京师范大学国际文化教育学院徐开妍（2014）所作的《弘扬文化 沟通心灵——评〈汉语桥〉系列节目的成功》于 2014 年 12 月 1 日发表在《当代电视》。文章从外部因素和内部因素详细阐述了《汉语桥》比赛节目取得成功的原因。外部因素方面，全球"中文热"的影响，为《汉语桥》比赛节目的关注度提供了有力支持；《汉语桥》比赛将中文与娱乐、竞技和文化相结合，成功地创造了一个引人入胜的节目，为中文学习者提供了展示自己的舞台，同时也吸引了更广泛的观众参与；《汉语桥》比赛娱乐性与知识性并存，受众范围较广，吸引了广大中文学习者、教育从业者和普通电视观众的关注。内部因素方面，《汉语桥》比赛节目内容与形式丰富多样、竞技性与观赏性相结合以及融入时尚元素，吸引了不同背景的观众，节目展示了外国青年学习中文的成果以及中国文化的魅力，逐渐发展成为促进中文教育和中国文化传播的有效平台。

总体来看，"汉语桥"项目研究中高频被引文献的研究内容可以分为三类：一是通过分析"汉语桥"比赛内容、比赛选手语言偏误提出改进中文教学的策略与建议。这一类研究聚焦于分析在"汉语桥"比赛中所显现出的学生面临的语言和文化方面的挑战。这些问题涵盖语言运用中的偏误、语法错误、发音问题以及跨文化交流中的难题等方面。通过深入研究这些问题，研究者们试图洞察学生在中文学习和文化传播过程中的困难，以便为教育实践提供更具深度和针对性的建议。二是结合自身实践经验讨论"汉语桥"中文比赛选手的选拔和培养。这一类研究立足于教育实践，关注在"汉语桥"比赛中选手的选拔和培养过程。通过讨论如何在选拔阶段识别潜力，以及如何在培养过程中提供实用有效的指导和支持，以便帮助选手更好地准备和参与"汉语桥"比赛以及培养出更出色的中文学习者和文化交流使者。三是基于"汉语桥"中文比赛项目传播案例讨论提升"汉语桥"项目海外传播影响力的策略。这一类研究强调了在国际社会中促进"汉语桥"的知名度和认可度的重要性。研究者们从传播学和国际文化交流的角度出发，旨在提供切实可行的策略，以帮助"汉语桥"项目在全球范围内实现更大的影响力。这些研究内容和方向相互交织，研究成果为教育者提供了实用的中文教学方法和选手培训策略，也为"汉语桥"比赛项目管理者提供了建议，有助于不断完善和发展"汉语桥"项目，更好地在全球范围内推动中文学习、文化交流，提高中国国家影响力以及促进国际友谊的发展。

10.3 "汉语桥"项目研究热点分析

10.3.1 "汉语桥"项目研究的关键词共现分析

关键词是研究文献的核心要素，可以反映出文献研究的主题内容。通过绘制关键词共现知识图谱可以掌握关键词出现的频次以及关键词之间的关系，进而掌握该研究领域的热点。以"keyword"为节点类型，通过"pruning sliced networks"算法，使用CiteSpace软件绘制出"汉语桥"项目研究的关键词共现知识图谱（图10-3），较突出的关键词包括"汉语桥""对外汉语教学""湖南卫视""对外传播""文化"等。这些关键词处于整个图谱的中心位置，占据图谱面积最大，表明其在"汉语桥"项目研究中出现的频率较高，研究热度较高。除此之外，较为显著的关键词还包括"中文比赛""汉语国际推广""发展策略""跨文化""国家叙事"等，说明学界对这些方面也有所关注。

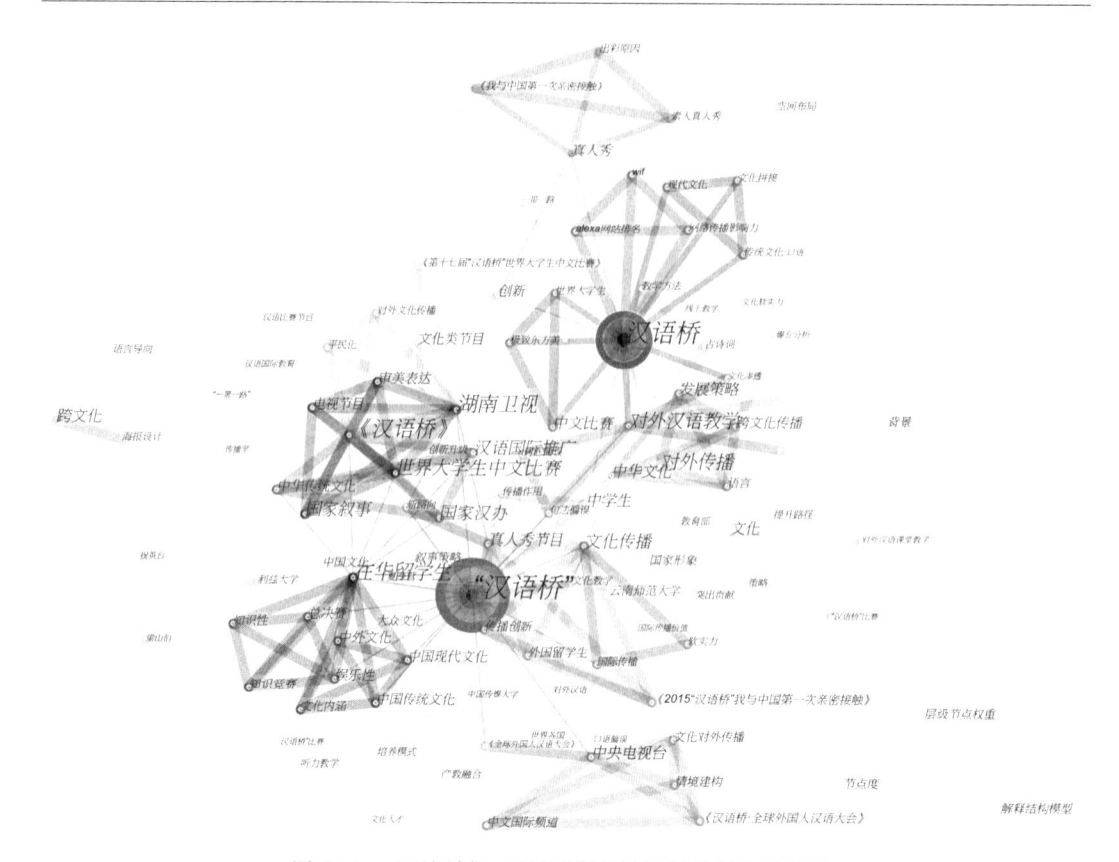

图 10-3 "汉语桥"项目研究的关键词共现知识图谱

通过 CiteSpace 的词频统计功能梳理"汉语桥"项目研究词频较高的 20 个关键词（表 10-1），词频越高、中心性越大越能凸显研究热度和重要性，一般来说，中心性大于 0.1 的关键词比较重要，往往词频高的关键词中心性也不会低，在表 10-1 中"汉语桥"频次最高（28 次），且中心性最突出（0.55），表明汉语桥研究为该领域核心并在众多研究方向中起着桥梁作用。

表 10-1 "汉语桥"项目研究高频、高中心性关键词排序

序号	关键词	频次	中心性	序号	关键词	频次	中心性
1	汉语桥	28	0.55	11	中文比赛	3	0.05
2	对外汉语教学	7	0.10	12	汉语国际推广	3	0.07
3	湖南卫视	5	0.15	13	发展策略	2	0.01
4	对外传播	5	0.05	14	跨文化	2	0.00

续表

序号	关键词	频次	中心性	序号	关键词	频次	中心性
5	文化	4	0.05	15	国家叙事	2	0.01
6	国家汉办	3	0.01	16	真人秀	2	0.06
7	中华文化	3	0.02	17	创新	2	0.02
8	世界大学生中文比赛	3	0.01	18	听力教学	2	0.00
9	文化传播	3	0.09	19	软实力	2	0.00
10	在华留学生	3	0.05	20	文化类节目	2	0.00

比较重要的关键词还有"对外汉语教学"（词频 7 次、中心性 0.1）"湖南卫视"（词频 5 次、中心性 0.15）。说明"汉语桥"项目研究中与对外汉语教学、湖南卫视相关的研究比较多。值得注意的是，关键词共现中出现了词频高、中心性低的情况，如"对外传播"（词频 5 次、中心性 0.05）"文化"（词频 4 次、中心性 0.05）"国家汉办"（词频 3 次、中心性 0.01），可见词频和中心性之间不存在直接的正相关关系。

10.3.2 "汉语桥"项目研究的关键词聚类分析

在关键词共现图谱的基础上，通过提取"汉语桥"项目研究关键词的聚类标签，能够更加深入了解该领域研究的热点。利用 CiteSpace 软件的聚类算法，绘制"汉语桥"项目研究的关键词聚类图谱（见图 10-4），一般认为，聚类模块值（Q 值，modularity）>0.3 意味着聚类有效，聚类平均轮廓值（S 值，weighted mean silhouette）>0.5 意味着聚类合理，当 $S>0.7$ 时说明聚类可信。

图 10-4 的"汉语桥"项目研究关键词共现图谱 $Q=0.7234$，$S=0.9115$，表明该聚类图有效且具备高信度特征。由图 10-4 可见，"汉语桥"项目研究关键词共现图谱共形成了 9 个大小不同的显著聚类：#0 传统文化、#1《汉语桥》、#2 中国文化、#3《2015"汉语桥"我与中国第一次亲密接触》、#4 策略、#5 策略、#7 策略、#12 策略、#16 策略。聚类序号从#0～#16，序号按数值从小到大排序表明聚类所包含的文献量依次递减，聚类重叠部分代表其联系密切。

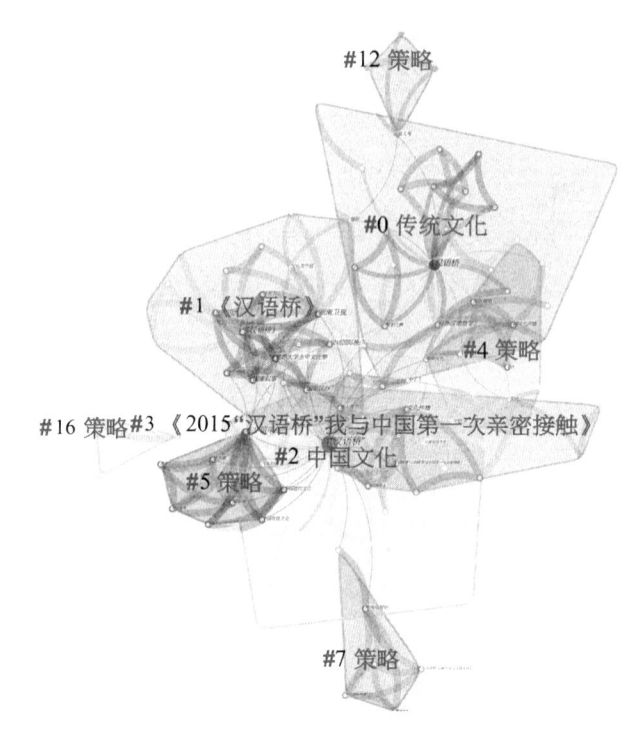

图 10-4 "汉语桥"项目研究关键词聚类图谱

再利用 CiteSpace 的关键词聚类信息汇总功能,将上述 9 个显著聚类标签下的代表性关键词进行整理得出表 10-2,更能清晰反映各个关键词聚类中的研究内容和要点。

表 10-2 "汉语桥"项目研究聚类名称及关键词分布

聚类编号	聚类名称	关键词聚类
#0	传统文化	汉语桥、对外汉语教学、中文比赛、现代文化、文化拼接、传统文化、文化因素教学、词汇偏误、Alexa 网站排名、线上教学、WIF、一带一路、文化素养、语法偏误分析、汉语国际传播、教学方法、文化价值、古诗词、极致东方美、句法偏误、网络传播影响力、成功因素、世界大学生、口语、文化渗透
#1	《汉语桥》	《汉语桥》、湖南卫视、国家汉办、世界大学生中文比赛、汉语国际推广、国家叙事、创新、文化类节目、电视节目、对外文化传播、汉语国际教育、传播学、《第十七届"汉语桥"世界大学生中文比赛》、创新升级、"一带一路"、审美达、跨文化交际、汉语比赛节目、夏令营、中华传统文化、平民化
#2	中国文化	"汉语桥"、教育部、产教融合、叙事策略、文化人才、培养模式、中国传媒大学、中学生、学习汉语、云南师范大学、中国文化、口语偏误、文化教学、欧洲学生、大众文化、突出贡献、对外汉语、传播作用、世界各国

续表

聚类编号	聚类名称	关键词聚类
#3	《2015"汉语桥"我与中国第一次亲密接触》	文化、文化传播、软实力、真人秀节目、"汉语桥"比赛、传播创新、对外汉语课堂教学、外国留学生、国际传播价值、国际传播、《2015"汉语桥"我与中国第一次亲密接触》、新路向
#4	策略	对外传播、中华文化、发展策略、语言、跨文化传播、媒介分析、策略、国家形象、提升路径、文化软实力
#5	策略	在华留学生、总决赛、知识竞赛、中国传统文化、文化内涵、知识性、中外文化、中国现代文化、娱乐性
#7	策略	中央电视台、《汉语桥·全球外国人汉语大会》、中文国际频道、情境建构、《全球外国人汉语大会》、文化对外传播
#12	策略	真人秀、《我与中国第一次亲密接触》、出彩原因、素人真人秀
#16	策略	梁山伯、祝英台、利兹大学

将高频关键词、关键词聚类图谱与文献结合来看,"汉语桥"项目研究的研究热点归为以下几方面。

一是基于"汉语桥"项目的国际中文教学研究。这一主题研究的代表性关键词有"汉语桥""对外汉语教学""国家汉办""世界大学生中文比赛""在华留学生""中文比赛""汉语国际推广""发展策略""跨文化""听力教学"。研究分析"汉语桥"中文比赛的比赛主题、试题内容、比赛呈现的中文知识体系结构指出选手存在的语言偏误类型并提出针对性的教学建议。经分析世界大学生中文比赛,发现选手常见的词汇偏误有近义词误用、关联词误用或缺失、不及物动词误用,常见的句法偏误有语序不当、成分缺失等,教师在教学中要注意母语的影响并加强语感的培养(孙夕珺,2015)。在分析试题的文化元素时发现比赛蕴含了丰富的中国传统文化和现代文化以及中外交融文化(刘纪新和赵文玲,2012)。教师在开展文化教学时要从跨文化交际的角度选取教学内容,要因各国学生的价值取向的不同选择文化教学内容(李晓丹,2017);教学注意阶段性,从文化现象到文化主题到文化课程递进;教学方式有讲解、参观、体验、课内外结合,在学中悟,在悟中用。在比赛试题知识点分析中,基于 ISM 和节点度融合的知识体系构建,构建了"汉语桥"文化知识点体系框架,明晰了文化教学的重难点以及更好理解竞赛对知识能力的具体要求,便于教师教学的设计和学生系统性学习。研究聚焦"汉语桥"比赛中呈现出来的国际中文"教与学"的问题,为国际中文教学提供了具体的改进方向和相关的教学建议。

二是基于"汉语桥"项目的对外传播研究。这一主题研究的代表性关键词有"对外传播""湖南卫视""文化""中华文化""文化传播""国家叙事""真人秀""创新""软实力""文化类节目"。研究从语言竞赛和文化节目两个角度切入讨论"汉语桥"系列比赛的文化传播。从语言类竞赛角度来看,"汉语桥"系列比赛考察了参赛者的中文语言能力、中国文化技能和国情知识,其国际传播价值就在于满足来自各个国家受众的需求,引发其对汉语及中华文化的关注和热爱,提供了国际汉语教育的有效平台,促进了国际汉语教育的发展(周泉,2017)。它不仅是一项旨在提升中文国际影响力的国际赛事,更是一个传播中国优秀文化、宣扬中国国家形象、构建国际话语权体系以及提升国家文化软实力的重要途径。从文化类节目角度来看,"汉语桥"系列比赛通过电视这一媒介生动展示了中文的魅力、中华文化的魅力和当代中国的真实风貌;它受众面广、娱乐性强,激发了外国人学习中文和深入了解中国的热情;它传播面广,互动性强,传播平台跨屏联动,实现从单一的电视传播向多元媒体服务的转型(樊静,2022);它在内容、形制、受众等方面进行多维创新,以更年轻化和趣味化的方式传递中华文化,实现口碑和人气双丰收(杨子扬,2018)。研究关注文化传播、国际交流、媒体影响力以及国家形象等问题,揭示比赛在国际传播中的文化价值、创新理念和成功因素,为未来文化类节目的制作和传播提供了有益的经验和指导。

三是"汉语桥"线上团组项目研究。这一主题研究的代表性关键词有"线上教学"。研究主要线上团组教学模式、教学效果、学习满意度的角度开展研究。研究从项目设计、平台设计、课程设计、师资培养、项目评估等方面讨论了"汉语桥"线上团组的策划与实施。研究认为项目设计应紧密关注学生需求,构建人性化、智能化授课平台;平台设计应强调友好的用户界面、易理解的学习内容和灵活的教学模式。课程设计应依据学生水平对学习内容进行难度层级划分,通过分层教学以满足不同语言水平的学习需求;课程形式应丰富多样,涵盖在线直播、录播课程以及文化活动等,以满足学生在虚拟学习社区中的交流互动需求。师资培养应强化教师的信息技术,提高教师音视频编辑、线上平台运用等能力,加强教师线上教学的技能(黄冰晶,2023)。项目评估应采用调研、访谈、数据测评等多种方式,从多个方面如学生、教师、管理人员等方面评估项目的开展情况。可以说,线上团组项目是新形势下的一种新的语言文化教学模式,它创新了线上教学的形式,对其进行的研究为国际中文教学的改革与发展提供了新思路。

10.3.3 "汉语桥"项目研究的关键词共现时区分析

在关键词聚类的基础上,通过绘制"汉语桥"项目研究关键词共现时区图谱(图10-5),从时间角度来分析"汉语桥"项目研究领域每一个聚类下的关键词演变过程，能够更加清晰地展示该领域研究的脉络演进与变化趋势，从而更深入掌握该领域的主题变化。从研究热度来说，聚类#0 传统文化、聚类#2 中国文化一直以来都保持较高的研究热度，相关方面的研究成果较多，至今依旧受到学界关注；聚类#1《汉语桥》在研究早期关键词交叠共现密度很高，研究非常集中，但 2019 年后该方面研究表现出热度下降；聚类#3《2015"汉语桥"我与中国第一次亲密接触》、聚类#4 策略的相关研究至 2013 年之后一直持续至今，保持着一定的研究热度；而聚类#5 策略、聚类#7 策略、聚类#12 策略、聚类#16 策略只在某个时间段中出现，仅在这一时段中引起学界的关注，没有连续性。从研究趋势来说，聚类#0 传统文化、聚类#1《汉语桥》研究时间跨度长且发文量也比较多，可以作为长期研究方向；聚类#3《2015"汉语桥"我与中国第一次亲密接触》、聚类#4 策略研究时间跨度长但发文量较少，有必要进行深入的研究。

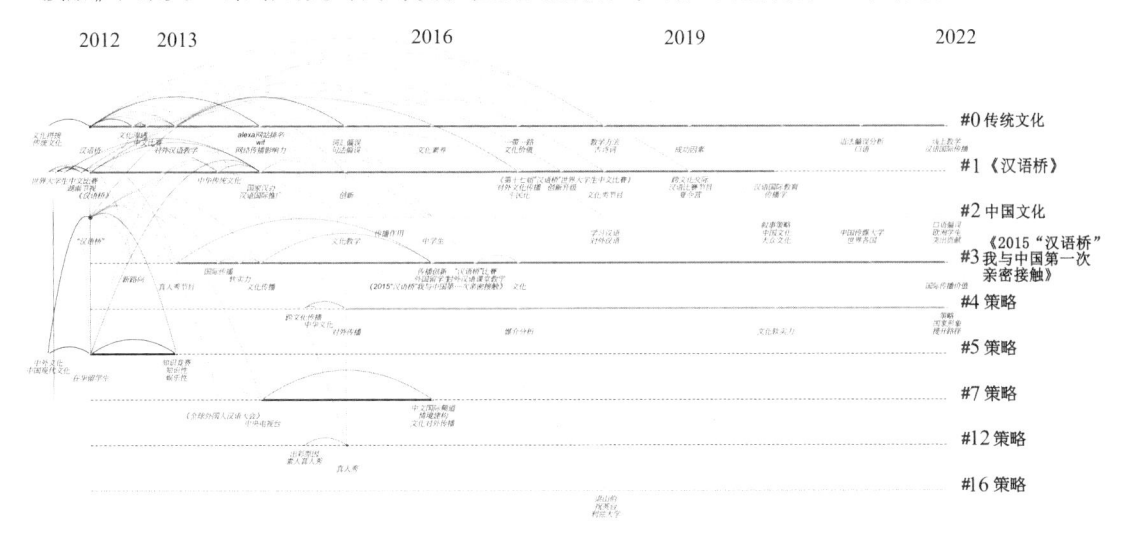

图 10-5　"汉语桥"项目研究关键词共现时区图谱

10.4　"汉语桥"项目研究结论和展望

"汉语桥"项目的研究围绕着"汉语桥""对外汉语教学""对外传播"这些宏观关键词通过连线与"中文比赛""听力教学""发展策略""电视节目""真人秀""文化类节目"等关键词展开了中观、微观领域的拓展研究，当前的研究热点集中于"汉语桥"中文比赛、对外传播两个方面，"对外汉语教学""对外传播"和"策略"三个关键词是研究的前沿问题。"汉语桥"项目的研究应在以下方面深入：

加强"汉语桥"中文比赛之外的其他项目研究。目前"汉语桥"项目包含有"汉语桥"中文比赛、"汉语桥"外国学生夏令营、"汉语桥"校长访华团、"汉语桥"线上团组、"汉语桥"俱乐部、"汉语桥"海外资助项目、"中文星"项目七部分内容。"汉语桥"项目研究关注了"汉语桥"项目在国际中文教育和文化交流合作领域的多个方面，从不同角度分析了项目活动对参与者以及国际中文教育的影响和意义。但是相关研究主要集中在"汉语桥"中文比赛这一项目上，其他项目的相关研究比较少，除"汉语桥"线上团组、"汉语桥"来华夏令营有零星少数几篇文献外，其他项目如"汉语桥"俱乐部、"汉语桥"海外资助项目、"中文星"项目化的研究处于空白状态。这些项目以不同的角度、不同的形式丰富着国际中文教育的交流与合作，在促进中文的国际推广、中国文化的国际传播有着独特价值，因此，在未来研究中应全面关注"汉语桥"各项目，着力加强"汉语桥"中文比赛之外的其他项目研究。

加强"汉语桥"项目对国际中文教学影响的研究。"汉语桥"项目的设置主要服务国际中文教育的交流与合作，重点服务国际中文教学的发展。研究"汉语桥"项目对国际中文教学的影响应从项目设计、项目实施、项目效果三个层面，从学生、教师、参与学校或机构三个角度，从内容、途径、方法三个要素来综合考量。重点探讨项目是否激发了学生学习中文的兴趣、是否增强其中文语言能力和跨文化交际能力；是否提高了教师中文教学效果、帮助其更好应对国际中文教学的挑战；是否促进了学校之间、教育机构之间以及国际间的教育交流与合作；是否影响了教育政策的制定、是否促进了中文教育的发展与推广以及是否有助于推动了国际中文教育的改革和创新。通过深入的研究和分析，更全面地评估项目对国际中文教学的实际影响，为进一步改进"汉语桥"项目、提高国际中文教育质量提供有力支撑。

加强"汉语桥"项目传播效果研究。当前学界已经对"汉语桥"项目的海外传播贡献了有益的思考和建议，未来应在"汉语桥"项目的国际合作与传播方面加强研究，通过分析不同国家和地区的文化特点、媒体环境以及受众需求，制定精准的宣传和推广策略；通过研究社交媒体、电视广播、文化活动等不同渠道的传播特点与效果，优化传播策略；通过探讨如何与其他国际性活动和项目的关联，进一步提升"汉语桥"项目的知名度；通过研究如何与国际教育机构、文化组织、使馆等建立更广泛的合作网络，从而提升"汉语桥"项目的国际声誉。

第 11 章　"中文+"研究述评

"中文+"教育是国际中文教育与职业教育融合发展的新型教育模式,为国际中文教育、职业教育的发展注入了新活力,成为国际中文教育转型升级的重要路向。实施"中文+"教育培养中文语言基础扎实、了解中国文化、具备过硬专业技术的复合型本土人才,服务当地经济社会发展,促进中外人文交流,民心相通,顺应了我国教育国际化发展需求,助力中国职业教育"走出去",对提升我国国际中文教育、职业教育高质量发展具有重要意义。通过采用 CiteSpace 信息可视化技术,对国内"中文+"相关研究的文献进行分析,绘制相关知识图谱,呈现"中文+"相关研究的历史进程和主要研究成果,厘清研究核心领域和热点主题,探究研究的发展趋势,为"中文+"的深入研究提供参考。

11.1　数据来源和研究方法

通过使用 CNKI 数据库,以"'中文+'(篇名)OR'汉语+'(篇名)"为搜索条件,文献来源选择"期刊文献",不设时间跨度,检索时间截至 2023 年 8 月 31 日,检索到分布于 2012 年至 2023 年 8 月 31 日的文献数据共 87 篇,筛除不相关文献 1 篇后,选择了 86 篇文献数据作为文献计量分析的依据。通过将上述文献数据导入 CiteSpace 软件,采取以下三个步骤展开研究:①通过 CNKI 数据库自带的分析软件,对文献的年度分布情况进行初始分析,绘制出年度发文走势分析图表;②运用 CiteSpace 对文献数据进行分析,形成科研合作聚类图谱、关键词共现图谱、关键词聚类图谱、关键词共现时区图谱,由此呈现"中文+"研究知识体系的概貌,掌握"中文+"研究主题、热点和发展脉络;③基于知识图谱分析结果、结合文献研究进一步讨论"中文+"研究结论以及未来研究的深化方向。

11.2　"中文+"研究知识体系的文献特征分析

11.2.1　"中文+"研究的学术论文基本情况

通过使用 CNKI 数据库的精确检索可知,国内"中文+"研究成果不多。2012 年至 2023 年 8 月 31 日的学术论文仅 86 篇。其主要特点如下:

从研究文献主题数量来看，关于"中文+"项目研究的文献有21篇，关于"中文+"人才培养研究的文献有26篇，关于"中文+"教学研究的文献有23篇，关于"中文+"课程研究的文献有10篇，关于"中文+"教师研究的文献有4篇，关于"中文+"教材研究的文献有2篇。综合来看，关于"中文+"项目的研究涉及多个方面，包括项目发展、人才培养、教学研究、课程研究、教材研究以及教师发展。项目发展研究关注"中文+"项目的整体规划、组织实施和可持续发展。人才培养研究关注培养什么人和如何培养人。教学研究关注具体的教学实践，课程研究关注教学内容与结构、教材研究关注教育过程使用的教学材料。教师发展研究关注项目从业人员的专业成长、职业发展。这些主题都在"培养什么人、用什么培养人、谁来培养人、如何培养人、培养效果如何"的逻辑理路中相互关联、影响和作用。因此，"中文+"项目的研究需要综合考虑各个方面的因素，以全面把握项目研究的核心要素特点以及整体情况和发展趋势。

从研究文献年度分布来看，2012年至2023年8月31日12年间年均发文量是7.2篇。第一篇关于"中文+"研究的文献出现于2012年，2012年至2018年7年间仅3篇文献（2012年、2015年、2018年每年发文1篇，其他年份零发文），这一阶段文献数量非常少，没有明显的增长趋势。至2019年开始文献数量逐年增加，2019年至2023年5年年均发文16.6篇，该阶段发文量相较于前一阶段出现显著增长，其中2021年、2022年、2023年为发文高峰期，2023年发文最多高达34篇，此时进入研究的稳步发展时期。这样的变化是源于时代赋予了国际中文教育服务国家发展战略，助力"一带一路"建设和构建人类命运共同体的新的责任与担当。2018年，时任国务院副总理孙春兰在第十三届孔子学院大会致辞中提出"要实施'汉语+'项目，因地制宜开设技能、商务、中医等特色课程，建立务实合作支撑平台"。2019年国际中文教育大会专设"中文+职业技能"论坛探讨国际中文教育如何在各行业领域中促进就业创业，服务经济社会发展。"中文+"理念引发学术界的广泛关注并展开了积极研究，特别是在2021年至2023年期间研究成果丰富，相关文献数量显著增长，呈现出持续高涨的研究热潮，为进一步的研究和实践奠定了坚实基础（图11-1）。

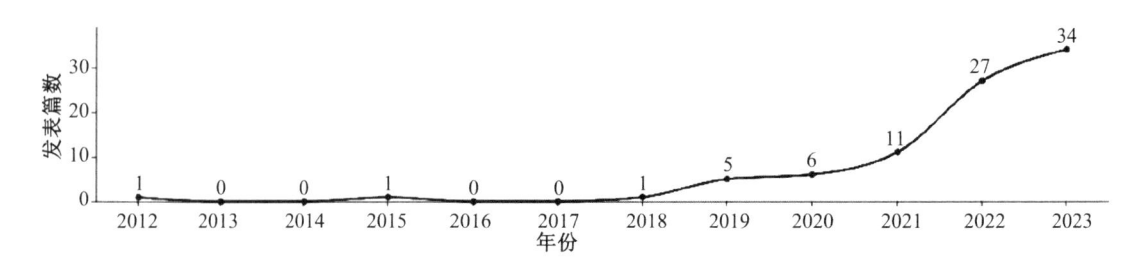

图11-1 "中文+"研究文章发表年度趋势图

11.2.2 "中文+"研究的科研合作聚类分析

在"中文+"项目研究领域,高校及其学者是该领域研究的核心力量。从发文数量来看,发文数量最多的作者是杜修平、赵岩、孙雨桐(各3篇)。杜修平(2023)关注了"中文+职业技能"专用中文课程的词汇分析以及"中文+职业教育"的融合发展,重点研究了国际中文教育与职业教育的相互共通之处,致力于揭示构建"中文+职业教育"的融合模式和框架,实现中文教育与职业教育的有机结合。赵岩(2022)聚焦于高职院校国际学生"中文+职业技能"课程体系的研究,并以铜仁职业技术学院临床医学专业为例探讨"中文+临床医学"专业人才培养模式。孙雨桐(2021)关注了"中文+职业技能"文化类教材的研发以及"中文+职业技能"的线上教学,重点研究了职业教育国际化背景下的"中文+职业技能"线上教学理论、教学模式及发展策略。

从发文机构来看,西安石油大学、哈尔滨职业技术学院、浙江越秀外国语学院是该领域研究具有代表性的院校机构,西安石油大学发文量9篇,哈尔滨职业技术学院、浙江越秀外国语学院各发文6篇。西安石油大学相关学者讨论了"中文+物流"教育中的人才培养模式、教学培训模式、国别化(以泰国为例)的教学模式、教师素质、教师供给等方面问题。哈尔滨职业技术学院相关学者主要从教学模式、课程教学、来华留学生培养的角度探讨"中文+职业技能"教育如何助力高水平高职院校的建设以及基于"中文+职业技能"目标导向的汉语能力等级标准框架体系构建研究。浙江越秀外国语学院相关学者对"中文+"的研究集中在人才培养模式研究这个方面,主要是从课程设置、线上教学开展、学生实践体系构建三个角度讨论了"中文+"的人才培养模式的改革与实践。

从研究学者、研究机构的合作程度来看,学术研究的作者合作程度是判断学科研究进展的重要指标,毕竟单一作者的研究成果虽能反映其研究能力,但无法展示学科研究全貌,而良好的科研合作关系有助于学科体系走向成熟。科研合作包括作者合作和机构合作。为了清晰简洁地识别作者和研究机构的学术合作和联络情况,在CiteSpace软件中选择"'author'+'institution'"为节点类型,将机构分布情况和作者分布情况合并展示,绘制了"中文+"项目研究的科研合作知识图谱(图11-2),图谱中连线的密集和粗细程度反映了作者间、机构间科研合作的紧密程度。在作者合作方面,"中文+"项目研究形成了以吴应辉、刘玉屏、李晓东、尹春梅、刘帅奇等作者为核心的数个研究群体。在作者和机构合作方面,"中文+"项目研究形成了以作者单位:北京语言大学汉语国际教育研究院、新疆师范大学、中央民族大学国际教育学院和相关作者:吴应辉、刘帅奇、李晓东、刘玉屏、尹春梅组成的一个学术研究群体。根据软件计算结果,"中文+"研究科研合作图谱的密度值为0.0163,低于0.1的正常水平,作者、机构节点数是113,合作连线数是103,较为短促,连线密度低,反映了"中文+"研究的研究机构和作者之间的合作联系相对分散，独立性较强，整体上反映出一种分散化的特征。

图 11-2 "中文+"研究的科研合作知识图谱

11.2.3 "中文+"研究的高频被引文献分布

文献的被引频率可用于评估其学术价值，分析"中文+"项目研究相关高频被引文献可以了解研究人员的兴趣以及掌握该领域的研究热点。通过 CNKI 数据库整理出排名前 10 的高频被引文献，被引情况以及研究内容如下：

该领域研究最高频次被引文献是浙江越秀外国语学院罗荣华（2019）所作的《"汉语+"线上汉语教学的实践与探索》，该文于 2019 年 9 月 15 日发表在《现代教育科学》。文章以浙江越秀外国语学院 2017 年开始实施的"汉语+"人才培养模式为例，讨论了该模式在汉语国际教育专业中的实施情况以及存在的问题。在具体实践方面存在的问题有：在线汉语教育平台和学员方面的问题，如平台稳定性、学员网络环境、学习态度和时间安排等。学生知识储备方面存在不足，特别是英语听说能力和汉语语法的理解问题。在课堂教学中，学生在角色转换、课堂管理和教学方法多样性方面也存在挑战。此外，与外国学员之间的人际沟通方面也出现了文化差异和交流障碍。文章强调随着 5G 时代的来临，互联网教育将成为主流，线上中文教育的需求将会增加。因此，汉语国际教育专业需要适应这一趋势，并不断进行改革和创新。

教育部中外语言交流合作中心教育项目研究组（2021）所作的《构建"中文+职业技能"教育高质量发展新体系》于2021年4月21日发表在《中国职业技术教育》。文章认为推动国际中文教育与职业教育的"走出去"融合发展，实施"中文+职业技能"教育，对于我国的教育对外开放、打造教育国际品牌、提升教育国际影响力具有重要意义。在实施"中文+职业技能"教育方面，推动具有中国特色、国际先进水平的"标准建设"至关重要。这需要在教育标准和技术产业标准之间建立有效的连接，同时兼顾国际中文教育和职业技术教育的特点。通过打造"中文+职业技能"教育模式，并进行课程设计、教育资源开发、考核评价体系构建以及证书开发等工作，能够更好地满足全球职业教育需求，推动我国教育在国际上的影响力和认可度。在"中文+职业技能"教育领域的实践中进行了开设特色课程、共建语言与职业教育学院、建立国际推广基地和加强师资培训等方面探索，同时存在教学资源和师资人才国际化方面的不足问题，也面临着东道国职业标准体系、职业技能培训以及证书认证等方面的政策和法律难题。今后的工作应以全国职业教育大会精神为指导，结合国际中文教育和职业教育的特点，强化内涵建设，加强师资培养，开发教学资源，借助科技支持，推动"中文+职业技能"教育高质量发展。通过试点项目引领，提升质量核心，加强中外需求融合，构建高水平教学资源体系，实现教育的全球适应性，促进产业与教育的有机融合。

北京语言大学汉语国际教育研究院吴应辉（2020）、中央民族大学国际教育学院刘帅奇合作的《孔子学院发展中的"汉语+"和"+汉语"》于2020年1月15日发表在《国际汉语教学研究》。文章探讨了"汉语+"和"+汉语"的含义，认为两者是两个截然不同的概念，核心区别在于对汉语能力的应用和发展方式。"汉语+"强调将其他领域的技能或知识融合于汉语教育中，这需要大量的资源投入，旨在培养具备汉语能力和其他专业技能的综合型人才。可以从三个层面理解：一是孔子学院可以在教授汉语的基础上，增设专业技术培训课程，将汉语教学与职业技能培训同等重视，以更好地满足当地经济社会的发展需求；二是学生在掌握汉语后可以借助汉语作为工具，继续学习和掌握相关专业技能，实现汉语与其他领域的交叉应用；三是"汉语+"作为一种理念鼓励孔子学院结合当地实际情况，将汉语教学作为基础，与各个行业实现融合发展。"汉语+"不仅是汉语教学和文化传承的延伸，更需要跨足多个行业领域进行教学培训体系的重塑，并投入大量财力和人力资源。"+汉语"则侧重于在现有行业基础上，通过培训那些已具备专业知识和技能的学员，提升他们的汉语能力，使其具备在汉语交际中的优势，从而增加在职场竞争中的优势。它将汉语能力作为已有专业的添加性能力，以满足各行各业中的汉语需求，提高学员的就业竞争力。"汉语+"通过融合汉语与其他领域知识，培养出多领域技能的人才，以应对多样化的市场需求。"+汉语"注重在各个行业领域中为已有专业能力添加汉语能力，从而促进汉语的广泛应用和传播。这两种概念的共同目标是推动汉语在全球范围内的影响力提升和使用范围的拓展，都在推动汉语国际化发展方面具有重要作用。两者在发展中，汉语教育都应该是基础和支撑，正确处理职业教育和汉语教育的关系，确保汉语教育的质量和水平，是推动发展的关键所在。

厦门大学国际中文教育学院/海外教育学院耿虎（2021）、马晨合作的《"一带一路""中文+"教育发展探析》于2021年3月30日发表在《闽南师范大学学报（哲学社会科学版）》。文章指出"一带一路"倡议的推进为各国创造了新的机遇，特别是在中文教育资源中，职业导向的需求逐渐凸显出来，对于具备中文能力并融合其他技能的复合型人才的需求急剧增加，为"中文+"教育的兴起和成长提供了强大动力。文章讨论了当前围绕"五通"（政策沟通、设施联通、贸易畅通、资金融通、民心相通）展开的"中文+"教育的现状，提倡了重视"中文+教育/翻译"人才培养，着眼于培养具备"中文+外语+专业"多重专长的人才，强调高素质与复合化，以适应"一带一路"倡议所需的新型翻译人才；推动多样化的"中文+职业技能"培训，根据不同领域、专业（行业）的需求，制定相应的汉语应用水平标准化测试，推行"中文+职业技能+等级证书"认证模式，促进"中文+职业技能"培训发展；通过举办中文商业人才培训、设立青年创业项目、组织校园企业人才招聘会等手段，确保"中文+实习/就业"保障机制落地实施；引进外部资源与促进国内资源的国际交流，推动与"一带一路"沿线国家的教育合作；调动各方面资源，鼓励健康而积极的竞争，促进资金的支持与流动，探索"中文+"教育市场化发展路径等举措，以推动"一带一路"中的"中文+"教育取得进一步的发展。

浙江越秀外国语学院刘家思（2019）所作的《"汉语+"：固本强基 多维协同——浙江越秀外国语学院汉语国际教育专业"汉语+"人才培养模式的改革与探索》于2019年9月15日发表在《现代教育科学》。文章讨论了汉语国际教育专业出现衰微现象的原因：外部原因主要在于理论和学科建设滞后，专业定位和内涵认识模糊，尤其在专业定位与人才出口方面存在严重问题。这些问题受国际形势和政策支持不足等多方面因素影响。内部原因则体现在专业建设初期过于单一化，未充分考虑市场需求和社会变化，导致人才培养方案狭隘地理解了"对外汉语教育"和"汉语国际教育"，忽视了国内就业需求，限制了专业的适应性。许多培养方案没有明确的国际就业导向，也忽略了国内就业竞争力。文章通过分析浙江越秀外国语学院中国语言文化学院的汉语国际教育专业发展，分析了专业的现状和原因。该学院在汉语国际教育专业中，充分利用汉语言文学专业的实力，积极进行了"汉语+"人才培养模式改革，引入了多种"+"因素，如"+外语"，尤其是"+小语种";"+实践",特别是"+海外实践";"+互联网技术",尤其是"+跨境线上汉语教学技术",改革注重夯实基础课程、加强中华传统文化、培养教育教学能力和外语运用能力,通过多维协同,强化了学生的能力素质培养,以提升人才培养质量,增加毕业生在市场中的竞争力。改革取得了显著成效,展示了汉语国际教育专业的活力和发展潜力。

江苏海事职业技术学院刘必旺(2022)、谈颖合作的《高职院校"中文+职业技能"境外办学实施路径研究》于2022年1月17日发表在《职业技术》。文章分析了当前高职院校在境外办学方面面临着一系列挑战:办学定位不清晰、办学质量不稳定、对境外企业的支持能力不足等。学校的办学定位缺乏准确性,难以实现可持续发展。内涵建设不足,缺乏因地制宜的人才培养方案、课程标准、双语教学资源以及信息化教学平台,同时"双师型"教师和了解国际办学政策法规的管理人员数量不足。综合因素影响下,境外办学的人才培养质量存在差异,缺乏成熟的协同机制和资源整合平台,无法形成集群和品牌效应。提出高职院校可以在境外办学中引入"中文 + 职业技能"模式,以支持国内企业在海外市场的发展,解决本土化人才需求的瓶颈问题。具体措施有通过明确境外办学定位,提高教育质量;创建双语师资队伍和线上线下教学资源;构建政府、企业、学校合作平台;积极发展境外办学品牌等方法,实施中文教育与职业技能培训的融合,以提升职业教育在境外的水平,推广中国职业教育方案。

哈尔滨职业技术学院张建(2022)所作的《基于"中文+职业技能"的高水平职业院校国际汉语教学探析》于2022年5月15日发表在《哈尔滨职业技术学院学报》。文章分析了当前高水平职业院校开展"中文+职业技能"教育面临的三大问题:缺乏国际中文专业师资,往往借调其他部门的优秀教师充当,并根据其语言能力分配课程,导致教学质量难以保障。"中文+专业技能"教学衔接不畅,存在能教语言的教师不懂专业、懂专业的教师外语不好的尴尬情况。缺乏"中文+职业教育""中文+职业技能"的教学资源,教学主要借鉴本科院校的国际中文教育教材,这些教材偏重语言教学,不契合技职类留学生的实际需求。以哈尔滨职业技术学院开展的面向赞比亚留学生来华技职类学历教育为例,提出提升高水平职业院校基于"中文+职业技能"的国际中文教学的策略:以工作需求为引导,创建融合"教、学、用"教学模式,培养"熟练中文+掌握专业技能"人才;构建融合"语言+文化+专业"师资团队,增强学生"语、技、文"能力;开展"基础中文+工业中文+专业技术技能"的融合式教学,提高教学的针对性;结合企业需求,针对机电、智能制造、土建、电商物流等领域开发与专业特色相结合的"中文 +"教学资源;创建基于语言和文化的沉浸式学习环境,让学生深入领略中国传统文化和现代社会变革,传承工匠精神,激发学习中国文化和专业知识的热情。

天津职业技术师范大学孙雨桐（2021）所作的《职教国际化背景下"汉语+职业技能"线上教学模式及发展策略研究》于 2021 年 12 月 11 日发表在《中国职业技术教育》。作者对天津职业技术师范大学"汉语+"线上教学参与者进行调研，调研从授课方式、教学设计、师生互动和课堂监控等角度展开调查。调研揭示了教师和学生在线上教学中面临的问题。教师方面：面临逃课、反馈滞后和视觉交流障碍等问题，因技术难题和资源不足引发集体焦虑，情感匮乏和人际互动减少降低教师亲和力和影响个性化教学的开展；学生方面：学习效果受到客观条件的制约，汉语教育在支持职业技能培养方面存在不足，缺乏真实目的语境和文化融合的环境。提出了加强汉语与职业技能教育的融合，增强教师合作，发展"职教汉语"，提升汉语教育对职业教育的支持力度，创造情感导向的课堂教学共同体，创新线上教学形式，增强教学多样性，优化线上教学要素协同，打造在线课堂氛围，塑造教师文化身份，发展虚拟大学，以实现线上中文教学内部优化协同"中文+职业技能"线上教学策略。

南京交通职业技术学院尤咏（2021）所作的《跨文化背景下"中文+职业技能"国际推广基地的发展策略研究》于 2021 年 11 月 10 日发表在《职业技术教育》。文章指出建设"中文+职业技能"国际推广基地，是推动我国教育现代化、与国家综合国力和国际地位相协调的关键举措。它体现了落实"十四五"规划中建设中文传播平台、构建全球中国语言文化传播体系和国际中文教育标准的重要任务，同时也有助于解决中资企业在海外发展中可能面临的人力资源不足问题。建立精准对接海外本土化一线人才培养与中资企业需求，不仅为当地经济社会发展提供支持，也为中国经济的国际循环提供稳固市场，实现中国与沿线国家的经济互利共赢，促进"双循环"新发展格局。在这一战略需求下，构建"中文+职业技能"国际推广基地变得至关重要，而基地建设的具体策略有：制定职业技能标准、推动本土化人才培养、协助搭建本土人才培养和人力资源管理体系，建设高水平培训基地，提升师资的跨文化和教学能力，强化海外教师和官员培训，建设中国特色的"中文+职业技能"教材，构建线上学习平台，设立实习就业基地，促进人文和技术交流。

哈尔滨理工大学国际文化教育学院高淑平（2019）所作的《汉语国际教育专业"汉语+"第二课堂建设研究》于 2019 年 11 月 30 日发表在《教学研究》。文章指出在汉语国际教育专业本科人才培养过程中第一课堂实践教学是专业师资培养的基础。作为对第一课堂实践教学的补充和延伸，第二课堂在扩展学生的职业选择和就业机会起到积极作用，高校应重视"汉语+"为特色的第二课堂建设。"汉语+"为特色的第二课堂聚焦"中文"语言核心，向语言服务范畴延伸，针对学生的就业倾向和所需职业能力，采用更为灵活的组织方式和丰富多样的活动内容，如建立导师制度，组建学习小组，开设中华才艺学习班，举办教学技能系列比赛，开展教育实习活动，举办语言沙龙活动，提供职业能力专题培训等。通过这些举措，可以促进学生职业能力与综合素质的提升，培养复合型、应用型的人才，以满足不断变化的语言经济市场的需求。

总体来看，"中文+"研究中高频被引文献的研究内容可以分为三类：一是"中文+"概念内涵的讨论。这类研究着重分析了"汉语+""+汉语"两个概念的区别，"汉语+"概念强调在开展语言+职业（技能）教育中需要投入大量资源，"+汉语"概念更加侧重于将中文视为一种工具语言，更加注重各行业对中文这一语言的实际需求。基于对两个不同概念的认识，进一步讨论了孔子学院的发展和汉语国际教育的定位问题，这些讨论有助于学界更好地认识国际中文教育的发展方向和趋势。二是"中文+"教学模式和人才培养模式研究。这类研究紧扣"中文+"教育模式的核心思想，即将中文学习与职业技能培训相结合，以满足学生在语言和职业方面的需求展开，重点关注了"中文+"在不同类型学校如普通高校、高职院校中的教学模式改革以及"中文+"人才培养模式的探索；积极探索了"中文+"的线上教学模式，集中讨论了在线上环境中通过何种策略实现语言+职业（技能）的有机结合。三是"中文+"境外办学的实践研究。研究重点关注了高职院校在境外办学中开展"中文+"教育的实践情况，深入讨论了"中文+"境外办学在支持"一带一路"建设的具体成效。研究认为境外办学模式下的"中文+"教育培养了学生的语言技能和职业技能，让学生在跨文化背景下更具有竞争力，这一实践为国际合作提供了新的机遇，积极促进了不同国家和地区之间的文化交流和经济合作。总体而言，上述研究内容涵盖了"中文+"概念、教学模式、人才培养模式、教育实践等多个层面内容。研究有助于学界更好地了解"中文+"教育的理念、模式以及作用，这对于培养更具有竞争力的国际学生，优化"中文+"项目运作，提高国际中文教育质量大有裨益。

11.3 "中文+"项目研究热点分析

11.3.1 "中文+"研究的关键词共现分析

关键词是研究文献的核心要素，可以反映出文献研究的主题内容。通过绘制关键词共现知识图谱可以掌握关键词出现的频次以及关键词之间的关系，进而掌握该研究领域的热点。以"keyword"为节点类型，通过"pruning sliced networks"算法，使用CiteSpace软件绘制出"中文+"项目研究的关键词共现知识图谱（图11-3），较突出的关键词包括"中文+职业技能""一带一路""国际中文教育""高职院校""汉语+"等。这些关键词处于整个图谱的中心位置，占据图谱面积最大，表明其在"中文+"项目研究中出现的频率较高，研究热度较高。除此之外，较为显著的关键词还包括"专门用途中文""互动型课堂""产教融合培养新模式""临床医学""文学文化"等，说明学界对这些方面也有所关注。

图 11-3 "中文+"研究的关键词共现知识图谱

通过 CiteSpace 的词频统计功能梳理"中文+"研究词频较高的 20 个关键词（表 11-1），词频越高、中心性越大越能凸显研究热度和重要性，一般来说，中心性大于 0.1 的关键词比较重要，往往词频高的关键词中心性也不会低，在表 11-1 中""中文+职业技能"频次最高（16 次），且中心性最突出（0.29），表明"中文+职业技能"研究为该领域核心并在众多研究方向中起着桥梁作用。比较重要的关键词还有"一带一路"（词频 9 次、中心性 0.48）"国际中文教育"（词频 8 次、中心性 0.18）、"高职院校"（词频 7 次、中心性 0.05）、"汉语+"（词频 6 次、中心性 0.27）"汉语国际教育"（词频 6 次、中心性 0.28）"人才培养模式"（词频 6 次、中心性 0.47）"中文+"（词频 5 次、中心性 0.21），说明"中文+"研究中与这些关键词相关的研究比较多。

表 11-1 "中文+"研究高频、高中心性关键词排序

序号	关键词	频次	中心性	序号	关键词	频次	中心性
1	"中文+职业技能"	16	0.29	11	人才培养	5	0.10
2	"一带一路"	9	0.48	12	"中文+职业技能"教育	5	0.02
3	国际中文教育	8	0.18	13	需求分析	4	0.17
4	高职院校	7	0.05	14	汉语+	3	0.02
5	"汉语+"	6	0.27	15	中文+职业教育	3	0.07
6	汉语国际教育	6	0.28	16	"中文+"教育	3	0.01
7	中文+职业技能	6	0.19	17	国际学生	3	0.03
8	人才培养模式	6	0.47	18	中文+职业	3	0.20
9	职业教育	5	0.07	19	"中文+"	2	0.00
10	中文+	5	0.21	20	"中文+职业教育"	2	0.02

11.3.2 "中文+"研究的关键词聚类分析

在关键词共现图谱的基础上,通过提取"中文+"项目研究关键词的聚类标签,能够更加深入了解该领域研究的热点。利用 CiteSpace 软件的聚类算法,绘制"中文+"项目研究的关键词聚类图谱(图 11-4),一般认为,聚类模块值(Q值,modularity)>0.3意味着聚类有效,聚类平均轮廓值(S值,weighted mean silhouette)>0.5 意味着聚类合理,当 S >0.7 时说明聚类可信。

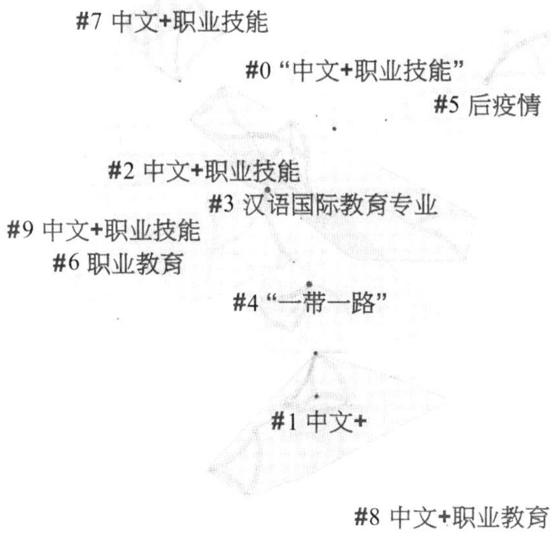

图 11-4 "中文+"研究关键词聚类图谱

图 11-4 的"中文+"项目研究关键词共现图谱 $Q=0.7814$,$S=0.9376$,表明该聚类图有效且具备高信度特征。由图 11-4 可见,"中文+"项目研究关键词共现图谱共形成了 10 个大小不同的显著聚类:#0 "中文+职业技能"、#1 中文+、#2 中文+职业技能、#3 汉语国际教育专业、#4 "一带一路"、#5 后疫情、#6 职业教育、#7 中文+职业技能、#8 中文+职业教育、#9 中文+职业技能。聚类序号从#0~#9,序号按数值从小到大排序表明聚类所包含的文献量依次递减,聚类重叠部分代表其联系密切。再利用 CiteSpace 的关键词聚类信息汇总功能,将上述 10 个显著聚类标签下的代表性关键词进行整理得出表 11-2,更能清晰反映各个关键词聚类中的研究内容和要点。

表 11-2 "中文+"研究聚类名称及关键词分布

聚类编号	聚类名称	关键词聚类
#0	"中文+职业技能"	"中文+职业技能"、高职院校、国际学生、职业技能、产教融合培养新模式、体系构建、分段分层、国际汉语课程教学、本土化、汉语能力、国际汉语教学、双师型教师、国际推广基地
#1	中文+	汉语国际教育、中文+、专业发展、互动型课堂、云平台、启示、传承方式、"汉语+"语言服务业、第二课堂、"汉语+中国传统文化"、职业院校、留学生培养、传承途径
#2	中文+职业技能	中文+职业技能、人才培养模式、汉语+、坦赞铁路、"一线五通"、专业改革、教学改革、CIPP 评价模型、国际汉语教育、在线教育质量、课程和实践体系、在线课堂
#3	汉语国际教育专业	"汉语+"、培养模式、孔子学院、文学文化、体育院校、汉语+典籍、本土化发展、汉语言文化、汉语国际教育专业、课程设置与教学、"+汉语"
#4	"一带一路"	人才培养、复合型、中文+职业、临床医学、"汉语+物流管理"、后疫情
#5	后疫情	人才培养、中文+职业、复合型、临床医学、"中文+物流管理"、人才需求、"汉语+物流管理"、俄罗斯、后疫情
#6	职业教育	国际中文教育、职业教育、"中文+职业技能"教育、专用中文、中文教育、国际、OBE 教学法、发展路径、"一带一路"建设

续表

聚类编号	聚类名称	关键词聚类
#7	中文+职业技能	需求分析、"中文+"、专门用途中文、中亚、泰国、专门用途汉语、复合型人才、培养方略
#8	中文+职业教育	中文+职业教育、线上教学、中文水平等级、参考框架、协同发展
#9	中文+职业技能	东南亚、"汉语+职业技能"、互动、专业词语

将高频关键词、关键词聚类图谱与文献结合来看,"中文+"项目研究的研究热点归为以下几方面。

一是关于"中文+"项目的研究。这一主题研究的代表性关键词有"中文+职业技能""高职院校""本土化发展""国际推广基地""汉语+物流管理""临床医学""中文比赛""专门用途中文""复合型人才""参考框架""协同发展""培养方略""东南亚"。研究集中讨论了"中文+"概念和内涵、机制、国别化研究这三方面。在"中文+"概念和内涵的讨论中,学界关于"中文+"概念的讨论由来已久,王若江(2003)提出"专门用途汉语"这一概念后,学界衍生出多种相关的术语表达,如"职业汉语""中文+专业""中文+职业技能""中文+职业教育""汉语+""+汉语"等,李泉(2011)认为"专门用途汉语"是适用于特定领域、特定场合以及特定专业的中文,可分为学术性专业汉语和职业性业务汉语这两类。李宇明和李艳华(2024)认为"中文+"可归为学术型和应用型两大类、四种形态,如学术型的"中文+专业"、应用型的"中文+技能""中文+职业"和"中文+职业教育"。吴应辉(2020)、刘帅奇讨论了"汉语+""+汉语"理念的区别,认为"汉语+"是在语言教学的基础上增设技能教育,"+汉语"是在技能教育基础上提高语言水平,侧重讨论的是语言教学和技能教学先后次序问题,但本质上目的都是要培养语言和技能都掌握的复合型人才。可以说,"中文+"是一个融合的概念,它是国际中文教育与职业教育"走出去"融合发展的教育形态(孟源和商若凡,2022)。融合是指国际中文教育与职业教育之间多层次、多向度的非线性相互作用产生的结构整体性、动态稳定性及功能耦合性的客观状态及过程(李瑞林等,2023),有特定的教学内容和研究边界,也有丰富的内涵和跨学科属性。总体说来,针对"中文+"教育概念的讨论,不论所提概念的具体命名,其实质核心均涉及探讨中文教育如何对接职业教育,培养懂语言懂专业的复合型人才,以发挥其在就业创业和促进当地经济社会发展方面的作用,体现的是新时代赋予国际中文教育服务国家发展战略、助力构建人类命运共同体的新使命和新担当(李怡,2023)。

在"中文+"机制研究方面,目前学界对于"中文+"教育是国际中文教育与职业教育深度融合这一理念已达成共识，有关其机制研究的重点在于讨论两种教育如何深度融合形成一个体系完整、逻辑紧密的独立集合，而难点在于等级标准不对等、资源建设不完善、融合范畴不明确、融合渠道不畅通（杜修平等，2023），对此，有学者从词汇入手界定两者的融合范畴，以中文语言难度对标职业汉语的词汇量的路径划分出 R 初、R 中、R 高三个级别的"中文+职业教育"融合参考框架。该框架以中文水平等级对应职业资格等级，为不同国家或地区不同等级的职业资格标准预留了一定的弹性空间，解决了两种标准不匹配、不适应和难操作的问题。有学者提出要建立能够精准反映学习者在特定职业领域语言水平的规范标准，坚持标准引领，提高中外需求融合度（教育项目研究组，2021），从"认识论、方法论和技术表达"（宋继华等，2022）三个层面讨论了职业中文能力等级标准的基本框架构建。

在"中文+"项目国别化的研究中，学者通过问卷调查、实地考察、访谈等方式研究了卢旺达、泰国、俄罗斯、马尔代夫等国家，在商务贸易、电子商务、医学、科技、旅游、物流、机电、高铁、航空等行业领域的"中文+"项目发展情况。研究普遍认为，目前"中文+"教育已发展出多样化的培养层次和培养形式，受到各国政府重视，在促进经济和社会发展中发挥着积极作用，但教育发展不均衡、师资匮乏、配套资源短缺是制约"中文+"教育发展的瓶颈问题。针对这些问题，学者们认为需调动政府、学校、企业等各方资源，促进大中小学校际合作，充分发挥孔子学院的作用（步延新，2023），构建具有鲜明职业特征的中文能力等级标准，打造以本土师资为主体的"双师型"教师队伍，构建以课程融合为核心的教学资源体系，建设教学资源共享平台、开发特色国际化培训教程，切实增强"中文+"教育全球适应性，促进"中文+"教育的发展。

二是关于"中文+"人才培养的研究。这一主题研究的代表性关键词有"人才培养模式""产教融合培养新模式""培养模式""体系构建""一线五通""复合型""职业技能""留学生培养""本土化"。研究集中讨论了"培养什么人"和"如何培养人"这两个问题。"培养什么人"规定了人才培养的目标要求；"如何培养人"规定了人才培养的运作模式和组织样式。在培养目标的讨论中，学界认为要培养精技术、通中文、懂文化的复合型人才。在培养运作模式和组织样式的讨论中，学界认为"中文+"是一项跨区域、跨国别、跨文化的复合型教育模式。在培养模式中提出了"一线五通"（沈红霞，2023）的模式、双向多元人才培养模式。在办学机制上形成了中外政府机构、职业院校、行业组织、企业等多主体参与合力共建、面向"走出去""请进来"两个区域维度的多类型模式，具体有"校企合作模式"，如"中国—赞比亚职业技术学院""中泰语言与职业教育学院""鲁班工坊""中文工坊"等教育合作项目、孔子学院开展的"中文+"特色课程，"校—校—政合作模式"如"中泰高铁汉语培训班"（曾云和吴坚，2022）等。

在培养路径中提出要加强校企合作。在管理机制中指出要重视需求导向，实行订单式培养，形成中方实地管理和外方遥控管理相结合的管理机制。在深化研究方面，学者认为要开展国别化和行业间的"中文+"人才培养模式研究，要加快构建以"1+X"职业资格证书获取为导向的"中文+职业技能"人才培养资格认证体系，以确保人才培养的质量。

三是关于"中文+"教学的研究。这一主题研究的代表性关键词有"国际汉语课程教学""需求分析""分段分层""教学改革""互动型课堂""第二课堂""在线教育质量""OBE 教学法""线上教学"等。这一类研究基于丰富的"中文+"教学实践，聚焦于语言教学与职业技能培养的有机结合，探讨了在具体职业领域中的教学内容、教学设计、教学方法以及教学模式。研究认为"中文+"在本质上属于专门用途中文教学范畴，其教学类型包含基础汉语教学、行业汉语教学、中文+教学（包括行业汉语教学和中文+职业技能教学）这三种类型。教学的前提与基础是需求分析（张黎，2006），深入了解学生、学校和企业三方的需求，能够优化"中文+"教育的资源供给和分配，从而有利于教学的有效实施和推进。在教学内容方面，"中文+"教育培养的是掌握语言和技能的复合型人才，围绕人才培养目标，教学活动要重视理论知识与实践相结合、强调学用结合，在内容上应涵盖语言学习、专业知识学习以及实训操练，在组织构成上应符合中文与职业理论与实践知识的内在逻辑结构。在教学设计方面，要充分考虑学生中文、职业知识与技能的真实水平，要关注教师"双师型"教学能力水平，设计"语、技、文"三体联合（张建，2022）的特色教学。在教学方法方面，常见的教学方法有任务教学法、项目教学法、案例式教学法和模块化教学法；为兼顾学生语言水平提出了分层教学；为强调技能实践提出了实境教学，鼓励学生到企业、工厂等进行参观、观摩、实习等实训活动；为发挥现代科技优势，实施数字化教学，提出了"人工智能+中文+职业技能"的教学改革方案，设立融合线上线下的联合实训室，实现远程授课，实施混合式教学。在教学模式方面，研究认为教学要注重语言与技能的同步提升，要充分运用好教材、教学资源、教学设备、教学场所、实训基地等，将语言学习融入技能教学的工作实景中。强化课内外、校内外、国内外、线上线下的"四维协同"教学体系（刘家思，2020）。

四是关于"中文+"的课程研究。这一主题研究的代表性关键词有"课程和实践体系""在线课堂""互动型课堂""第二课堂""云平台""课程设置与教学""中文水平等级"。课程是教育事业的核心，是教育运行的手段，没有课程，教育就没有了用以传达信息、表达意义、说明价值的媒介（钟启泉，2006）。课程体系又是人才培养模式中核心的部分，形成了专业知识架构和能力培养的基本元素，是完成培养计划的基础。课程连接着教师和学习者，并主导着教学、学习和评价（王添淼等，2022）。研究认为"中文+"教育具有典型的需求导向性，它需要结合语言、文化、行业需求、岗位能力要求等方面要素来设计课程模块，在课程设计中要统合语言实践与技能实践、知识学习与知识运用，构建包含"中文基础课程、'中文+'课程、专业技能课程和中国文化课程等"（赵岩，2022）的课程体系。课程形式涵盖主修和选修方式，以满足学生共性与个性学习需求。在课程具体设置上要综合考量语言、技能、文化类课程门数、课时量比例的搭配，要做到类型均衡，相互融合，形成一个相互支持的课程体系。同时，主要课程体系内应具备灵活的动态调整机制，确保课程设置具备一定的弹性空间。这样设计有助于满足学生个性化需求，使他们在学习过程中能够更灵活地选择课程，更好地适应个体差异，提高学习体验和效果。值得注意的是，重视本土化课程开发是学界非常关注的重点，要结合本土实际开发相应课程，使之更符合当地学生的教育需求，促进中文教育和职业教育的有机融合。

11.3.3 "中文+"研究的关键词共现时区分析

在关键词聚类的基础上，通过绘制"中文+"研究关键词共现时区图谱（图11-5），从时间角度来分析"中文+"研究领域每一个聚类下的关键词演变过程，能够更加清晰地展示该领域研究的脉络演进与变化趋势，从而更深入掌握该领域的主题变化。

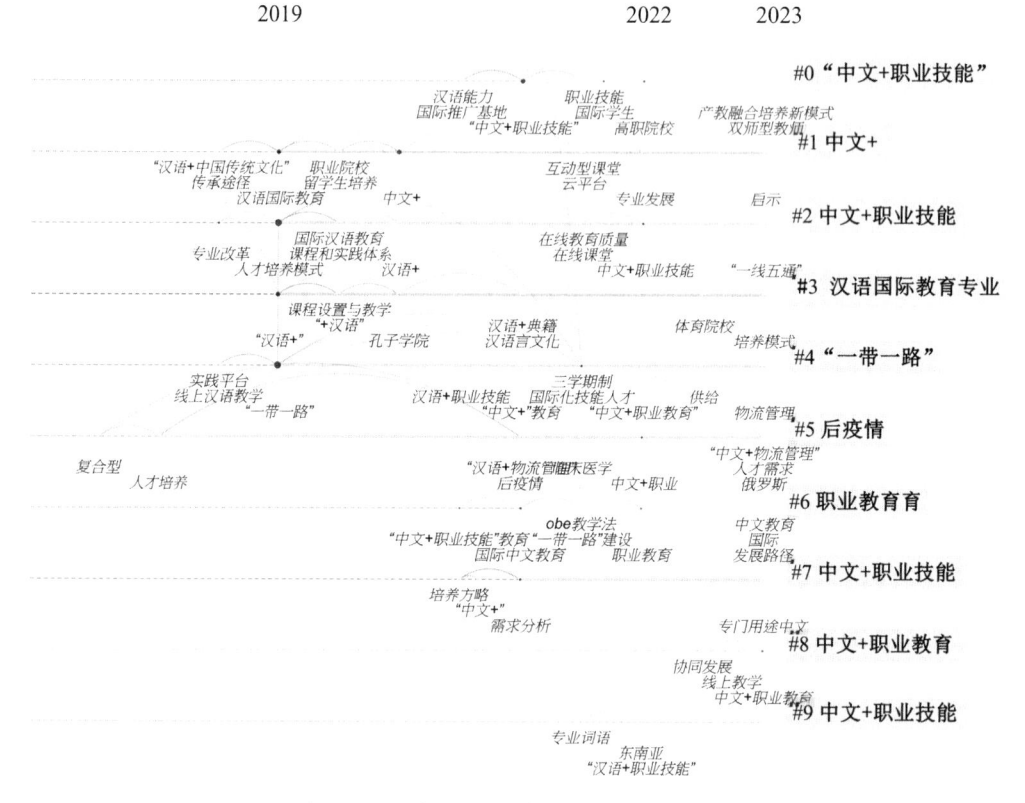

图 11-5 "中文+"研究关键词共现时区图谱

从研究热度来看，聚类#1 中文+、#2 中文+职业技能、#3 汉语国际教育专业、#4 "一带一路"、#5 后疫情一直以来都保持较高的研究热度，相关方面的研究成果较多，至今依旧受到学界关注；聚类#0 "中文+职业技能"、#6 职业教育、#7 中文+职业技能的研究起始时间相对聚类#1 至聚类#5 而言要晚，但研究热度也很高，聚类之间的关键词连线密集，交叉度很高，这表明有关"中文+"的不同概念和主题在这个网络中相互交织形成了一个复杂的知识结构，呈现出关联性强、综合性交叉、多层次关系等特点。在这一网络中还形成了许多不同形状和大小的关键词节点，强调了这些关键词在整个关系网络中的不同重要性和权重。较大的节点代表着更为核心或中心的概念，而较小的节点则关联于这些核心概念但相对较为外围。而聚类#8 中文+职业教育、#9 中文+职业技能的关键词聚类出现时间较短，连线短促，与其他聚类关联度较小，相对独立，说明两者的聚类结构是某个特定主题或者是概念的临时性集合，与其他关键词的联系并未建立在长期积累的基础之上。从研究趋势来说，聚类#0 "中文+职业技能"、#1 中文+、#2 中文+职业技能、#3 汉语国际教育专业、#4 "一带一路"、#5 后疫情、#6 职业教育、#7 中文+职业技能的研究时间跨度长且发文量也比较多，可以作为长期研究方向；聚类#8 中文+职业教育、#9 中文+职业技能这样的独立聚类结构时间跨度较短，且与其他聚类关联较小，需要进一步深入研究，以了解其形成的原因、发展趋势以及与整体知识结构的关联性。

11.4 "中文+"研究结论和展望

"中文+"的研究围绕着"国际中文教育""职业教育""中文+职业技能""中文+职业教育""中文+"这些宏观关键词通过连线"高职院校""职业技能""人才培养模式""本土化发展""复合型""课程设置与教学"等关键词展开了中观、微观领域的拓展研究，当前的研究热点集中在"中文+"机制、人才培养、教学、课程四个方面，"协同发展""产教融合培养新模式""教学改革""课程和实践体系"四个关键词是研究的前沿问题。"中文+"的研究应在以下方面深入：

加强"中文+"教育机制研究。一是加强职业中文能力等级标准研究。标准是教育活动开展的指导准则。目前出台的国际中文教育中文水平等级标准给"中文+"教育提供了规范性参考，但由于在职业教育领域中，教育部修订《职业教育专业目录（2021年）》设置了19个专业大类、97个专业类、1349个专业。各职业专业门类因其工作性质差异对语言有着不同程度的差异性需求，如何在各类职业能力标准的基础上构建具有普适性、指导性的职业中文能力等级标准是目前"中文+"教育亟待解决的问题，需持续深入研究。二是加强"中文+"教育融合机制研究。"中文+"教育是中文教育和职业教育的融合教育。目前，"中文+"教育融合研究聚焦在理论架构、逻辑机理和实践发展等内容，研究处于初步探索阶段，理论成果有限，实践经验尚不充足，需在人才培养模式、课程体系构建、教学改革、教学资源开发、中外校企合作机制等方面开展理论与实践的探索。

加强"中文+"教师研究。一是加强"中文+"教师知识能力结构研究。"中文+"是融合国际中文教育和职业技术教育的新型教育模式，涉及语言和行业两个教育领域，目前学界均提出要培养"双师型"教师，教师需要具备语言教学能力和跨文化交际能力，还需要具备扎实的专业基础知识和熟练的实践操作能力，这对教师的知识、能力和技能提出了更高要求，而目前国内外都缺乏这类型的教师，加强教师知识能力结构研究迫在眉睫。二是加强"中文+"教师在专业方面的能力水平研究。在明确教师知识能力结构的基础上要深入讨论在专业方面教师需要具备何种水平。目前学术界对"中文+"教师在专业层面应达到的水平存在多元看法，主要集中在具备、掌握基础、系统把握、精通这四个层次。这些多元的观点为不同领域的中文教育提供了丰富的参考，然而，对于各层次能力结构的精准描述和对标仍需深入研究。三是加强"中文+"教师培养和发展路径的研究，具体包括培养内容、培养方式，以及培养效果评估。目前学界从理论层面讨论了"中文+"教师的来源渠道：一是中文教师向"中文+"教师的转型；二是中文教师和专业教师的融合；三是培养职业技能教师的二语教学能力。这有待从理论和实践层面深入研究。在培养对象上要从教学和管理两个层面进行区分，在教学层面，要培养具有语言、职业专业、职业技能知识和能力且具备国际教育经验的复合型师资。在管理层面，要培养具备国际中文教育和职业技能教育融合发展的战略思维，具有把握国际中文教育、职业教育相关政策导向能力，兼具教育管理实践经验的管理人员。在培养方式上，要研究如何整合学校、企业、社会各方资源，通过开展跨校、跨领域、跨国别的合作探索丰富多样的师资培养方式，推动"中文+"教师专业化、国别化的培养和发展。

加强"中文+"教育资源研究。教育资源是教育活动实施的基础。目前有关"中文+"教育资源的研究包含机制层面的思辨和实践层面的探索，尚未形成成熟的理论体系，教材的数量和门类以及适应性、可推广性等方面有待提高。相关研究有待在资源需求调研、资源元素融合、资源研发过程、资源研发类型四个方面加强。在资源需求调研方面，要开展需求的调研工作，要从"中文+"教育关涉的各方主体角度考虑资源需求问题，学生关心课程的实用性，学校注重人才供给与企业需求的匹配度，企业着眼于人才的适应性，这三方需求各有侧重，调研时要了解学生的知识能力基础与认知方式，考察学校人才培养的目标与举措，明确企业在人才和岗位方面的能力要求，旨在确保教育资源开发的针对性。在资源元素融合方面，要研究语言教育和职业教育的融合，同时凸显国别化和地域化特色。"中文+"教育不是简单的中文教育和职业教育的叠加，相应的教育资源开发要加强研究语言和技能教育元素的联动和融合，要做好基于真实职业工作场景的语料筛选，要处理好语言要素的重构，要筹划好符合职业场域的教学内容设计。同时"中文+"的教学对象是海外学生，工作场景在海外，要加强国别化、地域化特点的研究，让教育资源的设计兼具国别化、地域化特色，以更好地满足不同国家学生的需求。在资源研发过程方面，有学者研究了资源研究的关键流程"确定目标—开发知识—布设资源—设计练习"（陈秋娜和武皓，2023），可以在这个流程框架下加强教育资源研发的过程性研究，确保各环节上下呼应，衔接流畅，提高研发的整体效能。在"确定目标"阶段，加强目标对象和需求的研究，全面考虑学生、学校和企业的多方需求。在"开发知识"阶段，要基于行业领域实践实际进行语料的筛选、处理、重构和设计，加强开发过程的系统性研究。在"布设资源"环节，加强资源内容与技术手段的连接研究，重点考察如何运用数字化、智能化、多媒体手段和资源生动呈现职业场景，突出职业场域特色。在"设计练习"环节，要加强练习系统性研究，持续审视学习目标，确保练习与目标相契合，防止与课文内容脱节，以实现学生语言能力的渐进提升目标。在资源研发类型方面，要从内容和形式上加强多类型教育资源的研发，可以从对普适类教材的国别化语言注释，到国别化专业领域行业教材的研发。在内容上包含教材、教辅资料、学习资料的开发，具体包含教材、活页式教材、工作手册式教材、融媒体数字教材、教师手册、案例集、读本、微课、慕课、挂图、词卡、常用词表等。在形式上包含纸质材料和电子材料，同时要注意引入多媒体技术开发多模态资源，综合运用语言模态和图像模态，利用视频、音频等多媒体资源，以提高学习效果，满足学生不同感知方式的需求。

参 考 文 献

安然，何国华，2017. 孔子学院跨文化传播影响力评估体系建构初探[J]. 长白学刊，（1）：141-148.

安然，何国华，2017. 孔子学院跨文化传播影响力评估维度研究[J]. 广西社会科学，（3）：178-183.

安然，魏先鹏，2012. 赴泰汉语教师志愿者心理濡化研究[J]. 云南师范大学学报（对外汉语教学与研究版），10（6）：47-57.

安亚伦，于晓宇，曾燕萍，2016. 语言文化推广机构对文化产品贸易的影响：以孔子学院为例[J]. 国际经济合作，（12）：81-86.

包涵予，2021. 非洲来华留学生汉语词汇学习策略调查研究[J]. 吉林省社会主义学院学报，（3）：41-46.

卞觉非，1992. "汉语交际语法"的构想[J]. 汉语学习，（3）：35-39.

步延新，2023. 新形势下俄罗斯"中文+职业"人才需求及培养路径研究[J]. 国际中文教育（中英文），8（3）：24-31.

蔡红梅，2020. "一带一路"背景下斯里兰卡本土汉语师资培养探究[J]. 中阿科技论坛（中英阿文），（2）：5-6.

柴俊星，2005. 对外汉语语音教学有效途径的选择[J]. 语言文字应用，（3）：130-134.

常敬宇，2003. 汉语词汇的网络性与对外汉语词汇教学[J]. 暨南大学华文学院学报，（3）：13-18.

陈刚华，2008. 从文化传播角度看孔子学院的意义[J]. 学术论坛，（7）：162-167.

陈慧，2001. 外国学生识别形声字错误类型小析[J]. 语言教学与研究，（2）：16-20.

陈琪，2021. 新加坡中小学华文课程标准与《国际中文教育中文水平等级标准》对比的意义与构想[J]. 国际汉语教学研究，（1）：22-24.

陈秋娜，武皓，2023. "中文+职业技能"教材开发：取向、思路与模式[J]. 中国职业技术教育，（14）：24-29.

陈武元，徐振锋，蔡庆丰，2020. 教育国际交流对中国"一带一路"海外并购的影响：基于孔子学院和来华留学教育的实证研究[J]. 教育发展研究，40（21）：37-46.

陈贤纯，1999. 对外汉语中级阶段教学改革构想：词语的集中强化教学[J]. 世界汉语教学，（4）：3-11.

陈艺，余子侠，2016. 孔子学院汉语教师问题及培养建议[J]. 世界教育信息，29（10）：61-66.

陈胤默，孙乾坤，张晓瑜，2017. 孔子学院促进中国企业对外直接投资吗：基于"一带一路"沿线国家面板数据的分析[J]. 国际贸易问题，（8）：84-95.

陈彧，2006. 苏格兰留学生汉语普通话单字音声调音高的实验研究：以两名发音人的语音样本为例[J]. 世界汉语教学，（2）：99-109.

陈煜，2012. "汉语桥"世界大学生中文比赛选手的培训与指导[J]. 继续教育研究，（12）：157-159.

陈展,潘玉华,张明虎,等,2017.留学生汉语语音评价软件过程模型构建研究[J].价值工程,36(11):170-171.

程棠,1989.对外汉语教学的一项基本建设:《汉语水平等级标准和等级大纲》读后[J].语言教学与研究,(2):22-32.

程棠,1996.对外汉语语音教学中的几个问题[J].语言教学与研究,(3):5-18.

崔希亮,2010.汉语国际教育"三教"问题的核心与基础[J].世界汉语教学,24(1):73-81.

崔峡,2014.澳大利亚汉语教学质量提高与本土汉语教师培训[J].云南师范大学学报(对外汉语教学与研究版),12(3):1-7.

崔永华,1999.基础汉语教学模式的改革[J].世界汉语教学,(1):4-9.

丁安琪,2018.学员视角的优秀国际汉语教师培训师特征分析[J].辽宁师范大学学报(社会科学版),41(4):31-37.

丁安琪,宋艳杰,2023.《国际中文教育中文水平等级标准》视角下的中文师资培养与能力建设[J].国际汉语教学研究,(1):3-10.

丁崇明,2006. 20世纪80年代以来对外汉语教学语法研究综述[J].北京师范大学学报(社会科学版),(3):126-130.

都艳,2009.汉语的奇迹我们来创造:第一届《汉语桥》背后的故事[J].艺海,(9):90-91.

杜同惠,1993.留学生汉字书写差错规律试析[J].世界汉语教学,(1):69-72.

杜修平,李梦迪,尹晓静,2023."中文+职业教育"融合参考框架的构建[J].天津师范大学学报(社会科学版),(4):49-55.

杜修平,李梦迪,尹晓静,2023."中文+职业教育"融合模式的构建逻辑[J].中国职业技术教育,(9):20-27.

段筱曼,2013.留学生汉语能愿动词偏误分析:以《汉语桥》和《世界大不同》口语语料库为研究中心[J].黄冈师范学院学报,33(4):77-82.

樊静,2022.汉语国际传播的路径选择:以"汉语桥"世界大学生中文比赛为例[J].传媒,(17):61-63.

范祖奎,2009.中亚留学生汉字学习特点调查分析[J].民族教育研究,20(3):114-119.

范祖奎,2014.中亚本土汉语教师的汉语知识结构与教学策略调查[J].民族教育研究,25(2):121-126.

方丽,2021.英国本土汉语教师培养模式研究[J].重庆师范大学学报(社会科学版),(1):104-113.

冯丽萍,1998.对外汉语教学用2905汉字的语音状况分析[J].北京师范大学学报(社会科学版),(6):94-101.

冯丽萍,1998.汉字认知规律研究综述[J].世界汉语教学,(3):97-103.

冯丽萍,2002.外国留学生汉字读音的识别规律与汉字教学原则[J].唐山师范学院学报,(4):4-7.

冯丽萍,2003.中级汉语水平留学生的词汇结构意识与阅读能力的培养[J].世界汉语教学,(2):66-71.

冯丽萍,2006.外国留学生汉字正字法意识及其发展研究[J].云南师范大学学报,(1):12-17.

冯丽萍,卢华岩,徐彩华,2005.部件位置信息在留学生汉字加工中的作用[J].语言教学与研究,(3):

66-72.

冯丽萍，谭青钦，李玉典，2015. 赴美、泰汉语教师志愿者胜任力结构与特征研究[J]. 学术研究，（9）：130-136.

冯凌宇，2010. 试论对外汉语初级阶段的汉字教学[J]. 汉字文化，（5）：92-96.

冯胜利，施春宏，2011. 论汉语教学中的"三一语法"[J]. 语言科学，10（5）：464-472.

符冬梅，易红，2013. 中亚留学生汉语词汇学习策略使用情况调查分析[J]. 新疆教育学院学报，29（4）：74-78.

傅晓莉，2015. 对外汉语教学中的汉字教学研究综述[J]. 云南师范大学学报（对外汉语教学与研究版），13（2）：31-46.

高爱辉，2012. 汉语教师志愿者项目与中国的软实力建设：和平队对中国软实力建设的启示[J]. 科技信息，（24）：34-36.

高立群，高小丽，2005. 不同母语外国留学生汉语语音意识发展研究[J]. 云南师范大学学报，（3）：7-13.

高淑平，2019. 汉语国际教育专业"汉语+"第二课堂建设研究[J]. 教学研究，42（6）：98-102.

耿虎，马晨，2021. "一带一路""中文+"教育发展探析[J]. 闽南师范大学学报（哲学社会科学版），35（1）：117-124.

顾江，任文龙，2019. 孔子学院、文化距离与中国文化产品出口[J]. 江苏社会科学，（6）：55-65.

郭广伟，杨英法，卢玲玲，2021. 新时代国际汉语教师志愿者跨文化适应能力的培增[J]. 北京城市学院学报，（4）：33-38.

郭宏，2004. 论对外汉语教学中口语课的词汇教学[J]. 西南民族大学学报(人文社科版)，（4）：358-360.

郝美玲，范慧琴，2008. 部件特征与结构类型对留学生汉字书写的影响[J]. 语言教学与研究，（5）：24-31.

郝美玲，舒华，2005. 声旁语音信息在留学生汉字学习中的作用[J]. 语言教学与研究，（4）：46-51.

郝美玲，汪凤娇，2020. 语音意识和词素意识在初级水平留学生汉语阅读中的作用[J]. 语言教学与研究，（3）：10-21.

郝晓梅，2004. 从汉字的特点及发展规律谈留学生汉字教学[J]. 云南师范大学学报，（3）：6-9.

何懿，郭广伟，秦静，2012. 东南亚汉语教师志愿者现状分析及对策[J]. 河北经贸大学学报（综合版），12（1）：17-20.

贺海涛，徐国梁，欧阳旭，等，2014."汉语桥"世界大学生中文比赛海外传播影响力研究[J]. 东南传播，（1）：39-43.

胡川，2010. 韩国留学生汉语语音学习中的问题与教学方法的改进[J]. 北京市经济管理干部学院学报，25（3）：58-61.

胡鸿，褚佩如，1999. 集合式词汇教学探讨[J]. 世界汉语教学，（4）：24-31.

胡勇，2013. 留学生汉字书写偏误与原因分析[J]. 语文建设，（30）：17-18.

扈启亮，2014. 西非孔子学院发展现状、问题和对策[J]. 沈阳大学学报（社会科学版），16（2）：196-199

参考文献

黄冰晶, 2023. "汉语桥"线上团组交流项目学习满意度调查分析: 以天津外国语大学为例[J]. 大理大学学报, 8（5）: 123-128.

黄振英, 1994. 初级阶段汉语词汇教学的几种方法[J]. 世界汉语教学, （3）: 64-66.

季红琴, 2015. 孔子学院对外汉语教师的文化素养与文化传播[J]. 长春大学学报, 25（5）: 137-140.

贾颖, 2001. 字本位与对外汉语词汇教学[J]. 汉语学习, （4）: 78-80.

江傲霜, 吴应辉, 2012. 泰国汉语教师志愿者教学适应能力探析[J]. 华文教学与研究, （1）: 60-66.

江傲霜, 吴应辉, 傅康, 2011. 泰国汉语教师志愿者教学情况调查对志愿者培训工作的启示[J]. 民族教育研究, 22（5）: 85-90.

江新, 赵果, 2001. 初级阶段外国留学生汉字学习策略的调查研究[J]. 语言教学与研究, （4）: 10-17.

蒋以亮, 1999. 音乐与对外汉语的语音教学[J]. 汉语学习, （3）: 38-41.

教育项目研究组, 2021. 构建"中文+职业技能"教育高质量发展新体系[J]. 中国职业技术教育, （12）: 119-123.

金枚, 2015. 对外汉语课堂词汇记忆与积累的训练技巧初探[J]. 当代教育实践与教学研究, （10）: 29.

康艳红, 董明, 2005. 初级对外汉语教材的词汇重现率研究[J]. 语言文字应用, （4）: 94-99.

柯慧俐, 2013. 浅析对外汉语教学中"文化义"词汇[J]. 现代妇女（下旬）, （11）: 184-189.

柯润兰, 2018. 对外汉语高级综合课中的词汇教学[J]. 中国大学教学, （7）: 62-65.

赖林冬, 2017. "一带一路"背景下东盟孔子学院的发展与创新[J]. 南洋问题研究, （3）: 37-52.

赖林冬, 2018. "一带一路"背景下孔子学院融入大学发展研究: 以菲律宾四所孔子学院为例[J]. 比较教育研究, 40（9）: 3-10.

郎尊, 2023.《国际中文教育中文水平等级标准》词汇表收录变化分析: 以初等词汇为例[J]. 汉字文化, （5）: 167-171.

雷莉, 2014. 孔子学院发展的新思路: 慕课（MOOCs）教学模式的应用[J]. 西南民族大学学报（人文社会科学版）, 35（12）: 224-229.

李宝贵, 2018. 新时代孔子学院转型发展路径探析[J]. 云南师范大学学报（哲学社会科学版）, 50（5）: 27-35.

李宝贵, 陈如芳, 2017. 泰国东北地区高校本土汉语教师现状调查与分析[J]. 沈阳师范大学学报（社会科学版）, 41（1）: 99-104.

李宝贵, 李博文, 2019. 俄罗斯高校本土汉语师资现状、问题与对策[J]. 渤海大学学报（哲学社会科学版）, 41（3）: 114-121.

李宝贵, 刘家宁, 2017. "一带一路"战略背景下孔子学院跨文化传播面临的机遇与挑战[J]. 新疆师范大学学报（哲学社会科学版）, 38（4）: 148-155.

李冰, 2016. "汉语桥"的对外传播作用[J]. 青年记者, （20）: 98-99.

李大农, 2000. 韩国学生"文化词"学习特点探析: 兼论对韩国留学生的汉语词汇教学[J]. 汉语学习, （6）: 66-70.

李大遂, 2011. 中高级汉字课教学新模式实验报告[J]. 语言文字应用, （3）: 118-125.

李东伟, 2014. 大力培养本土汉语教师是解决世界各国汉语师资短缺问题的重要战略[J]. 民族教育研究, 25（5）：53-58.

李惠文, 庞晖, 2018. 海外孔子学院汉语教师深度培训模式建构及实践：以克利夫兰州立大学孔子学院为例[J]. 云南师范大学学报（对外汉语教学与研究版），16（5）：27-34.

李佳, 胡晓慧, 2013. 孔子学院发展和对外汉语教材本土化进程中的问题及对策[J]. 中国出版, （11）：31-35.

李杰, 2018. 科学知识图谱原理及应用 VOSviewer 和 CitNetExplorer 初学者[M]. 北京：高等教育出版社：22.

李杰, 陈超美, 2017. CiteSpace：科技文本挖掘及可视化（第二版）[M]. 北京：首都经济贸易大学出版社：4.

李开, 2002. 对外汉语教学中的词汇教学与设计[J]. 语言教学与研究, （5）：55-58.

李丽, 2014. 对外汉字教学之留学生汉字书写偏误研究[J]. 内蒙古师范大学学报（教育科学版），27（3）：102-104.

李利, 申由甲子, 张扬, 等, 2014. 日本留学生口语产生中非目标词汇的激活[J]. 华南师范大学学报（社会科学版），（2）：125-129.

李明, 2013. 近20年来对外汉语词汇教学研究[J]. 天津师范大学学报（社会科学版），（6）：75-80

李启辉, 姜兴山, 2015. 印尼孔子学院现状与发展探析[J]. 福建师范大学学报（哲学社会科学版），（3）：161-166.

李青, 韩永辉, 韦东明, 2020. 文化交流与企业海外并购：基于"一带一路"孔子学院的经验研究[J]. 国际经贸探索, 36（8）：81-96.

李泉, 2003. 基于语体的对外汉语教学语法体系构建[J]. 汉语学习, （3）：49-55.

李泉, 2006. 对外汉语教学语法研究述评[J]. 世界汉语教学, （2）：110-118.

李泉, 2007. 对外汉语语法教学研究综观[J]. 语言文字应用, （4）：69-76.

李泉, 2011. 论专门用途汉语教学[J]. 语言文字应用, （3）：110-117.

李如龙, 吴茗, 2005. 略论对外汉语词汇教学的两个原则[J]. 语言教学与研究, （2）：41-47.

李如龙, 杨吉春, 2004. 对外汉语教学应以词汇教学为中心[J]. 暨南大学华文学院学报, （4）：21-29.

李瑞林, 李正升, 马可, 2023. "中文+职业技能"人才培养模式探究[J]. 云南师范大学学报（对外汉语教学与研究版），21（6）：21-27.

李润生, 2017. 近年来对外汉语词汇教学研究综观[J]. 华文教学与研究, （2）：32-45.

李萨如拉, 2012. 论蒙古国留学生汉语词汇教学的偏误分析[J]. 内蒙古民族大学学报, 18（4）：185-186.

李松林, 刘伟, 2010. 试析孔子学院文化软实力作用[J]. 思想教育研究, （4）：43-47.

李彤, 2005. 近十年对外汉语词汇教学研究中的三大流派[J]. 语言文字应用, （S1）：9-11.

李先银, 2020. 互动语言学理论映照下对外汉语教学语法系统新构想[J]. 语言教学与研究, （2）：1-13.

李香平, 2008. 留学生高级班汉字课汉字知识教学与教材编写研究[J]. 语言教学与研究, （4）：41-46.

李晓丹, 2017. 从"汉语桥"比赛题目所涉及的文化内容谈其对对外汉语课堂教学的启示[J]. 中国民族博览，（12）：126-127.

李晓琪，章欣，2010. 新形势下对外汉语语法教学研究[J]. 汉语学习，（1）：77-87.

李行健，2021. 一部全新的立足汉语特点的国家等级标准：谈《国际中文教育中文水平等级标准》的研制与应用[J]. 国际汉语教学研究，（1）：8-11.

李亚男，2021.《国际中文教育中文水平等级标准》解读[J]. 国际汉语教学研究，（1）：24-26.

李亚男，白冰冰，2022.《国际中文教育中文水平等级标准》的描述语分析[J]. 国际汉语教学研究，（4）：20-27.

李亚男，白冰冰，王学松，2021.《国际中文教育中文水平等级标准》音节表的构建原则及意义[J]. 国际汉语教学研究，（3）：4-11.

李娅妮，2022. 俄罗斯本土中文教师培训中存在的问题及对策[J]. 辽东学院学报（社会科学版），24（5）：134-140.

李怡，2023. "中文+"：专门用途中文教学的新发展及问题探析[J]. 国际中文教育（中英文），8（3）：16-23.

李宇明，李艳华，2024. "中文+X"的类型及"工具语言"问题[J]. 世界汉语教学，38（2）：147-159.

李玉军，2007. 留学生语音阶段结束后之语音跟进调查[J]. 暨南大学华文学院学报，（1）：17-23.

连大祥，2012. 孔子学院对中国出口贸易及对外直接投资的影响[J]. 中国人民大学学报，26（1）：88-98.

梁社会，2008. 国际汉语教师志愿者应具备的基本条件[J]. 中国成人教育，（16）：80-81.

梁彦民，2022. 国际中文水平等级标准汉字表的发展[J]. 国际汉语教学研究，（3）：20-29.

梁焱，焦健，2011. 中亚孔子学院发展现状、问题与策略研究[J]. 新疆大学学报（哲学·人文社会科学版），39（2）：97-100.

梁宇，2021. 孔子学院教学资源发展研究[J]. 教育学术月刊，（5）：24-30.

林航，原珂，2019. 孔子学院是否促进了中医文化海外传播：基于中药材出口的实证[J]. 统计与决策，35（5）：114-116.

林焘，1996. 语音研究和对外汉语教学[J]. 世界汉语教学，（3）：20-23.

林羽，苏晨微，余香莲，2011. 高级阶段留学生汉语词汇学习策略研究[J]. 佳木斯大学社会科学学报，29（6）：143-146.

刘宝存，张永军，2019. "一带一路"沿线国家孔子学院发展现状、问题与改革路径[J]. 西南大学学报（社会科学版），45（2）：74-80.

刘必旺，谈颖，2022. 高职院校"中文+职业技能"境外办学实施路径研究[J]. 职业技术，21（2）：1-5.

刘红英，2004. 韩国学生汉语词汇使用偏误分析[J]. 沈阳师范大学学报（社会科学版），（3）：108-110.

刘纪新，赵文玲，2012. 论"汉语桥"在华留学生汉语比赛的文化内涵：以央视总决赛为例[J]. 湖南城市学院学报，33（5）：47-49.

刘纪新，赵文玲，2012. 论"汉语桥"在华留学生汉语比赛的文化内涵：以中央电视台总决赛为例[J]. 云南财经大学学报（社会科学版），27（3）：152-153.

刘纪新，周天美，2013. 论"汉语桥"在华留学生汉语大赛的"以赛带学"[J]. 电视研究，（11）：

43-45.

刘家思，2019. "汉语+"：固本强基 多维协同：浙江越秀外国语学院汉语国际教育专业"汉语+"人才培养模式的改革与探索[J]. 现代教育科学，（9）：1-8.

刘家思，2020. "四元融合"和"四维协同"："汉语+"人才培养模式中的课程体系和实践体系的建构[J]. 石家庄职业技术学院学报，32（3）：38-42.

刘晶晶，关英明，2012. 海外孔子学院的教材选择与编写[J]. 沈阳师范大学学报（社会科学版），36（1）：142-143.

刘乐宁，2021. 美国外语教学委员会外语教学标准与《国际中文教育中文水平等级标准》的互鉴和互补[J]. 国际汉语教学研究，（1）：16-17.

刘荣，刘娅莉，徐蔚，2014. 孔子学院教学模式研究述评[J]. 兰州大学学报（社会科学版），42（2）：156-159.

刘颂浩，1999. 阅读课上的词汇训练[J]. 世界汉语教学，（4）：12-23.

刘薇，2015. 对外汉语教学综合课词汇教学探析[J]. 语文建设，（27）：23-24.

刘昕远，2021. "一带一路"背景下尼泊尔本土汉语师资培养模式研究：以河北经贸大学中尼合作汉语国际教育专业（2+2）为例[J]. 产业与科技论坛，20（2）：202-205.

刘旭，2015. 中国孔子学院历时发展研究[J]. 重庆大学学报（社会科学版），21（6）：234-241.

刘艳平，2009. 借代词语与留学生的词汇教学[J]. 山东师范大学学报（人文社会科学版），54（2）：158-161.

刘飙，Misbah Rashid，2016. 全巴基斯坦本土汉语教师的发展历程与展望[J]. 南亚研究季刊，（1）：104-108.

刘飙，米斯巴赫·拉希德，2016. 巴基斯坦本土汉语教师概述[J]. 黄冈职业技术学院学报，18（2）：43-46.

刘英林，1989.《汉语水平等级标准和等级大纲》（试行）的研究方法[J]. 世界汉语教学，（1）：54-55.

刘英林，1995. 关于"汉语水平等级标准"的几个问题[J]. 语言文字应用，（4）：79-84.

刘英林，2021.《国际中文教育中文水平等级标准》的研制与应用[J]. 国际汉语教学研究，（1）：6-8.

刘英林，李佩泽，李亚男，2020. 汉语国际教育汉语水平等级标准全球化之路[J]. 世界汉语教学，34（2）：147-157.

刘英林，李佩泽，李亚男，2022.《国际中文教育中文水平等级标准》的中国特色和解读应用[J]. 国际汉语教学研究，（2）：31-38.

刘玉屏，路义旭，2023. 美国孔子学院发展历程、影响因素与未来走向[J]. 民族教育研究，34（2）：170-176.

刘蕴秋，周勇，2022. 国际中文教师志愿者海外教学实践成长叙事研究[J]. 天津师范大学学报（社会科学版），（5）：8-14.

龙藜，2016. 国际化背景下孔子学院汉语教学中的问题及对策分析[J]. 国家教育行政学院学报，（2）：31-35.

卢福波，2002. 对外汉语教学语法的体系与方法问题[J]. 汉语学习，（2）：51-57.

卢福波，2003. 对外汉语教学语法的层级划分与项目排序问题[J]. 汉语学习，（2）：54-60.

鲁健骥，2010. 对外汉语语音教学几个基本问题的再认识[J]. 大理学院学报，9（5）：1-4.

陆俭明，2000."对外汉语教学"中的语法教学[J]. 语言教学与研究，（3）：1-8.

陆俭明，2007. 建设友谊之桥：汉语桥，为建设和谐国际社会贡献力量[J]. 云南师范大学学报（对外汉语教学与研究版），（5）：2.

陆卫萍，彭茹，2007. 初级阶段越南留学生汉字学习策略运用情况考察[J]. 东南亚纵横，（7）：57-60.

罗琼，2014. 非洲留学生汉语语音习得偏误及其对策[J]. 长江大学学报（社科版），37（10）：90-91.

罗荣华，2019."汉语+"线上汉语教学的实践与探索[J]. 现代教育科学，（9）：9-13.

骆小所，2021. 国际汉语教师志愿者的时代担当与国际视野：从第一个志愿者到上千万志愿者[J]. 云南师范大学学报（对外汉语教学与研究版），19（2）：89-92.

吕明，2014. 美国孔子学院教师教学本土化的调查及培训策略[J]. 延边大学学报（社会科学版），47（5）：108-111.

吕文华，2002. 对外汉语教材语法项目排序的原则及策略[J]. 世界汉语教学，（4）：86-95.

吕文华，2015. 修改对外汉语教学语法体系二题[J]. 国际汉语教学研究，（1）：16-18.

吕文华，2019. 漫议对外汉语教学语法体系研究[J]. 国际汉语教学研究，（4）：52-58.

吕文华，W. H，1994.《对外汉语教学语法探索》出版[J]. 世界汉语教学，（2）：45.

吕友益，2012. 我国赴蒙古国汉语教师志愿者现状研究[J]. 边疆经济与文化，（8）：97-98.

马洪海，1997. 从朝、韩留学生普通话语音的偏误看汉字音的影响[J]. 天津师大学报（社会科学版），（3）：77-80.

马明艳，2007. 初级阶段非汉字圈留学生汉字学习策略的个案研究[J]. 世界汉语教学，（1）：40-49.

马燕华，1999. 中级汉语水平日韩留学生汉语语音听辨范畴的异同[J]. 北京师范大学学报（社会科学版），（6）：95-101.

孟源，商若凡，2022."中文+职业技能"教育：发展脉络、现实挑战与路径选择[J]. 中国职业技术教育，（29）：28-33.

苗莉青，陈聪，2015. 孔子学院对我国高等教育出口的影响：基于主要国家面板数据的实证研究[J]. 国际商务（对外经济贸易大学学报），（6）：27-35.

宁继鸣，孔梓，2012. 社会资源的聚集与扩散：关于孔子学院社会功能的分析[J]. 理论学刊，（12）：76-80.

牛长松，2017. 南非孔子学院的发展特色及影响因素分析[J]. 比较教育研究，39（9）：49-54.

潘璇，廖祥霖，吴玉芳，2021. 韩国本土汉语教师胜任力调查问卷的编制[J]. 江西电力职业技术学院学报，34（4）：162-164.

彭玉兰，2016. 乌克兰留学生汉字学习过程中的回避策略[J]. 赣南师范学院学报，37（2）：64-66.

亓文香，2015. 留学生教学中汉语词汇学专业课程设置的几点思考[J]. 山东社会科学，（S2）：219-220.

邱均平，1988. 文献计量学[M]. 北京：科学技术文献出版社：16.

邱睿，张家政，2013. 泰国中小学本土汉语教师短期培训研究[J]. 云南师范大学学报（对外汉语教学与研究版），11（2）：83-93.

邱轶，2023. 对外汉语语音教学方法初探：以留学生教学为例[J]. 国家通用语言文字教学与研究，（8）：37-48.

曲伟新，2012. 对外汉语听力教学模式新探：从"汉语桥"在华留学生汉语大赛的比赛环节引出的思考[J]. 长春教育学院学报，28（3）：109-110.

瞿琼学，2015. 来华留学生汉语词汇学习策略研究：一份基于 SPSS 的调查报告[J]. 怀化学院学报，34（9）：125-128.

汝淑媛，2011. 语境理论与多媒体对外汉语语法教学：以简单趋向补语的教学为例[J]. 中国电化教育，（4）：113-115.

沈红霞，2023. 以"中文+职业技能"为核心的高职留学生"一线五通"人才培养模式探析[J]. 齐齐哈尔大学学报（哲学社会科学版），（2）：169-172.

沈丽娜，于艳华，2009. 对外汉语语音教学中声母教学研究[J]. 长春理工大学学报（社会科学版），22（3）：507-508.

沈履伟，2002. 高级阶段汉语词义教学的几个问题[J]. 天津外国语学院学报，（2）：76-80.

施正宇，2000. 外国留学生字形书写偏误分析[J]. 汉语学习，（2）：38-41.

石定果，1997. 汉字研究与对外汉语教学[J]. 语言教学与研究，（1）：30-42.

史有为，2008. 对外汉语教学最低量基础词汇试探[J]. 语言教学与研究，（1）：73-81.

宋继华，马箭飞，朱志平，等，2022. 职业中文能力等级标准的构建[J]. 语言文字应用，（2）：2-14.

苏新春，2006. 对外汉语词汇大纲与两种教材词汇状况的对比研究[J]. 语言文字应用，（2）：103-111.

孙丹，2012. 东南亚留学生习得词汇偏误分析[J]. 佳木斯教育学院学报，（8）：150-151.

孙德金，2006. 语法不教什么：对外汉语语法教学的两个原则问题[J]. 语言教学与研究，（1）：7-14.

孙夕珺，2015. "汉语桥"世界大学生中文比赛的偏误现象分析[J]. 云梦学刊，36（2）：133-138.

孙晓明，2009. 留学生产出性词汇的发展模式研究[J]. 民族教育研究，20（4）：121-124.

孙晓明，2010. 词汇加工深度对留学生产出性词汇的影响[J]. 民族教育研究，21（6）：117-120.

孙雨桐，2021. 职教国际化背景下"汉语+职业技能"线上教学模式及发展策略研究[J]. 中国职业技术教育，（35）：36-43.

田靓，2011. 影响留学生语音意识发展的因素[J]. 云南师范大学学报（对外汉语教学与研究版），9（1）：24-28.

田小红，李军，2015. 发达国家与发展中国家孔子学院的功能与服务模式比较研究[J]. 江苏高教，（5）：31-34.

宛新政，2009. 孔子学院与海外汉语师资的本土化建设[J]. 云南师范大学学报（对外汉语教学与研究版），7（1）：27-31.

万艺玲，2005. 留学生汉语词汇课的性质和定位[J]. 中国大学教学，（4）：30-31.

汪红梅，2015. 留学生汉语词汇习得的偏误分析[J]. 洛阳师范学院学报，34（7）：80-83.

汪琦，2006. 中级欧美留学生汉字学习困难调查[J]. 湖北师范学院学报（哲学社会科学版），（1）：70-72.

王阿夫，2014. 不同阶段国际汉语教师志愿者行为能力的对比分析[J]. 云南师范大学学报（对外汉语教学与研究版），12（6）：7-10.

王碧霞，李宁，种国胜，等，1994. 从留学生识记汉字的心理过程探讨基础阶段汉字教学[J]. 语言教学与研究，（3）：21-33.

王红侠，2020. 从中亚留学生词语使用偏误看对外汉语词汇教学[J]. 河池学院学报，40（5）：71-74.

王鸿滨，2021.《国际中文教育中文水平等级标准》中语法等级大纲的研制路径及语法分级资源库的开发[J]. 国际汉语教学研究，（3）：23-36.

王鸿滨，2023.《国际中文教育中文水平等级标准》"四维基准"互动研究[J]. 天津师范大学学报（社会科学版），（3）：1-9.

王嘉宾，吴海燕，2002. 对外汉语教学词汇复习方略[J]. 莱阳农学院学报（社会科学版），（1）：93-96.

王建喜，2014. 孔子学院对汉语志愿者教师的指导与培养：以英国曼彻斯特大学孔子学院为例[J]. 云南师范大学学报（对外汉语教学与研究版），12（6）：1-6.

王巾轩，2019. 基于孔子学院的我国民族传统体育国际传播路径研究[J]. 体育文化导刊，（9）：50-54.

王军，2022. 对接与调适：基于《国际中文教育中文水平等级标准》的词汇教学策略[J]. 国际汉语教学研究，（4）：10-19.

王骏，2011. 外国人汉字习得研究述评[J]. 华文教学与研究，（1）：42-51.

王骏，胡文婧，2015. 外国留学生汉字学习状况研究[J]. 双语教育研究，2（1）：45-50.

王若江，2003. 特殊目的汉语教学实践引发的思考[J]. 语言教学与研究，（1）：52-57.

王添淼，刘薇，赵杨，2022. 欧洲《教师语言教育能力指南》及对国际中文教师标准的启示[J]. 汉语学习，（1）：77-84.

王伟鑫，2015. 谈"汉语桥"比赛对文化教学的启示：以第十二届、第十三届"汉语桥"比赛为例[J]. 语文教学通讯·D刊（学术刊），（6）：61-63.

王学松，2022.《国际中文教育中文水平等级标准》的文化定位与文化教学实施路径[J]. 国际汉语教学研究，（4）：4-9.

王颖，2007. 现代汉字构形法在对外汉语汉字教学中的应用策略：对英美学习者的汉字教学[J]. 渤海大学学报（哲学社会科学版），（4）：81-84.

王永德，2001. 从儿童语法习得过程看对外汉语语法教学[J]. 心理科学，（3）：369-370.

王永胜，罗雨娇，韩洋，等，2020. 语境线索在留学生阅读伴随词汇学习中的作用：来自眼动的证据[J]. 心理与行为研究，18（5）：618-623.

尉万传，毕艳霞，2007. 东南亚华裔留学生汉字偏误考察报告[J]. 云南师范大学学报（对外汉语教学与研究版），（6）：70-74.

魏艳伶，2006. 对对外汉语教学中词汇教学的几点思考[J]. 社会科学家，（S1）：245-246.

文健，2013. 语用认知分析在对外汉语语法教学中的应用[J]. 思想战线，39（S2）：381-382.

吴坚, 2014. 孔子学院本土汉语教师培养: 现状、问题与对策[J]. 华南师范大学学报（社会科学版），(5): 63-66.

吴建伟, 2019. 印尼留学生汉语习得语法偏误试析[J]. 海南师范大学学报（社会科学版），32（4）: 124-130.

吴晓萍, 2011. 中国形象的提升: 来自孔子学院教学的启示: 基于麻省大学波士顿分校和布莱恩特大学孔子学院问卷的实证分析[J]. 外交评论（外交学院学报），28（1）: 89-102.

吴雁江, 俞勤伟, 方熹, 2010. 泰国汉语教师志愿者项目实施情况调查报告: 以云南师范大学为例[J]. 云南师范大学学报（对外汉语教学与研究版），8（5）: 79-83.

吴应辉, 2010. 孔子学院经营模式类型与可持续发展[J]. 中国高教研究，(2): 30-32.

吴应辉, 2011. 孔子学院评估指标体系研究[J]. 教育研究，32（8）: 30-34.

吴应辉, 郭骄阳, 2007. 泰国汉语教学志愿者项目调查报告[J]. 云南师范大学学报（对外汉语教学与研究版），(1): 8-11.

吴应辉, 刘帅奇, 2020. 孔子学院发展中的"汉语+"和"+汉语"[J]. 国际汉语教学研究，(1): 34-37.

吴瑛, 2009. 对孔子学院中国文化传播战略的反思[J]. 学术论坛，32（7）: 141-145.

吴瑛, 2012. 中国文化对外传播效果研究: 对5国16所孔子学院的调查[J]. 浙江社会科学，(4): 144-151.

吴勇毅, 2021. 汉语母语国的担当和责任:《国际中文教育中文水平等级标准》制定的意义[J]. 国际汉语教学研究，(1): 18-20.

夏日光, 赵辉, 2012. 非洲孔子学院汉语教师志愿者的培养[J]. 长春工业大学学报（高教研究版），33（1）: 54-55.

肖萌, 2018. 全球化背景下孔子学院的文化传播功能探析[J]. 现代传播（中国传媒大学学报），40（3）: 167-168.

肖奚强, 2002. 外国学生汉字偏误分析[J]. 世界汉语教学，(2): 79-85.

肖贤彬, 2002. 对外汉语词汇教学中"语素法"的几个问题[J]. 汉语学习，(6): 68-73.

谢孟军, 汪同三, 崔日明, 2017. 中国的文化输出能推动对外直接投资吗?: 基于孔子学院发展的实证检验[J]. 经济学（季刊），16（4）: 1399-1420.

解植永, 2017. 韩国孔子学院汉语教学融入大学研究[J]. 华文教学与研究，(2): 1-9.

徐开妍, 2014. 弘扬文化 沟通心灵: 评《汉语桥》系列节目的成功[J]. 当代电视，(12): 53-54.

徐丽华, 2008. 孔子学院的发展现状、问题及趋势[J]. 浙江师范大学学报（社会科学版），(5): 25-31.

许光烈, 2006. 语音对比与对外汉语语音教学[J]. 广州大学学报（社会科学版），(8): 87-89.

许嘉璐, 石锓, 2011. 关于汉语国际教育热点问题的访谈[J]. 湖北大学学报（哲学社会科学版），38（4）: 18-20.

焉德才, 2005. 论对外汉语词汇教学过程中的"偏误预治"策略[J]. 云南师范大学学报，(6): 45-49.

鄢胜涵, 2007. 留学生汉语词汇学习策略的研究[J]. 上海大学学报（社会科学版），(3): 138-141.

严铃, 2022. 日本留学生汉语词汇习得偏误分析及教学建议[J]. 汉字文化，(22): 94-96.

杨德峰，2012. 上世纪80年代以来的对外汉语语法教材的"得"与"失"[J]. 汉语学习，（2）：69-76.

杨惠元，2003. 强化词语教学，淡化句法教学：也谈对外汉语教学中的语法教学[J]. 语言教学与研究，（1）：37-43.

杨寄洲，2000. 对外汉语教学初级阶段语法项目的排序问题[J]. 语言教学与研究，（3）：9-14.

杨巍，2014. 汉语教师志愿者派出前培训的针对性研究[J]. 苏州教育学院学报，31（1）：95-98.

杨雪梅，2012. 对外汉语中级综合课教学中词汇语义网络的构建[J]. 兰州学刊，（2）：219-221.

杨子扬，2018. 文化类节目的多角度创新：以湖南卫视《第十七届"汉语桥"世界大学生中文比赛》为例[J]. 湖南大众传媒职业技术学院学报，18（3）：22-24.

杨子扬，2019. 文化类节目如何更好地实现对外传播？：湖南卫视《汉语桥》展现新时代中国形象[J]. 电视指南，（23）：54-55.

叶军，2003.《对外汉语教学语音大纲》初探[J]. 云南师范大学学报，（4）：62-66.

叶南，2008. 对外汉语语音偏误研究[J]. 西南民族大学学报（人文社科版），（10）：242-245.

尤咏，2021. 跨文化背景下"中文+职业技能"国际推广基地的发展策略研究[J]. 职业技术教育，42（32）：77-80.

于海阔，李如龙，2011. 从英汉词汇对比看对外汉语词汇教学[J]. 山西大学学报（哲学社会科学版），34（3）：71-78.

余佳蔓，叶军，沈佳晨，2024. 比较视域下《国际中文教育中文水平等级标准》的教学应用研究[J]. 新疆师范大学学报（哲学社会科学版），45（3）：117-124.

袁凌，2019. 论"汉语桥"世界大学生中文比赛在中国文化软实力构建中的价值[J]. 高教学刊，（19）：17-19.

袁玉芝，李清煜，2021. 融入、创新、发展：新时代孔子学院发展的困境与出路[J]. 中国人民大学教育学刊，（1）：170-180.

原新梅，2003. 非汉字文化圈留学生汉字偏误"镜像错位"析[J]. 河南社会科学，（6）：134-136.

曾立英，2010. 关于对外汉语词汇教学系统性的探讨[J]. 民族教育研究，21（2）：124-128.

曾云，吴坚，2022. 教育援助视域下东南亚"汉语+职业技能"教育的逻辑理路与实践路径[J]. 黑龙江高教研究，40（2）：1-6.

翟保军，2015. 海外本土汉语教师的培训需求分析：以秘鲁利马本土教师为例[J]. 云南师范大学学报（对外汉语教学与研究版），13（3）：80-86.

詹春燕，李曼娜，2014. 孔子学院的可持续性发展：指标、模式与展望[J]. 华南师范大学学报（社会科学版），（5）：78-82.

张成淑，2015. 如何培养赴韩汉语教师志愿者的跨文化交际能力：以在韩任教期间的真实案例为例[J]. 教育教学论坛，（37）：30-32.

张凤永，曹贤文，2023. 基于《国际中文教育中文水平等级标准》的差异化教学设计[J]. 国际汉语教学研究，（3）：34-42.

张和生，2005. 对外汉语词汇教学研究述评[J]. 语言文字应用，（S1）：6-8.

张建，2022. 基于"中文+职业技能"的高水平职业院校国际汉语教学探析[J]. 哈尔滨职业技术学院学报，(3)：53-55.

张金桥，吴晓明，2007. 外国留学生汉语语音意识的发展[J]. 暨南学报（哲学社会科学版），(1)：105-108+155.

张静贤，1986. 谈谈对外汉语教学中的汉字课[J]. 语言教学与研究，(1)：119-126.

张黎，2006. 商务汉语教学需求分析[J]. 语言教学与研究，(3)：55-60.

张立志，2015. 国家汉办泰国汉语教师志愿者项目发展研究[J]. 边疆经济与文化，(5)：126-128.

张丽，2021. 西班牙中文教育与国际中文水平等级标准[J]. 国际汉语教学研究，(1)：20-21.

张玲艳，赵勋，2017. 尼泊尔汉语教师志愿者调查与建议[J]. 湖北成人教育学院学报，23（2）：85-89.

张瑞芳，2008. 蒙古留学生汉语语音偏误分析及教学对策[J]. 内蒙古师范大学学报（教育科学版），(9)：111-113.

张瑞朋，2012. 留学生汉语中介语语料库建设若干问题探讨：以中山大学汉字偏误中介语语料库为例[J]. 语言文字应用，(2)：131-136.

张瑞朋，2015. 上下文语境对留学生汉字书写偏误的影响因素分析[J]. 语言教学与研究，(5)：22-32.

张西平，2007. 简论孔子学院的软实力功能[J]. 世界汉语教学，(3)：25-27.

张新生，2013. 汉语国际教育人才培养的现状和对策[M]. 北京：北京语言大学出版社：33.

张新生，2021.《欧洲语言共同参考框架》与国际汉语水平等级标准[J]. 国际中文教育（中英文），6（2）：65-73.

张艳华，2015. 面向海外本土汉语教师的国别化培训方略探析：以蒙古国为例[J]. 海外华文教育动态，(1)：43-48.

张一娴，2017. 对教师培训师专业发展的思考与展望[J]. 赤峰学院学报（自然科学版），33（7）：210-212.

赵果，江新，2002. 什么样的汉字学习策略最有效？：对基础阶段留学生的一次调查研究[J]. 语言文字应用，(2)：79-85.

赵金铭，1996. 对外汉语语法教学的三个阶段及其教学主旨[J]. 世界汉语教学，(3)：76-86.

赵金铭，2002. 对外汉语教学语法与语法教学[J]. 语言文字应用，(1)：107-111.

赵金铭，2008. 汉语作为第二语言教学：理念与模式[J]. 世界汉语教学，(1)：93-107.

赵金铭，2014. 孔子学院汉语教学现状与教学前景[J]. 华南师范大学学报（社会科学版），(5)：67-72.

赵丽君，2003. 有针对性地对日本留学生进行语音教学[J]. 云南师范大学学报，(3)：66-68.

赵贤州，1988. 略述汉语水平等级标准的制订[J]. 世界汉语教学，(4)：237-239.

赵岩，2022. 高职院校国际学生"中文+职业技能"课程体系的探索与实践：以铜仁职业技术学院为例[J]. 河北职业教育，6（4）：54-59.

赵燕华，韩明，2013. 泰国本土汉语教师培训现状及对策分析[J]. 广西师范大学学报（哲学社会科学版），49（4）：140-146.

赵悦，2005. 非汉字文化圈留学生汉字习得规律与教学研究[J]. 东北财经大学学报，(4)：78-81.

郑梦真，张雷生，2023. 韩国孔子学院汉语教师志愿者专业化发展策略研究[J]. 延边大学学报（社会科学版），56（3）：110-116.

钟启泉，2006. 现代课程论[M]. 上海：上海教育出版社：3.

周芳，2006. 对外汉语语音研究与语音教学研究综述[J]. 云南师范大学学报，（2）：74-76.

周健，1998. 留学生汉字教学的新思路[J]. 暨南学报（哲学社会科学），（2）：108-114.

周健，廖暑业，2006. 汉语词义系统性与对外汉语词汇教学[J]. 语言文字应用，（3）：110-117.

周健，尉万传，2004. 研究学习策略 改进汉字教学[J]. 暨南大学华文学院学报，（1）：1-9.

周江洲，2016. 论汉语教师志愿者综合能力[J]. 长春师范大学学报，35（5）：161-162.

周静，祝爱华，2006. 英语母语留学生汉语习得语法偏误研究综述[J]. 天中学刊，（6）：97-100.

周泉，2017. 汉语搭桥"一带一路"的文化战略意义：从央视中文国际频道节目《汉语桥》说起[J]. 新闻战线，（4）：26-27.

周怡君，2020. 吉林省赴泰国职业教育委员会汉语教师志愿者教学情况及策略研究[J]. 吉林省教育学院学报，36（10）：79-83.

周育萍，2013. 对外汉语教学中的文化渗透："汉语桥"在华留学生大赛文化试题引发的思考[J]. 兰州教育学院学报，29（4）：83-85.

周芸，2012. 从国际形象视角看孔子学院在美国语言传播的发展[J]. 云南行政学院学报，14（6）：161-163.

朱宏一，2004. 汉语词缀的定义、范围、特点和识别：兼析《汉语水平等级标准与语法等级大纲》的词缀问题[J]. 语文研究，（4）：32-37.

朱瑞平，钱多，2015. 汉语教师志愿者背景、动机与志愿者项目的可持续发展研究[J]. 国际汉语教学研究，（1）：63-68.

朱伟娟，谢白羽，2011. 认知语言学与词汇教学——以对外汉语初级阶段综合课词汇教学为例[J]. 湖北社会科学，（11）：129-131.

朱志平，2004. 双音词偏误的词汇语义学分析[J]. 汉语学习，（2）：61-65.